高等院校经济管理类专业应用型系列教材

金融科技创新与监管

赵永新　编著

清华大学出版社
北京

内容简介

互联网、大数据、云计算、人工智能、区块链等新技术的发展，在对经济社会产生重要影响的同时，也促进金融行业的变革。金融与科技深度融合可以使金融更好地创新产品、提升服务实体经济效率、降低金融服务成本、推动普惠金融发展、防控金融风险，同时也可促进金融行业自身转型升级。但金融与科技如何实现深度融合进而推动银行、证券、保险等金融创新？其路径与方法有哪些？利用金融科技是否会形成新的风险？监管部门又将如何借力科技强化效能？这些正是本书要探讨的问题。

本书可作为高等院校金融学类专业课教材，还可供金融从业者参考使用。

本书封面贴有清华大学出版社防伪标签，无标签者不得销售。
版权所有，侵权必究。举报：010-62782989，beiqinquan@tup.tsinghua.edu.cn。

图书在版编目（CIP）数据

金融科技创新与监管/赵永新编著．—北京：清华大学出版社，2021.3（2023.3重印）
高等院校经济管理类专业应用型系列教材
ISBN 978-7-302-57486-6

Ⅰ.①金… Ⅱ.①赵… Ⅲ.①金融－科学技术－技术革新－高等学校－教材 ②金融－科学技术－金融监管－高等学校－教材 Ⅳ.①F830

中国版本图书馆 CIP 数据核字(2021)第 021545 号

责任编辑：左卫霞
封面设计：傅瑞学
责任校对：赵琳爽
责任印制：杨 艳

出版发行：清华大学出版社
网　　址：http://www.tup.com.cn, http://www.wqbook.com
地　　址：北京清华大学学研大厦 A 座　　邮　编：100084
社 总 机：010-83470000　　邮　购：010-62786544
投稿与读者服务：010-62776969, c-service@tup.tsinghua.edu.cn
质量反馈：010-62772015, zhiliang@tup.tsinghua.edu.cn
课件下载：http://www.tup.com.cn, 010-83470410

印 装 者：天津鑫丰华印务有限公司
经　　销：全国新华书店
开　　本：185mm×260mm　　印　张：12.25　　字　数：297 千字
版　　次：2021 年 5 月第 1 版　　印　次：2023 年 3 月第 2 次印刷
定　　价：42.00 元

产品编号：089611-01

前言

2019年8月，中国人民银行发布的《金融科技（FinTech）发展规划（2019—2021年）》中指出："金融科技是技术驱动的金融创新"。根据金融稳定理事会（FSB）的定义，金融科技主要是指由大数据、区块链、云计算、人工智能等新兴前沿技术带动，对金融市场以及金融服务业务供给产生重大影响的新兴业务模式、新技术应用、新产品服务等。

近年来，以互联网、移动互联网、物联网、大数据、云计算、人工智能、区块链等为代表的信息技术迅猛发展，正在深刻改变人类经济社会和金融的发展方式，重塑企业的运营模式，将对传统金融模式产生重大影响并由此不断衍生出新机遇、新模式、新产品、新业态，进而为金融服务实体经济提供支持，降低金融服务成本，防范金融风险，助力普惠金融健康发展。金融科技在创新金融发展的同时，通过大数据、云计算、区块链等科技手段实现与客户数据信息的共享而降低了传统金融的风险。但金融科技的应用也带来了新的风险，包括技术风险、道德风险、操作风险等。因此，在新金融科技时代，如何利用科技加强对金融科技监管的效力，也是值得关注的问题。

本书根据《金融科技（FinTech）发展规划（2019—2021年）》指导思想及科技发展对金融产生的影响，共设有10章内容。第1章全球金融科技发展格局，重点介绍主要发达国家金融科技发展的现状与格局，以期给我国金融从业人员提供全局性的思考。第2章互联网巨头金融科技布局，主要介绍国际与国内互联网巨头在金融科技方面的全面布局及各自特点。第3章金融科技对传统金融的挑战，主要介绍金融科技的发展对银行、证券、保险等传统金融机构在客户管理、市场营销、风险管制、流程管理等方面带来的挑战与压力。第4章互联网与金融创新、第5章大数据与金融创新、第6章云计算与金融创新、第7章人工智能与金融创新、第8章区块链与金融创新，这五章内容主要介绍金融科技的五种技术对金融行业特别是银行业产生的影响，以及金融行业如何利用金融科技实现创新发展。第9章金融科技与风险管理，主要介绍金融机构如何利用金融科技强化风险管理，降低服务成本。第10章监管科技创新，主要介绍监管部门如何积极拥抱监管科技，防范在金融科技新时代形成的新的金融风险。全书由赵永新、李亚男统稿。

本书可以作为财经类院校金融、计算机、金融科技等相关专业教材使用,也可以作为金融行业从业人员培训和自学之用。

由于科技发展日新月异,金融行业不断创新,加之作者水平有限,本书难免有不妥之处,敬请广大读者提出宝贵意见。

赵永新
2020 年 12 月

目录

第1章 全球金融科技发展格局 ... 001
1.1 金融科技的基本内涵 ... 001
- 1.1.1 金融科技的概念 ... 001
- 1.1.2 金融科技的发展背景 ... 001
- 1.1.3 金融科技的主要内容 ... 002
- 1.1.4 金融科技的重要价值 ... 003

1.2 全球金融科技发展总体情况 ... 005
1.3 我国金融科技发展迅猛 ... 010
- 1.3.1 互联网巨头引领金融科技发展 ... 010
- 1.3.2 商业银行成为金融科技的主导力量 ... 011
- 1.3.3 传统保险行业龙头引领科技创新 ... 013
- 1.3.4 传统券商与互联网券商共同发展 ... 016

思考题 ... 016

第2章 互联网巨头金融科技布局 ... 017
2.1 第三方支付与PayPal ... 017
- 2.1.1 第三方支付的内涵 ... 017
- 2.1.2 第三方支付的业务模式 ... 018
- 2.1.3 第三方支付的价值 ... 018
- 2.1.4 第三方支付的发展现状 ... 019
- 2.1.5 第三方支付的发展趋势 ... 020
- 2.1.6 第三方支付的国际化发展 ... 021
- 2.1.7 PayPal——北美第三方支付的代表 ... 021

2.2 蚂蚁金服金融生态 ... 022
- 2.2.1 蚂蚁金服的发展历程 ... 022
- 2.2.2 蚂蚁金服的生态体系 ... 023

2.3 腾讯产业互联网金融布局 ... 028

2.3.1 最全牌照"金融帝国" ································· 029
2.3.2 腾讯产业互联网金融布局 ························· 029
2.3.3 后疫情时代腾讯生态体系 ························· 031
2.4 京东数科供应链金融 ·· 031
2.4.1 京东数字科技 ··· 032
2.4.2 京东互联网金融布局 ································ 032
2.4.3 与金融机构合作 ······································ 033
2.4.4 京东供应链金融 ······································ 034
2.4.5 京东全球化布局 ······································ 036
思考题 ·· 036

第3章 金融科技对传统金融的挑战 ····························· 037
3.1 金融科技给传统金融带来的影响 ·························· 037
3.1.1 对客户的冲击 ··· 037
3.1.2 对渠道的冲击 ··· 039
3.1.3 对场景的冲击 ··· 039
3.1.4 对产品的冲击 ··· 041
3.1.5 对运营管理的冲击 ···································· 042
3.2 传统金融机构面临转型 ······································ 044
3.2.1 完善体制机制 ··· 044
3.2.2 明确客户为中心战略 ································ 045
3.2.3 加大产品创新力度 ···································· 046
3.2.4 积极拥抱金融科技 ···································· 047
3.2.5 建设多元渠道 ··· 048
3.2.6 构建金融生态 ··· 050
3.3 中国人民银行《金融科技(FinTech)发展规划(2019—2021年)》 ···· 051
思考题 ·· 051

第4章 互联网与金融创新 ··· 052
4.1 "互联网+"国家战略 ·· 052
4.1.1 用户数量持续增长,上网时长不断攀升 ········· 052
4.1.2 互联网顶层设计,建设网络强国 ·················· 053
4.1.3 推动"互联网+"经济发展,形成数字经济新动能 ···· 053
4.1.4 深化"互联网+"社会发展,促进民生高质量发展 ···· 054
4.1.5 推进"互联网+"政务,加速国家治理现代化 ···· 054
4.2 消费互联网金融日趋成熟 ·································· 054
4.2.1 40万亿元消费拉动经济增长 ······················· 055
4.2.2 消费互联网化趋势明显 ····························· 056
4.2.3 消费金融 ··· 057
4.2.4 消费金融市场主体 ···································· 058
4.2.5 消费金融发展趋势 ···································· 060

4.3 工业互联网金融方兴未艾 ·· 061
　　4.3.1 工业互联网 ·· 061
　　4.3.2 工业互联网的重要意义 ·· 062
　　4.3.3 国际工业互联网发展 ··· 063
　　4.3.4 工业互联网发展趋势 ··· 064
　　4.3.5 工业互联网金融 ··· 065
4.4 农业互联网金融潜力巨大 ·· 066
　　4.4.1 农业互联网 ·· 066
　　4.4.2 农村电子商务发展迅速 ·· 067
　　4.4.3 农村金融的现状 ··· 068
　　4.4.4 农村金融存在的问题 ··· 068
　　4.4.5 农业互联网金融创新 ··· 070
思考题 ·· 071

第5章 大数据与金融创新 ··· 072

5.1 大数据与国家战略 ··· 072
　　5.1.1 大数据的内涵 ·· 072
　　5.1.2 大数据的四大特征 ·· 072
　　5.1.3 大数据成为国家战略 ··· 074
5.2 大数据的主要类型 ··· 075
　　5.2.1 政府大数据 ·· 075
　　5.2.2 公共服务大数据 ··· 077
　　5.2.3 产业大数据 ·· 077
5.3 大数据分析方法 ·· 079
　　5.3.1 数据分析与大数据分析 ·· 079
　　5.3.2 大数据分析流程 ··· 079
　　5.3.3 大数据分析方法 ··· 081
5.4 大数据推动金融创新 ·· 085
　　5.4.1 大数据突破边界重新定位金融 ·· 085
　　5.4.2 大数据推进小微产品创新 ··· 086
　　5.4.3 大数据客户画像实现精准营销 ·· 087
　　5.4.4 运用大数据进行授信评分 ··· 088
　　5.4.5 大数据推动银行业务流程优化 ·· 089
　　5.4.6 大数据在保险中的应用 ·· 090
思考题 ·· 090

第6章 云计算与金融创新 ··· 091

6.1 云计算发展迅速 ·· 091
　　6.1.1 云计算概述 ·· 091
　　6.1.2 云计算的主要特点 ·· 092
　　6.1.3 云计算的类型 ·· 093

　　　　6.1.4　云服务的层次 …… 093
　　　　6.1.5　云计算的应用 …… 095
　　6.2　云计算助力银行创新 …… 096
　　　　6.2.1　金融云赋能数字银行 …… 096
　　　　6.2.2　云计算在零售业务场景应用 …… 097
　　　　6.2.3　云计算在对公业务场景应用 …… 098
　　　　6.2.4　银行积极布局云计算 …… 098
　　6.3　云计算与保险创新 …… 100
　　　　6.3.1　保险业上云趋势 …… 100
　　　　6.3.2　保险业云计算标准发布 …… 101
　　　　6.3.3　保险业云计算的价值 …… 101
　　　　6.3.4　保险业积极布局云计算 …… 103
　　思考题 …… 105

第7章　人工智能与金融创新 …… 106
　　7.1　人工智能与国家战略 …… 106
　　　　7.1.1　人工智能发展进入新阶段 …… 106
　　　　7.1.2　人工智能发展演进路径 …… 107
　　　　7.1.3　新一代人工智能的先决条件 …… 108
　　　　7.1.4　人工智能成为国家战略 …… 109
　　7.2　人工智能相关技术 …… 110
　　　　7.2.1　机器学习 …… 110
　　　　7.2.2　知识图谱 …… 111
　　　　7.2.3　自然语言处理 …… 112
　　　　7.2.4　人机交互 …… 113
　　　　7.2.5　计算机视觉 …… 114
　　　　7.2.6　生物特征识别 …… 114
　　　　7.2.7　VR/AR …… 115
　　7.3　人工智能推动金融创新 …… 115
　　　　7.3.1　银行大数据处理能力大幅提升 …… 116
　　　　7.3.2　创新服务流程 …… 116
　　　　7.3.3　语音识别处理应用——智能客服 …… 118
　　　　7.3.4　人工智能与智能营销 …… 118
　　　　7.3.5　人工智能无人银行 …… 119
　　　　7.3.6　预测分析与智能投顾 …… 120
　　　　7.3.7　人工智能与智能信贷 …… 122
　　　　7.3.8　人工智能助力保险升级 …… 122
　　　　7.3.9　人工智能与证券业创新 …… 123
　　思考题 …… 123

第 8 章 区块链与金融创新 ... 124
8.1 区块链与国家战略 ... 124
- 8.1.1 区块链上升为国家战略 ... 124
- 8.1.2 国家区块链战略的良好基础 ... 125
- 8.1.3 "区块链＋"成为换道超车的突破口 ... 128

8.2 区块链技术原理 ... 129
- 8.2.1 区块链的核心技术 ... 129
- 8.2.2 区块链基础架构 ... 133

8.3 区块链与数字货币 ... 135
- 8.3.1 横空出世的数字货币 Libra ... 135
- 8.3.2 数字货币 Libra 的价值 ... 135
- 8.3.3 国际组织发行虚拟货币 ... 136
- 8.3.4 央行法定数字货币 ... 136

8.4 区块链推动金融创新 ... 138
- 8.4.1 法定数字货币与零售业务 ... 138
- 8.4.2 区块链影响银行交易的清算和结算 ... 139
- 8.4.3 贸易融资是区块链技术最具特点的领域 ... 140
- 8.4.4 区块链＋供应链金融解决中小企业融资难题 ... 140
- 8.4.5 区块链对信贷业务影响 ... 141
- 8.4.6 区块链与同业业务 ... 142
- 8.4.7 区块链与资产托管 ... 142
- 8.4.8 区块链在证券结算和清算领域的应用 ... 143
- 8.4.9 区块链在保险中的应用 ... 143

思考题 ... 143

第 9 章 金融科技与风险管理 ... 144
9.1 金融风险分类 ... 144
- 9.1.1 市场风险 ... 144
- 9.1.2 信用风险 ... 145
- 9.1.3 流动性风险 ... 146
- 9.1.4 操作风险 ... 149
- 9.1.5 合规风险 ... 150
- 9.1.6 系统性风险 ... 151

9.2 金融科技应用带来的新风险 ... 151
- 9.2.1 互联网应用带来的新风险 ... 152
- 9.2.2 大数据应用带来的新风险 ... 153
- 9.2.3 云计算应用带来的新风险 ... 154
- 9.2.4 人工智能应用带来的新风险 ... 156
- 9.2.5 区块链应用带来的新风险 ... 158

9.3 金融科技强化风险管理 ... 160

9.3.1 互联网应用强化风险管理 ………………………………… 160
   9.3.2 大数据应用强化风险管理 …………………………………… 161
   9.3.3 人工智能应用强化风险管理 ………………………………… 163
   9.3.4 区块链应用强化风险管理 …………………………………… 166
  思考题 ……………………………………………………………………… 168

第10章 监管科技创新 ………………………………………………………… 169
 10.1 监管科技产生的背景 ……………………………………………… 169
   10.1.1 金融监管 …………………………………………………… 169
   10.1.2 新形势下金融监管困局 …………………………………… 170
   10.1.3 监管科技的提出 …………………………………………… 172
   10.1.4 监管科技赋能监管 ………………………………………… 173
 10.2 监管科技准入机制 ………………………………………………… 174
   10.2.1 明确监管准入 ……………………………………………… 174
   10.2.2 建立准入机制 ……………………………………………… 175
   10.2.3 制定监管标准 ……………………………………………… 175
   10.2.4 完善法律、法规 …………………………………………… 176
   10.2.5 搭建行业共享机制 ………………………………………… 177
 10.3 监管科技提升监管效能 …………………………………………… 178
   10.3.1 大数据监管 ………………………………………………… 179
   10.3.2 人工智能技术监管 ………………………………………… 180
   10.3.3 应用程序接口监管 ………………………………………… 180
   10.3.4 区块链技术监管 …………………………………………… 181
   10.3.5 监管沙盒 …………………………………………………… 182
   10.3.6 各国监管科技创新侧重点 ………………………………… 183
   10.3.7 监管科技应用场景 ………………………………………… 184
  思考题 ……………………………………………………………………… 185

参考文献 ………………………………………………………………………… 186

第1章 全球金融科技发展格局

学习目标：全面了解全球金融科技的发展趋势，掌握金融科技的基本内涵，理解金融科技的重要价值，重点掌握我国金融科技的发展概况。

1.1 金融科技的基本内涵

1.1.1 金融科技的概念

金融科技的英文译为 FinTech，它是英文单词金融（financial）和科技（technology）的缩写，是个组合词。金融科技是指通过利用各类科技手段创新为传统金融行业所提供的产品和服务提升效率，并有效降低运营成本。按照 2019 年 8 月，中国人民银行发布的《金融科技（FinTech）发展规划（2019—2021 年）》中的解释，金融科技是技术驱动的金融创新，属于跨学科范畴。

根据金融稳定理事会（FSB）的定义，金融科技主要是指由大数据、区块链、云计算、人工智能等新兴前沿技术带动，对金融市场以及金融服务业务供给产生重大影响的新兴业务模式、新技术应用、新产品服务等。

2011 年，FinTech 一词在美国硅谷和英国伦敦被正式提出，但 FinTech 并没有引起足够的重视，在全球范围的搜索热度也有限。2015 年，FinTech 在全球范围引起广泛关注，吸引了公众的视野。而在我国，FinTech 开始广泛引起公众的关注是在 2016 年年初，这也是我国 FinTech 元年。此后其搜索热度逐步提升，在 2017 年达到顶峰。另一搜索关键词"金融科技"的搜索热度趋势变化与 FinTech 相同，但搜索指数值都低于 FinTech。

1.1.2 金融科技的发展背景

1. 科学技术的发展

人类自诞生以来，一直在探索社会发展的规律。其中科学技术对经济社会的影响最为重要，并且是一个持续的过程，总体来看这个过程大致可以划分为四个阶段。18 世纪 60 年代，第一次工业革命以英国人瓦特改良的蒸汽机为代表，这项具有划时代意义的革命技术使社会手工劳动向动力机械生产转变。19 世纪后期至 20 世纪初期，第二次工业革命以电力的大规模应用为代表,最著名的代表事件是爱迪生发明了电灯。20世纪中后期,第二次世界大战以后因为计算机和电子数据的普及和推广,第三次工业革命——信息技术革命的到来彻底改变了整个人类社会的运作模式。以后来诞生的苹果、微软为代表揭开了互联网时代的大幕,至今仍在影响我们经济社会生活的方方面面,堪称对人类社会影响最为深远的技术革命。

科学技术尤其是信息技术(information technology,IT),是指管理和处理信息所采用的各种技术的总称。它主要应用计算机科学和通信技术来设计、开发、安装和实施信息系统及应用软件。它也常被称为信息和通信技术(information and communications technology,ICT),主要包括传感技术、计算机与智能技术、通信技术和控制技术。

互联网(internet)始于1969年美国的阿帕网。这种将计算机网络互相连接在一起的方法称作"网络互联",在此基础上发展出覆盖全世界的全球性互联网络。至今,互联网已经走过了50多年的历史长河。尤其是从20世纪90年代末开始,我国互联网从PC端的鼎盛时期转变到现在移动互联网和物联网的蓬勃发展期,仅经历了20多年。互联网、移动互联网、物联网、大数据、人工智能、云计算、区块链等信息技术具有打破信息不对称、降低交易成本、促进专业化分工和提升劳动生产率的特点,为各个国家经济转型升级提供了重要机遇。

2. 信息技术成为带动经济增长的引擎

随着信息化在全球的快速发展,世界对信息的需求快速增长,信息产品和信息服务对于各个国家、地区、企业、家庭、个人都不可缺少。一方面,信息技术推广应用的显著成效,促使世界各国致力于信息化,而信息化的巨大需求又驱使信息技术高速发展。当前信息技术发展的总体趋势是以互联网技术的发展和应用为中心,从典型的技术驱动发展模式向技术驱动与应用驱动相结合的发展模式转变。另一方面,信息技术推动传统产业的技术升级。信息技术代表着先进生产力的发展方向,信息技术的广泛应用使信息的重要生产要素和战略资源的作用得以发挥,使人们更高效地进行资源优化配置,从而推动传统产业不断升级,提高社会劳动生产率和社会运行效率。同时随着信息资源的开发利用,人们的就业结构从以从事农业、工业相关工作为主向以从事信息相关工作为主转变。信息技术在全球的广泛使用,不仅深刻地影响着经济结构与经济效率,而且作为先进生产力的代表,对社会文化和精神文明产生重要的影响。

1.1.3 金融科技的主要内容

金融科技行业以信息技术为基础,将大数据、人工智能、云计算、生物识别、区块链等技术,用于银行、证券、保险、基金、消费金融、金融监管等领域,从而形成了多种生态。金融科技重塑了传统金融业,衍生出系列金融新兴生态,包括零售银行、网络借贷与融资、云计算平台、数字货币、资产管理、互联网保险、监管科技等。目前,全球主要金融科技产品分为四大类:支付结算类、存贷款与资本筹集类、投资管理类和市场设施类。其中,支付和借贷是金融科技公司最集中的领域。网络银行发展迅速,保险科技持续创新。多元化和差异化成为金融科技发展的驱动力。金融科技的主要构成及对金融的影响如图1-1所示。

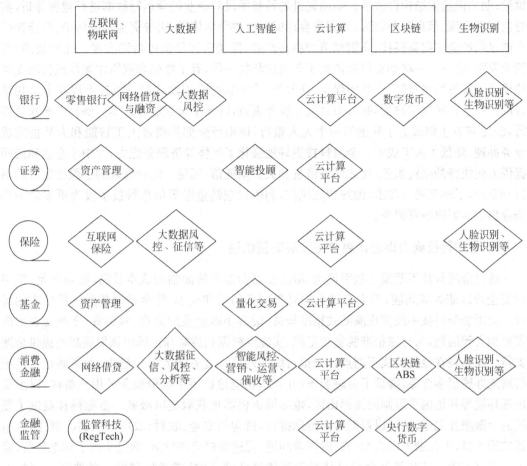

图 1-1 金融科技的主要构成及对金融的影响

1.1.4 金融科技的重要价值

金融科技不仅是行业本身的转型发展,而且对于社会经济发展有着重要意义和价值,主要表现在以下几个方面。

1. 金融科技成为推动金融转型升级的新引擎

金融科技的核心是利用现代科技成果优化或创新金融产品、经营模式和业务流程。借助机器学习、数据挖掘、智能合约等技术,金融科技能简化供需双方交易环节,降低资金融通边际成本,开辟触达客户的全新途径,推动金融机构在盈利模式、业务形态、资产负债、信贷关系、渠道拓展等方面持续优化,不断增强核心竞争力,为金融业转型升级持续赋能。金融科技可以大幅简化获客、征信等内部管理流程,不断提升运营管理效率。

2. 金融科技成为金融服务实体经济的新途径

发展金融科技能够快速捕捉数字经济时代的市场需求变化,有效增加和完善金融产品供给，助力供给侧结构性改革。运用先进的科技手段对企业经营运行数据进行建模分析，实时监测资金流、信息流和物流，为资源合理配置提供科学依据，引导资金从高污染、高能耗的产能过剩产业流向高科技、高附加值的新兴产业，推动实体经济可持续发展。比如我国"新四大发明"之一——移动支付就依赖于新兴的科技手段，有了终端和网络才能体现移动支付的概念。还有网络贷款、互联网保险、众筹等，这些新的应用模式都是科技手段与金融相结合的产物。在拓展用户的同时，通过线上服务渠道，降低了金融服务成本。例如中国建设银行，2018年在上海成立了我国第一个无人银行，该银行全部是通过人工智能和大数据完成业务办理，降低了人工成本。金融科技更好地强化了实体经济服务能力，为中小企业和民间提供方便快捷的融资服务，比如网络借贷和大数据征信，用更广泛和深入的手段挖掘好的项目和企业，了解其资金需求，做好智能风控，利用供应链金融等信息科技手段为更多的中小企业提供多渠道融资服务。

3. 金融科技成为促进普惠金融发展的新机遇

通过金融科技不断缩小数字鸿沟，解决普惠金融发展面临的成本较高、收益不足、效率和安全难以兼顾等问题，助力金融机构降低服务门槛和成本，将金融服务融入民生应用场景。运用金融科技手段实现滴灌式精准扶持，缓解小微企业融资难、融资贵、金融支农力度需要加大等问题，为打赢精准脱贫攻坚战、实施乡村振兴战略和区域协调发展战略提供金融支持。比如现在银行的线下网点和去银行线下网点办业务的人越来越少，大家通过手机银行就能办理很多业务，降低了金融服务的门槛，相应地扩展了金融服务的用户群体，以前受地理环境等其他因素限制的偏远山区，也能够更便捷地获取金融服务。金融科技提供了便捷的金融服务渠道，还可以帮助一些特殊群体，既包括农业、农村、农民的"三农"群体，也包括贫困人口，不仅助力解决"三农"融资难问题，促进农村经济发展，而且实现了精准扶贫，缩小了贫富差距。这些都是金融科技对于实体经济、"三农"或者扶贫的一些典型应用效益分析。

另外，大数据分析等新技术应用是解决中小企业融资难、融资贵问题的一把金钥匙。通过线上服务、生物识别等便利化服务，同时通过引进海关数据、工商数据、税务数据等第三方数据建立模型，提升风控能力，使业务能覆盖更多的中小企业，促进普惠金融快速发展。应用线上模式促进中小企业、中小客户以及初创企业融资，是突破物理网点局限、推动普惠金融发展的新途径。

4. 金融科技成为防范和化解金融风险的新利器

防范和化解金融风险是当前和今后一段时期金融领域的重要工作，在科学技术不断发展的今天，仅靠传统风险防范手段已经难以预防新技术、新模式下的新风险，需要运用大数据、人工智能等技术建立金融风控模型，有效甄别高风险交易，智能感知异常交易，实现风险早识别、早预警、早处置，从而提升金融风险技防能力。从监管的角度看，加强运用数字化监管协议、智能风控平台等监管科技手段，推动金融监管模式由事后监管向事前、事中监管转变，有效解决信息不对称问题，消除信息壁垒，缓解监管时滞，提升金融监管效率是金融科技时代的主要方向。

1.2 全球金融科技发展总体情况

1. 全球金融科技区域发展

国际上,金融与科技融合发展趋势明显。一方面,国际领先投行纷纷加大科技投入,近年来对数字化转型和金融科技创新的投入已占税前利润的近 20%,与此同时,还纷纷投资科技创新企业。华尔街六大投行均投资了人工智能投研分析公司 Kensho;高盛、花旗等多家投行投资了 Digital Asset 和 Axoni 等区块链公司。仅 2017 年,高盛在金融科技领域就至少投资了 15 家企业。高盛 CEO 更是自称高盛为一家科技公司,其员工近 1/3 为科技人员。另一方面,大型科技公司 BigTech 利用其拥有的海量数据、客户资源和技术优势进入金融服务领域,苹果公司推出了电子支付、电子信用卡等金融服务,亚马逊公司从 2011 年到 2017 年共为多个国家的 2 万家小企业发放了 30 亿美元贷款。

从区域发展上看,全球金融科技大致可以分为三个梯队。全球金融科技区域梯次分布如表 1-1 所示。中国引领全球金融科技区域发展,在区域总排名的第一梯队中,中国地区占据三席,正努力实现金融科技发展的"换道超车"。七大全球金融科技中心城市依次为北京、旧金山、纽约、伦敦、上海、杭州和深圳。在 23 个区域中心城市中,亚洲与美洲联合占据15 席,欧洲占据 7 席。

表 1-1 全球金融科技区域梯次分布

区域梯队	区域名称	GFHI		金融科技产业		金融科技体验		金融科技生态	
		排名	指数值	排名	指数值	排名	指数值	排名	指数值
第一梯队	长三角地区	1	81.2	2	84.7	1	79.5	2	77.2
	旧金山湾区(硅谷)	2	79.7	1	93.2	6	39.8	5	74.9
	京津冀地区	3	76.8	3	80.0	2	67.9	4	75.4
	大伦敦地区	4	73.9	4	76.1	5	50.8	1	78.3
	粤港澳大湾区	5	72.9	6	73.2	3	66.9	6	74.3
	纽约湾区	6	71.6	5	75.8	7	39.1	3	76.2
第二梯队	大悉尼地区	7	58.7	7	59.6	9	35.9	10	64.6
	新加坡	8	53.9	8	54.1	14	22.3	11	63.4
	大波士顿地区	9	52.7	12	44.7	11	34.0	8	68.4
	比荷卢地区	10	50.7	13	41.6	15	17.1	7	72.3
	东京湾区	11	50.5	9	52.5	16	16.5	12	58.6
	大孟买地区	12	50.4	10	49.0	4	50.9	14	52.0
	大圣保罗地区	13	45.4	11	48.4	8	38.8	16	43.6
	巴黎地区	14	43.2	14	35.1	12	29.1	13	57.7
	以色列	15	31.9	15	23.8	16	16.5	15	47.0
第三梯队	瑞士	16	29.9	16	0.0	12	29.1	9	67.8
	法兰克福地区	17	21.0	16	0.0	10	35.6	17	42.9

从金融科技产业来看,旧金山湾区(硅谷)位居首位,并在金融科技优秀企业数量、资本实力等方面均位列全球第一。紧随其后的是长三角地区、京津冀地区、大伦敦地区、纽约湾区和粤港澳大湾区等,这些区域的金融科技产业发展均在70分以上。

2. 全球金融科技城市发展

第一梯队包括北京、旧金山、上海、伦敦、纽约、杭州和深圳,分别位列全球GFHI第1~7名,传统金融中心与科技创新高地交相辉映,共同奏响了世界金融科技发展最强音。第二梯队包括由悉尼、新加坡、西雅图等13个城市,分别位列第8~20名。第三梯队包括武汉、南京、成都等10个城市,分别位列第21~30名。全球金融科技城市发展排名如表1-2所示。

表1-2 全球金融科技城市发展排名

城市梯队	城市名称	所在国家	GFHI 排名	GFHI 指数值	金融科技产业 排名	金融科技产业 指数值	金融科技体验 排名	金融科技体验 指数值	金融科技生态 排名	金融科技生态 指数值
第一梯队	北京	中国	1	82.6	2	86.7	4	82.7	1	77.3
	旧金山	美国	2	77.3	1	93.2	12	49.6	8	65.8
	上海	中国	3	76.8	5	80.0	5	81.2	4	71.4
	伦敦	英国	4	76.0	4	81.5	11	56.1	3	75.3
	纽约	美国	5	75.5	3	82.2	13	43.0	2	77.1
	杭州	中国	6	74.1	6	75.7	1	90.6	6	67.0
	深圳	中国	7	73.1	7	74.7	2	85.2	5	67.4
第二梯队	悉尼	澳大利亚	8	58.8	8	64.2	15	41.3	20	57.4
	新加坡	新加坡	9	57.0	9	58.5	26	22.3	7	65.9
	西雅图	美国	10	54.3	13	51.6	20	34.0	10	64.0
	东京	日本	11	53.3	10	56.1	28	16.5	13	61.1
	芝加哥	美国	12	52.9	11	55.1	23	29.7	19	57.4
	香港	中国	13	52.1	14	46.4	18	35.0	9	64.5
	广州	中国	14	49.4	20	29.9	3	84.0	11	63.0
	波士顿	美国	15	48.2	17	42.7	19	34.0	16	59.6
	首尔	韩国	16	47.7	16	43.3	22	30.5	17	58.6
	圣保罗	巴西	17	47.6	12	51.9	14	42.5	28	43.7
	巴黎	法国	18	46.2	18	37.2	24	28.9	12	62.7
	阿姆斯特丹	荷兰	19	43.9	15	44.5	25	27.5	25	48.2
	孟买	印度	20	43.5	19	32.0	10	58.0	23	53.4
第三梯队	武汉	中国	21	33.5	21	0.0	6	80.5	14	61.1
	南京	中国	22	32.4	21	0.0	8	71.7	15	61.1
	成都	中国	23	31.2	21	0.0	7	73.3	18	57.5
	西安	中国	24	30.1	21	0.0	9	66.9	21	56.5
	苏黎世	瑞士	25	24.6	21	0.0	21	30.6	22	53.6
	莫斯科	俄罗斯	26	21.5	21	0.0	29	16.5	24	50.0
	法兰克福	德国	27	21.4	21	0.0	16	35.6	27	43.9
	布鲁塞尔	比利时	28	19.6	21	0.0	30	13.2	26	46.2
	开普敦	南非	29	19.2	21	0.0	16	35.6	29	38.3
	迪拜	阿联酋	30	17.2	21	0.0	26	22.3	30	37.3

从金融科技生态来看,北京、纽约、伦敦、上海、深圳、杭州、新加坡和旧金山拥有全球最好的金融科技生态,优越的经济金融环境、浓郁的创新氛围、有力的政府支持等为金融科技的发展提供了沃土。截至 2019 年 8 月 10 日,已有 46 家创业公司加入全球独角兽俱乐部,估值达 10 亿美元甚至更高。其中,美国有 22 家独角兽企业,在数量上遥遥领先美国以外的地区,其次是英国,紧接着是中国。

3. 美国金融科技发展

美国的金融科技产业发展处于国际领先水平,主要分布在硅谷和纽约,包括专注于在线借贷、为介于优级信用和次级信用间的客户提供贷款服务的 Avant、世界首家 P2P 贷款企业 Lending Club;专注于互联网保险的 Oscar Health;以及专注于财富管理的 Wealthfront 等。而 GAFA 四大企业 Google、Apple、Facebook、Amazon 也持续在金融科技领域扩大投资。全球金融科技独角兽几乎有一半位于美国。

2018 年,美国金融科技公司筹集了 124 亿美元的资金,比 2017 年增加 43%,全美金融科技风险投资金额增长超过 30%。根据 Brex 的分析,由于监管、技术试错等方面因素的影响,金融科技公司通常比其他初创企业需要多 2~3 倍的资金。在全球金融科技独角兽中,几乎有一半位于美国,由加利福尼亚州的金融科技行业资深人士建立,并背靠 Visa 和 PayPal 等大型企业。融资金额排在前五名的公司分别是 Coinbase(80 亿美元)、Robinhood(76 亿美元)、SoFi(45 亿美元)、Gusto(38 亿美元)和 Credit Karma(35 亿美元)。这些企业的业务范围涵盖在线经纪、在线借贷和企业支付等领域。以下是美国金融科技领域部分代表企业。

1) Stripe

Stripe 最初为线上小型卖家提供支付服务,如今它也服务于微软和亚马逊等科技巨头。在 2018 年,该公司推出三款备受瞩目的新产品,包括信用卡发行技术、销售点软件和面向订阅企业的计费平台。

2) Coinbase

Coinbase 此前作为比特币钱包,现在推出了更加丰富的服务,提供加密货币托管以及专业机构交易平台。2019 年,Coinbase 以 1 亿美元的价格收购了 Earn.com,用户可以通过 Earn.com 的电子邮件向专家支付比特币费用。

3) Robinhood

经纪人可以通过 Robinhood 提供股票、ETF、加密货币和期权的无佣金交易。Robinhood 也推出了黄金会员订阅服务,每月 6 美元起,投资者能够通过该平台放大收益。2019 年下半年,Robinhood 将推出现金管理服务,进入票据和储蓄市场。

4) Ripple

长久以来 SWIFT 几乎连接了世界上所有的银行,Ripple 推出基于区块链的全球结算网络,意在取代 SWIFT。Ripple 创始人创建了加密货币 XRP,并使机构可以在 XRP 中进行跨境付款。

5) SoFi

SoFi 成立于 2011 年,起初专注于在线学生贷款再融资,后来扩展到为富裕的千禧一代提供包括抵押、智能投顾和保险等其他服务。

6) Credit Karma

Credit Karma 为超过 8 500 万个"会员"提供包括信用评分、税收准备软件、帮助修复信用报告错误以及以用户名开设的新账户的预警等一系列免费服务。当用户使用个性化的信用卡优惠获得授信时，Credit Karma 将获得推荐费。

7) Circle

加密货币金融巨头 Circle 2018 年通过收购 Poloniex 进入交易所市场，现在提供加密货币交易、投资和支付服务。2018 年 10 月，与 Coinbase 合作推出了 USDC 稳定币，这是一种使用以太坊区块链并由美元支持的加密资产。

8) Plaid

Plaid 将付款应用程序（如 Venmo）和个人财务网站（如 Betterment）连接到用户的银行账户，以转移和跟踪资金并加快身份验证。Plaid 现在已经与 10 000 家银行合作。2019 年 1 月，Plaid 以约 2 亿美元的价格收购了汇总投资数据的初创公司 Quovo。

9) Avant

Avant 公司成立于 2012 年，向普通用户提供 0.2 万～3.5 万美元的在线极速贷款，以应对意外医疗费用支出、度假等借款需求，该公司通过使用大数据和机器学习算法帮助个人简化信贷选择流程。

10) Gusto

Gusto 为中小型企业开发基于 Web 的薪资解决方案。它通过在线平台为美国雇主和雇员提供薪资福利、人力资源整合服务。Gusto 还提供健康福利和工人补偿福利，包括医疗保险、通勤福利和工人补偿保险计划，允许承包商浏览其员工以前的工资单、核实个人详细信息等。

4. 英国金融科技发展

在世界金融创新和发展的历史中，伦敦的地位一直都不可忽视。工业革命之后，英国成为冉冉升起的新星，伦敦也当之无愧地成为全球金融中心。但经历第一次世界大战之后，英国实力的逐渐下降给伦敦的地位带来冲击。20 世纪 30 年代是伦敦的低潮期，金融业在英国和欧洲的经济衰退和第二次世界大战的破坏中艰难挣扎。

20 世纪 50 年代，伦敦的金融业起死回生，最关键的决策是 1958 年英格兰银行的协议：允许英国银行吸收美元存款，以及发放美元贷款。70 年代到 80 年代，伦敦的金融行业持续发展，到 90 年代，欧盟不断加速的金融一体化进程让伦敦成为欧元的金融交易中心。

近年来，伦敦在金融行业中的地位进一步上升。据全球最具权威的国际金融中心地位的指标"全球金融中心指数"显示，伦敦连续数次蝉联全球前 20 金融中心排名的冠军。

2018 年上半年，英国金融科技投资总额超越美国，同时占据欧洲首位。欧洲吸引投资总额 260 亿美元，其中英国吸引投资 161 亿美元（123 亿英镑）。

欧洲十大金融科技交易中有 4 笔发生在英国，其中包括 Revolut 筹资 2.5 亿美元，eToro 筹资 1 亿美元，Flender 筹资 6 000 万美元，Moneyfarm 筹资 5 400 万美元。

截至目前，50% 的欧洲金融科技初创公司诞生在英国，英国还向欧洲、中东及非洲地区提供世界级金融科技基础设施。

在英国的金融科技产业中，网络借贷、支付、金融数据分析、区块链等子产业处于世界领先水平。其中，网络借贷和支付吸收约 90% 的金融科技投资。

英国首家拿到银行牌照的手机银行服务商 Atom Bank 于 2015 年成立之后，不仅快速地成为英国金融行业的新星，也成为传统银行强有力的挑战者。Atom Bank 放弃实体门店，采用纯线上的服务，为年轻用户提供储蓄、抵押贷款等服务。用户可以在 5 分钟内实现端到端连接银行并开户，无须提交纸质材料、前往实体网点。更重要的是，借助各类数字技术，在完全无实体、无纸化的数字化操作中节省了大量成本，因此，Atom Bank 能够提供收益更高的储蓄产品和利率更低的贷款产品。

比如，2018 年 6 月，Atom Bank 提供的一年期定期储蓄产品的利率高达 2.05%，而同期大型传统银行一年期定期储蓄产品利率则只有 0.9%，部分传统银行的一年期定期储蓄产品的利率更是低至 0.5%。

在保险、移动支付、P2P 等领域，英国也出现了众多类似 Atom Bank 的金融科技公司，比如 Starling Bank、Revolut 等，这些创新公司还在研究将区块链应用于抵押贷款，它们给传统金融业造成了冲击，但也促使更多传统金融机构在伦敦设立创新中心。比如，美国花旗银行选择在伦敦设立创新实验室，旨在加速物联网和区块链等颠覆性产品和技术的开发。

统计显示，英国集中全球 251 家外资银行，也拥有全球近 1/4 的金融科技独角兽公司（估值在 10 亿美元以上的初创企业），这也让英国成为全球金融科技的风向标。

5. 新加坡金融科技发展

新加坡是东南亚金融科技最发达的地区，目前拥有 490 家金融科技公司。长期以来，新加坡政府都在积极推动金融科技发展。2015 年 8 月，新加坡金融管理局（MAS）成立新的下属机构 FinTech & Innovation Group 支持金融科技的发展。2017 年，MAS 制定了"监管沙盒"进一步鼓励金融科技发展。新加坡的《支付服务法案》于 2020 年 1 月 28 日生效，并将首次对提供数字支付令牌、商户收购和国内转账服务的实体进行监管。新的立法将把大约 200 家额外的支付实体置于 MAS 的监管之下。为了支持新加坡金融技术部门的增长，并帮助企业更快地将金融技术的创新引入市场，新加坡启动了专利快速通道试点项目（the SG Patent Fast Track Programme），取代了 2018 年启动的与金融科技（FinTech）相关的快速通道项目和 2019 年启动的与人工智能相关的快速通道项目。该专利快速通道试点项目从 2020 年 5 月 4 日运行至 2022 年 4 月 29 日终止。

MAS 与加拿大、法国和肯尼亚等地的金融当局建立了伙伴关系，以加强金融科技、网络安全等方面的合作。作为支持新加坡初创企业和中小企业发展和国际化的政府机构，新加坡企业联盟将其全球创新联盟（GIA）网络扩展到伦敦，并与北京、雅加达和东京的 3 个新伙伴建立伙伴关系，在各自的市场上运行 GIA 项目。

MAS 将向非银行公司发行多达 5 个新的数字银行许可证，以加强金融服务的竞争并刺激创新。MAS 于 2020 年 1 月表示，已收到 21 份申请，其中 7 份申请是数字完整银行许可证，另有 14 份为数字批发许可证。雷蛇、Grab、蚂蚁金服、小米和 Sea 都是其中的申请者。MAS 原定在 2020 年 6 月宣布成功的申请者，新的牌照有望在 2021 年年中开始运营。但由于全球受新型冠状病毒疫情影响延长了发放数字银行牌照的评核期。

6. 加拿大金融科技发展

加拿大在新兴的人工智能、互动娱乐、清洁能源、生物科技等学术研究与产业化方面均极为强大，只不过因为与中美相比人口过于稀少，其成就大都被纳入北美区域。

以人工智能为例，加拿大虽然仅有 3 000 万人口，却拥有 60 多个 AI 实验室、约 650 家 AI 初创企业、40 多个加速器和孵化器。在生物技术方面，加拿大的企业数目、从业人数仅次于美国，居世界第二位，而人口仅 3 700 万，同期美国人口约 3.28 亿。

最近几年,加拿大已发展成为全球金融科技六大市场之一。2017 年毕马威公司的全球 FinTech 前 100 强排名中,加拿大占 6 家。相比之下,美国 19 家,中国 9 家,考虑到人口规模,足以证明加拿大蓬勃旺盛的科技创新力。

7. 澳大利亚金融科技发展

2019 年 9 月 11 日,澳大利亚参议院宣布成立金融科技与监管科技专责委员会(Select Committee on Financial Technology and Regulatory Technology),负责全面审核澳大利亚金融科技发展状况。据 FinTech Global 的数据显示,过去两年中,澳大利亚金融科技领域投资中,72.8% 流向至少 1 亿美元的交易,这也是行业融资总量持续走高的主要原因,而价值低于 1 亿美元的金融科技融资交易则一直保持稳定趋势。

澳大利亚审慎监管局向互联网银行 Volt Bank 颁发该国首个数字银行牌照,随后包括 Judo Bank 和 86400 在内的两家数字借贷方也获得全面银行牌照。

2019 年 9 月,澳大利亚再次向一家在线金融机构颁发银行牌照,获得这份许可的是数字银行 Xinjia Bank。不过,这个牌照仍然是一个限制性的银行牌照。

相比中美两国,澳大利亚的金融科技产业虽然起步较晚,但发展速度非常快。在此次经济转型中,澳大利亚也试图通过金融科技新兴产业,挽救本国的出口依赖型经济模式。比如,Waddle 和 Credi 这两家澳大利亚金融科技企业就在近日宣布开始向海外扩张。

1.3 我国金融科技发展迅猛

2019 年 8 月 22 日,中国人民银行印发《金融科技(FinTech)发展规划(2019—2021 年)》,明确提出要将"金融科技"打造成金融高质量发展的"新引擎",引导打造金融科技发展友好环境,助力金融行业实现降本增效。在此背景下,加快数字化转型,已经成为金融业转变发展方式、培育增长动能的必然选择。整体上看,金融科技在互联网巨头提前布局的情况下,金融与科技的融合在银行、保险和券商三个不同的子行业中迅速发展,并呈现出不同的特点,不仅能够看到科技企业对金融体系的破坏式创新,也能够看到越来越多传统金融企业开始积极拥抱科技,在被颠覆之前自我革新,甚至已经开始引领金融科技行业发展。

1.3.1 互联网巨头引领金融科技发展

对于零售客户而言,商业银行体系提供的核心职能主要包括支付和储蓄,科技巨头正是从这两个核心职能突破,对我国传统商业银行发起挑战。借助第三方支付行业的蓬勃发展和庞大的客户基础,我国的两大互联网巨头——阿里巴巴和腾讯分别通过电商平台和社交网络的流量,成为第三方支付市场的佼佼者。以第三方移动支付市场为例,支付宝和财付通合计占据了 93.7% 的市场份额,市场集中度甚至超过了我国传统商业银行业。

这些互联网巨头通过货币市场基金的形式,巧妙地为客户在余额宝、理财通等电子钱包中的活期资金提供了更高的收益,吸引客户快速地将储蓄特别是活期存款从银行搬家到电子钱包,因而积累了大量的沉淀备付金,备付金利息占总收入的比重极大,商业模式并不稳定。

除电子钱包外,互联网巨头也积极争取银行牌照,其中分别由腾讯和蚂蚁金服发起设立的微众银行和网商银行是最具代表性的两家。从目前来看,两家背靠巨头的互联网银行都已找到自身的发展路径,微众银行将面向个人客户的消费金融业务作为发展重点,而网商银行将自身定位为一家主要为小微企业提供金融服务的银行。

互联网冲击传统商业银行体系的金融脱媒已经开始受到更加严格的监管。为避免互联网支付巨头对金融监管的冲击,2018年6月,中国人民银行发布《关于支付机构客户备付金全部集中交存有关事宜的通知》(114号)文件,要求自2018年7月9日起,按月逐步提升支付机构客户备付金集中缴存比例,到2019年1月,已经实现备付金百分之百地集中缴存。以阿里巴巴和腾讯两家巨头为例,巨额的备付金利息从2019年开始消失,未来互联网金融巨头需要寻找其他更加平衡的商业模式。

1.3.2 商业银行成为金融科技的主导力量

1. 科技创新成为引领经济金融变革的主导力量

金融与科技的深度融合,使跨界合作、构建金融服务生态圈成为新趋势,推动银行业态转型升级,为促进实体经济发展提供强大动能。商业银行积极布局金融科技,加大创新技术的研发投入和人才培养成为共识。在资源部署上,各大银行结合自身发展需求,从成立科技子公司、设立创新实验室、组建人才团队等方面,为智能化发展提供支持和保障;在研发投入上,各家银行对金融科技的投入不断增加。国有大行中,中国建设银行的科技支出最高,2018年金融科技投入134.8亿元,占营业收入的2.17%;股份制银行中,招商银行的金融科技投入最多,2019年上半年信息科技投入36.33亿元,同比增长63.87%,占营业收入的2.81%。截至2019年年底,全国银行业金融机构已设立科技支行或专营机构超过750家。

2. 大型商业银行积极布局金融科技

自2019年以来,国有大行继续加快金融科技创新,数字化转型不断提速。从银行来看,中国工商银行、中国银行、中国建设银行、兴业银行、招商银行、光大银行、民生银行、北京银行等多家银行都成立了金融系科技子公司,专门从事金融科技相关的研发与技术服务。平安集团对外赋能平台——金融壹账通顺利登陆美股,人保金服围绕房车构建金融科技服务生态。相比单纯的科技公司或互联网金融公司,金融系科技子公司具有重合规、品牌好、人才多和需求理解准确等优势,但也面临着母体所固有的治理程序复杂、场景缺乏、研发效率较慢、迭代周期较长等短板。特别是要从躺着赚钱的单一甲方强势思维,变为靠产品和服务赚钱的乙方思维,对于习惯体制内的金融系科技子公司来说是一个巨大的挑战。同时,金融系科技子公司在脱离集团和母行后,如何实现商业的可持续发展,考验着各家子公司的智慧和能力。

1) 中国工商银行智慧银行生态系统ECOS

2019年,中国工商银行成立金融科技公司及金融科技研究院,推出智慧银行生态系统ECOS 1.0。E是Enterprise-level,代表"企业级",构建产品整合、信息共享、流程联动、渠道协同的新体系,给客户带来更好的"ONE ICBC"一致体验。C是Customer-centred,代表"以客户为中心",是"客户心中的银行"。O是Open,代表"开放融合",适应金融生活化、场景化趋势,以自有融e行、融e联、融e购"三融"平台为基石,以API开放平台和金融生态云平台为跨界合作抓手,打造金融生态圈。S是Smart,代表"智慧智能",中国工商银行全面布局"ABCDI"(即人工智能、区块链、云计算、大数据、物联网)等前沿技术领域,研发一系列硬核科技平台,为客户服务、精准营销、风险控制、决策管理等提供"最强大脑"。

2) 中国建设银行的TOP+战略

近年来,中国建设银行运用科技驱动搭建人工智能、公有云、大数据云服务等平台,利用科技信息全面助力金融服务水平和效率提升。中国建设银行还将业务功能和服务分享出去,倡导社会资源共同使用,通过与第三方合作机构共同努力,打造场景化、一体化的开放银行系统,形成新的平台生态、新的用户生态。中国建设银行还通过在B端、C端、G端进行转型和重构,构建新的用户生态圈。2019年,中国建设银行推出TOP+战略。

(1) T,是科技驱动,聚焦于ABCDMIX。其中,A是人工智能,B是区块链,C是云计算,D是大数据,M是移动互联,I是物联网,X是5G、量子计算等尚未商用的前沿技术。

(2) O,是能力开放。中国建设银行将传统商业银行业务、租赁、保险、基金等集团业务的功能和数据能力以服务的方式向全社会开放。

(3) P,是平台生态。关于客户营销,中国建设银行主要的经营管理是建生态,建平台,再让平台连平台,共同构建用户生态。

(4) +,是培育鼓励创新和支持创新的文化,支持集团不断创新,实现面向未来的可持续发展。

3) 中国银行借金融科技打造数字银行

中国银行正通过数字化转型推进深层次、系统性的变革,用数字思维重塑业务和服务流程,将数字化基因注入百年中国银行的血脉,转化为场景、智能、开放、创新、敏捷的数字化银行。中国银行手机银行6.0以用户为中心,应用云计算、大数据和人工智能等金融科技,聚焦智能决策、智能营销、智能投顾、智能风控、智能运营、智能客服等领域,以数据为核心、以科技为引领、以创新为驱动,持续提升金融服务水平。作为一家"常为新"的百年老店,中国银行积极拥抱科技变革,以手机银行作为全行战略转型的重要工程,用10年时间将手机银行打造成为服务主渠道,致力为用户提供智能、便捷、安全的服务。

4) 中国农业银行实施"金融科技+"战略

中国农业银行编制印发《中国农业银行金融科技创新三年行动计划(2018—2020年)》提出:"打造一个平台",即打造一个全行统一的金融科技服务平台;"全面提升六项基础能力",即全面提升人工智能、移动互联、区块链、大数据、云计算、信息安全等金融科技关键技术应用能力;"逐步深化八大领域应用",即逐步深化智慧"三农"、智慧零售、智慧网金、智能资管、智能信贷、智能运营、智能案防、智能办公等业务领域应用。

3. 区块链成为商业银行布局重点

2019年10月24日,中共中央政治局就区块链技术发展现状和趋势进行第十八次集体学习。未来,加快推动区块链技术在金融业的应用和创新,将成为银行数字化建设的重要方向。从实践上来看,中国人民银行贸易金融区块链平台于2018年9月正式试点运行以来,目前已实现业务上链3万余笔,业务发生笔数6 100余笔,业务发生量约760亿元;中国建设银行区块链贸易金融平台自2018年4月上线以来累计交易量已突破3 600亿元;中国银行与中国人民银行货币所、清华大学目前正在开发供应链融资纯粹的区块链融资应用;此外,由中国银行、中信银行、民生银行、平安银行等共同搭建的跨行区块链福费廷交易平台

(BCFT)，已于 2019 年 10 月 25 日作为区块链核心节点行成功投产上线。

4. 零售银行业务是科技巨头进军的主战场

我国最优秀的零售银行——招商银行已经开始在金融科技的战场上直面科技企业的挑战。2017 年，招商银行正式明确"金融科技银行"的战略定位，旗下两大 App——招商银行和掌上生活已经合计拥有近 8 000 万的月活跃用户。2018 年，招商银行提出以月活跃用户数（MAU）作为零售业务发展的"北极星"指标，引领数字化转型。此外，招商银行从 2016 年开始将基于人工智能技术的智能投顾产品——摩羯智投用于财富管理业务中，2018 年全年该产品累计销售已达 122.33 亿元。

除招商银行外，国有大型商业银行也纷纷意识到科技对传统金融主业的推动作用，并开始积极布局。例如，中国工商银行和中国建设银行分别成立科技子公司，目前已经推出包括基于 5G 应用的新型智慧网点，中国建设银行利用知识图谱、图计算、行为序列分析等多种人工智能技术打造反欺诈预测分析平台，目前，在实验室环境下欺诈识别的准确率已达 91％。未来中国商业银行在科技上的投入将越来越多。

5. 国有大型银行联手互联网巨头布局金融科技

2017 年年初，中国工商银行联手京东，布局征信、消费金融、供应链金融等领域；中国建设银行联手蚂蚁金服，布局信用卡、支付等领域；中国农业银行联手百度，共建金融大脑；中国银行联手腾讯，统一金融大数据平台。深圳前海微众银行作为国内首家开业的互联网民营银行完成第一笔放贷业务。该银行既无营业网点，也无营业柜台，更无须财产担保，而是通过人脸识别技术和大数据信用评级发放贷款。此外，平安银行也在 2019 年将"金融＋科技"更加清晰地定义为平安银行的核心主业。微众银行与腾讯云于 2019 年 3 月宣布成立金融科技创新实验室，合作研发面向"开放银行"场景的金融科技应用。

6. 民营银行金融科技应用占比较高

2014 年 7 月，微众银行、民商银行、天津金城银行成为首批获得原银监会筹建批复的民营银行。在 5 年的时间里，这一新业态发展迅猛。加上华瑞银行和网商银行，原银监会在 2014 年 5 家试点银行发展经验的基础上，后续又批筹 12 家。目前，分布于京、浙、沪、粤、川等 17 家民营银行均已全部开业。当前民营银行在运营中呈现出来的三个总体特征是资产负债快速增长、盈利状况良好、整体风险较低。2014 年 12 月 28 日，由腾讯作为第一大股东的深圳前海微众银行官网正式上线，国内首家民营银行正式步入落地阶段。微众银行自 2014 年筹建之初，就将发展战略定为"普惠金融为目标、个存小贷为特色、数据科技为抓手、同业合作为依托"。

从员工岗位结构来看，科技和风控类人才在前海微众银行、浙江网商银行、四川新网银行这三大互联网银行中已至少占据了员工总数的半壁江山。而对于其他民营银行来说，信息技术人才的占比也普遍在 30％以上。

1.3.3 传统保险行业龙头引领科技创新

近年来，人工智能、区块链、物联网、基因技术等多种呈现出指数级发展的技术，正合力改变全球保险业。保险行业正在面临保险业态"重构"、保险价值链"重塑"、保险体验"重新定义"、保险经营基础"重整"的困境。这也正是科技革命对传统保险行业转型带来的巨大冲击。疫情之下,各保险企业积极推行零接触的在线理赔服务,简化理赔流程,同时在开展业务时更多地依托于线上营销并实现在线投保核保。而这一切的背后其实是保险科技正在发挥其巨大的应用价值。正是由于过去几年保险科技的快速发展,许多保险机构已经形成了体系化的线上运营流程,从而为此次应对疫情提供了必要的底层技术支持。相信疫情过后,保险行业会更加重视保险科技的发展,行业转型升级的进程仍将进一步加快。

1. 保险科技解决行业痛点

过去几十年,我国的人口红利为保险业提供广阔的发展空间,保险企业大多通过粗放式的发展模式快速抢占市场实现规模扩张。随着近几年跑马圈地发展模式走到尽头,我国保险行业开始从高速增长向高质量发展迈进,而在这一转型进程中,如何解决行业内长期存在的痛点是亟待解决的核心问题。例如,保险销售误导、用户理赔体验差等问题都直接拉低了行业形象,从而深远地影响行业进一步地发展,而新兴技术的发展为保险行业带来了破局机遇,这也是驱动保险科技发展的重要原因之一。

一直以来,保险行业的信息化水平都落后于银行、证券等其他传统金融领域,而在保监会发布的《中国保险业发展"十三五"规划纲要》中明确指出要加强保险业基础建设,推动云计算、大数据在保险行业的创新应用。近年来,我国保险企业开始加大保险科技投入,其中头部保险企业和互联网保险公司的布局更加快捷,以中国平安保险、中国人寿保险、中国太平洋保险、中国人民保险(以下简称中国人保)为代表的大型保险机构纷纷将"保险+科技"提到战略高度,并且积极出资设立保险科技子公司。根据统计,2019年中国保险机构的科技投入达319亿元,预计2022年将增长到534亿元。

2. 金融科技创新深刻变革保险业

云计算、大数据、人工智能、区块链等关键技术的日益成熟为保险行业各环节价值链的重塑再造带来机遇。从实际落地情况来看,保险科技在产品研发环节的应用程度相对较浅,主要是在大数据分析的基础上辅助精算师进行风险定价以及定制化产品开发;在保险营销环节,由于痛点较多并且业务场景更有利于AI大数据等技术的落地,因此成为目前保险科技落地最多的环节;在核保和理赔环节,保险科技的价值在于帮助企业提升风控能力和效率以及改善用户体验,这也是保险企业未来的核心竞争力。

1) 大数据改变传统保险的定价、营销、核保方式

过去保险公司对用户信息的掌控主要停留在一些基本信息和投保信息,存在很大的局限性,而数据源的扩充是大数据技术得以发挥价值的基础。在海量数据的基础上,大数据能够进一步提炼出用户画像、用户需求及风险识别等信息,这些信息能够为保险公司在产品设计、渠道分销和核保理赔环节上提供帮助,从而通过产品的合理定价、精准营销、反欺诈,实现企业降本增效的目标。

2) 人工智能2019年保险机构AI投入达42.9亿元,未来仍将保持快速增长

作为新一轮科技革命及产业变革的核心驱动力,人工智能正逐渐体现巨大的商业价值。在保险行业,人工智能的应用将改变定价、分销、承保、理赔、投后服务等各个环节,从而达到

提升业务效率,降低运营成本的目的。艾瑞预计,2022年中国保险机构在人工智能上的投入将达94.8亿元。当前行业内AI技术的主要投入方是头部保险公司,主要方式是自主研发,而由于人工智能研发需要大量科技人才储备及数据和基础设施的支撑,因此目前中小险企的人工智能应用进程相对落后,不过市场上科技公司的保险AI解决方案正不断成熟,未来中小险企能够通过采购SaaS服务或联合开发的方式获取保险AI的应用,保险企业与科技公司深度合作将成为趋势。

3) 区块链的本质是解决保险行业的互信问题

区块链是一种集合分布式数据存储、点对点传输、共识机制、加密算法等计算机技术的新型应用模式,从技术特性上看,区块链具有去中心化、防数据篡改、可追溯、一致性等特点。简单来说,区块链能够建立一套公开透明的可信体系,使链上的参与方以极低的成本达成互信共识,而这一点恰好契合保险长期存在的信任问题,因此保险也是区块链的重点落地场景之一。除区块链本身的技术成熟度外,机构参与度与公链数据是影响区块链应用价值的关键。从目前保险企业的投入情况及行业现状来看,区块链技术在保险行业内仍处于探索和尝试阶段,大规模的应用可能还需要一定的时间沉淀,不过随着2019年区块链被提上国家战略高度,保险监管层也在积极推进行业规则的制定与研究,预计未来5~10年保险区块链将迎来重要发展时机。

3. 传统保险行业龙头开始引领科技创新

保险业正在拥抱保险科技带来的机遇,创新将进一步促进传统保险公司的运营,并提升效率。保险科技将为重要的基础设施持续赋能,优化保险业务的流程,提升保险产品的性价比,增强多元化服务水平,促进保险行业转型升级。在构建一个更高效、更兼容、更平稳的保险业生态体系过程中,也应该充分认识到保险科技所带来的新挑战,如数据挖掘能力、信息安全水平以及技术人才等。

传统的保险行业龙头凭借强大的资源优势,已经开始引领科技创新。早在2013年,中国平安集团就提出"科技引领金融"战略。2018年,中国平安集团正式将logo中的"保险、银行、投资"改为"金融、科技"。中国平安集团是我国传统金融机构中第一家将科技提升到和传统金融主业一样高度的企业。凭借普通初创类科技企业无可比拟的资金、人才、数据优势,中国平安集团在科技领域的投入已经产生较强的壁垒。截至2019年年中,中国平安集团已经拥有人工智能、区块链、云计算等八大研究院和超过50个实验室,目前拥有研发人员3.2万名,科学家2200名。中国平安集团在过去10年中的科研投入累计超过1000亿元,未来还将投入2000亿元打造集群化、矩阵化、原创化的科研体系。科技对于中国平安集团这样一个传统保险行业巨头意味着什么?中国平安集团的科技板块已经能够为集团独立贡献盈利。虽然科技行业通常是一个重资本消耗的行业,但得益于长期的持续投入,中国平安集团旗下科技板块中已经有多家子公司开始贡献盈利。例如陆金所控股和汽车之家,2019年上半年,中国平安集团科技板块产生28.02亿元的营运利润,对集团的贡献占比达3.8%。预计未来,随着流量和数据积累的逐步完成,会有更多的子公司开始贡献利润。但更重要的是,中国平安集团通过将科技成果应用于传统金融主业,已经大幅提升包括寿险、财产险、银行等在内的其他分部运营效率和盈利能力。

1.3.4 传统券商与互联网券商共同发展

当前,全球正经历科技与产业高度融合、深度叠加的新变革,随着云计算、大数据、人工智能等技术的发展和成熟,证券业也大步迈入"金融科技"新时代。国内证券业对金融科技的重视和投入程度也在不断提升。与此同时,证券业发展金融科技的政策环境也在不断完善。2018年12月19日由证监会发布的《证券基金经营机构信息技术管理办法》,就是为引导证券经营机构充分利用现代信息技术手段完善客户服务体系,改进业务运营模式,提升内部管理水平,增强合规风控能力,更好地保护投资者权益和服务实体经济而制定的。这体现了监管对实施金融科技战略的高度重视,为证券经营机构大力发展金融科技创造有利的外部条件。

(1) 我国本土的互联网券商龙头已经实现市场份额的快速扩张。我国最具代表性的本土互联网券商龙头是东方财富证券。公司成立之初主要业务是于2004年上线的东方财富网,逐步发展成为我国境内排名第一的垂直财经门户网站;此后于2006年前后推出东方财富通终端,包括PC终端、手机移动终端等;2006年前后公司推出为投资者提供讨论的股吧社区,迅速积累了大量的人气;2007年公司上线了天天基金网,逐步发展成为我国排名第一的基金理财网站。公司旗下两大旗舰App——东方财富和天天基金累计超过1300万月活跃用户。公司从2012年开始进军金融领域,天天基金网获得了基金代销牌照,公司凭借巨大的流量优势迅速抢占第三方基金销售市场。2015年公司通过收购一家小型券商,成为国内第一家拥有境内证券业务牌照的互联网公司。得益于背后庞大的客户和流量基础,以及相较于传统证券公司更低的佣金费率,东方财富证券市场份额快速提升,从不到0.5%,迅速提升到2%~3%,已经跻身于国内证券公司前20名。

(2) 部分互联网券商瞄准独特利基市场,表现出小而美的特点。富途证券和老虎证券作为其中最著名的两家,已经在2019年3月登陆美国纳斯达克市场,其面向的主要客户群是希望能够在线投资港股和美股市场的中国境内投资者。根据Oliver Wyman数据,境内投资者投资港股和美股的需求将在2023年分别催生9 210亿美元和4 300亿美元的潜在市场。除此之外,这两家互联网券商还通过更好的服务和更低的交易成本吸引客户。例如,老虎证券提出自身的主要优势包括以下四点:全天24小时的中文客服、足不出户的极速开户、相较于传统券商更低的佣金、免费的行情数据。

(3) 龙头券商积极拥抱互联网并进行自我革新,已经初见成效。除天然具备互联网基因的在线经纪商外,我国传统龙头券商也在积极拥抱互联网,其中华泰证券就是一个典型案例。华泰证券是国内最早推出移动交易终端的券商之一,于2009年开发推出涨乐移动客户端,此后推出综合金融服务终端——涨乐财富通。涨乐财富通拥有超过300万月活跃用户,位列传统券商旗下App第一名。

思 考 题

1. 金融科技的四大价值分别是什么?
2. 如何理解全球金融科技发展的总体情况?
3. 如何看待传统金融机构积极拥抱金融科技?

第2章 互联网巨头金融科技布局

学习目标：了解第三方支付现状与价值，掌握互联网巨头在金融科技中的布局情况，熟悉各代表企业在金融科技中布局的特点与异同。

2.1 第三方支付与 PayPal

2.1.1 第三方支付的内涵

第三方支付是具备一定实力和信誉保障的独立机构，采用与各大银行签约的方式，提供与银行支付结算系统接口的交易支持平台的网络支付模式。之所以称为"第三方"，是因为这些平台并不涉及资金的所有权，只是起到中转作用。它原本是用来解决不同银行卡的网上银行对接以及异常交易带来的信用缺失问题，通过提供线上和线下支付渠道，完成从消费者到商户以及金融机构间的货币支付、资金清算、查询统计等一系列过程。

我国第三方支付受到中国人民银行监管。中国人民银行颁布的《非银行支付机构网络支付业务管理办法》指出，非银行支付机构是指依法取得支付业务许可证，获准办理互联网支付、移动电话支付、固定电话支付、数字电视支付等网络支付业务的非银行机构。

第三方支付业务被称为网络支付业务，是指收款人或付款人通过计算机、移动终端等电子设备，依托公共网络信息系统远程发起支付指令，且付款人电子设备不与收款人特定专属设备交互，由支付机构为收、付款人提供货币资金转移服务的活动。根据中国人民银行 2010 年在《非金融机构支付服务管理办法》中给出的非金融机构支付服务的定义，从广义上讲，第三方支付是指非金融机构作为收、付款人的支付中介所提供的网络支付、预付卡发行与受理、银行卡收单及中国人民银行确定的其他支付服务。

我国最早的第三方支付企业是成立于 1999 年的北京首信股份公司（以下简称北京首信）和上海环迅电子商务有限公司（以下简称上海环迅）。它们主要为 B2C 网站服务，在电子商务交易中，银行若逐一给数十万家中小商户开设网关接口，成本过高，得不偿失。第三方支付企业的作用是通过搭建一个公用平台，将成千上万的小商家和银行连接起来，为商家、银行、消费者提供服务，从中收取手续费。典型的第三方支付企业有支付宝、财付通、联动优势、上海环迅、北京首信、云网支付、网银在线等。

2.1.2 第三方支付的业务模式

在第三方支付模式中,买方选购商品后,使用第三方平台提供的账户进行货款支付,并由第三方通知卖家货款到账、要求发货;买方收到货物,并检验商品进行确认后,就可以通知第三方付款给卖家,第三方再将款项转至卖家账户上。第三方支付作为目前主要的网络交易手段和信用中介,最重要的是起到在网上商家和银行之间建立起连接,实现第三方监管和技术保障的作用。从连接形式上看,支付业务分为直连和间连,直连和间连的概念发生过改变。在第三方支付业务的起步阶段,行业尚不规范,第三方支付机构与银行直接连接,各机构通过在多个银行开设账户的方法,绕开网联的清算环节。2017年8月,中国人民银行推出"断直连"政策,使网联进入利润分配环节,网联作为合法的清算平台,一端对接持牌支付机构,另一端对接银行系统,利于实现金融监管。接入网联前后,用户在第三方支付机构的交易流程如图2-1所示。

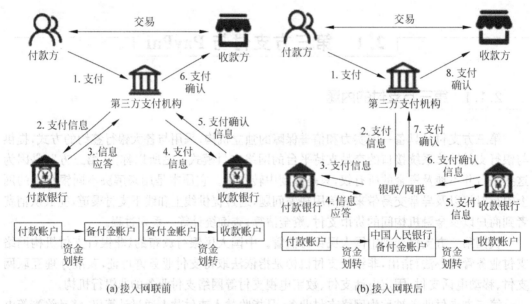

图 2-1 用户在第三方支付机构的交易流程

2.1.3 第三方支付的价值

在通过第三方支付平台的交易中,买方选购商品后,使用第三方支付平台提供的账户进行货款支付,由对方通知卖家货款到达、进行发货;买方检验物品后,就可以通知付款给卖家。从理论上讲,第三方支付平台的出现杜绝了电子交易中的欺诈行为,这是由它的以下特点决定的。

(1) 支付手段多样且灵活,用户可以使用网络支付、电话支付、手机短信支付等多种方式进行支付。

(2) 不仅具有资金传递功能,而且可以对交易双方进行约束和监督。例如,支付宝不仅可以将买家的钱划入卖家账户,而且如果出现交易纠纷,比如,卖家收到买家订单后不发货或者买家收到货物后找理由拒绝付款的情况,支付宝会对交易进行调查,并且对违规方进行处理,基本能监督和约束交易双方。

(3)第三方支付平台是一个为网络交易提供保障的独立机构。例如,淘宝的支付宝就相当于一个独立的金融机构,当买家购买商品时,钱不是直接打到卖家的银行账户上,而是先打到支付宝的银行账户上,当买家确认收到货并且没问题时就会通知支付宝把钱打入卖家的账户,支付宝在交易过程中保障交易的顺利进行。

2.1.4 第三方支付的发展现状

移动支付流水量级高达百万亿元,2019年前三季度仍维持20%以上的同比增速。中国人民银行数据显示,2019年第三季度,非银行支付机构处理网络支付业务共1 911.87亿笔,金额达63.99万亿元,同比分别增长37.01%和23.04%。而2019年第二季度,线下扫码支付的规模为8万亿元,同比增长90%,如果将这部分业务也纳入移动支付,则市场规模的增速会更高。近年来非银行支付机构网络支付笔数与金额如图2-2所示。

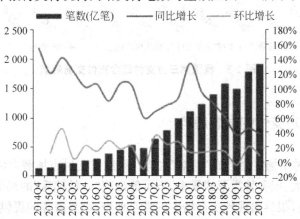

(a) 2015年第一季度—2019年第三季度非银行支付机构网络支付笔数

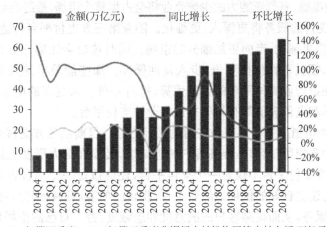

(b) 2014年第四季度—2019年第三季度非银行支付机构网络支付金额(万亿元)

图2-2 近年来非银行支付机构网络支付笔数与金额

从增速来看,2013—2018年,支付机构网络支付交易笔数年均复合增长率高达93.9%,几乎每年翻一番;交易金额年均复合增长率达82.0%,2017—2018年增速有所回落,但仍保持在45%。未来产业互联网与数字经济发展给第三方支付提供了更多机会。我国第三方支付综合支付交易规模如图2-3所示。

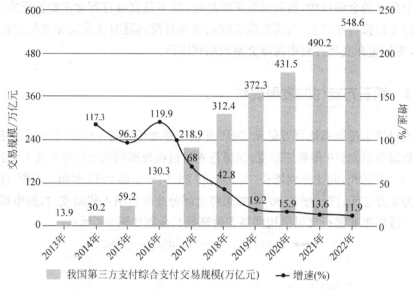

图 2-3　我国第三方支付综合支付交易规模

2.1.5　第三方支付的发展趋势

(1) 第三方支付市场将会形成"割据"之势。第三方支付市场潜力巨大、市场前景广阔、客户对象级差范围大、服务种类形式繁多,不可能出现"一枝独秀"的局面。由于市场的虚拟性,没有时空的限制,很难出现传统市场中的真空地带,而且服务的提供者是机器,也难以形成个性化的服务,所以市场的形式也不可能是"百花齐放"。在市场的竞争中,资本雄厚、技术实力强、市场定位准确、有创新能力的少数企业将会占据整个市场,最终会形成"割据"之势。

(2) 第三方支付的服务将更深入、更细化。随着第三方支付平台行业化服务的深入,第三方支付业务也将更细化,走向更加细分的市场。同时这也会让第三方支付商的产品具有差异化和专业化,摆脱恶性价格竞争,步入良性循环。那些能最早深入某具体行业的支付商,还可以形成在该行业支付平台的竞争优势,抢占先机。从现在的电子商务发展来看,电子客票、数字娱乐和电信充值最有希望打造行业性支付平台。

(3) 大力开发增值服务是第三方支付的必经之路。目前第三方支付企业的服务大同小异,在未来竞争中要想留住客户,提高客户的忠诚度,必须在更大程度上给产品附加增值服务。未来的第三方支付平台不仅是一个支付平台,还应该是一个综合咨询平台。要善于利用客户资源,与之建立良好的伙伴式经营关系,将自己的客户进行细分,对不同的细分单位,提供不同的增值服务,从而提高客户的满意度和忠诚度,夯实自己的市场地位。

(4) 第三方支付与传统金融机构竞合。从整个支付产业的结构来看,支付宝和微信支付已经不再是单纯的支付机构,而是成为世界上最大的"发卡方"。消费者对实体卡片的感知越来越弱,商业银行的传统发卡地位受到挑战。银行若想要赢得市场,就要打造符合本行特点的开放发展生态模式,敢于在支付创新上加大投入。

2.1.6 第三方支付的国际化发展

我国对"一带一路"沿线国家的出口占全球出口的比重逐年上升,顺差规模在扩大,随之而来的跨境支付业务的需求也十分迅猛。阿里巴巴旗下的蚂蚁金融服务集团重点是在电商和普惠金融方面。在印度,投资了 Paytm 公司、收购覆盖东南亚的新加坡电商 Lazada,与泰国的 Ascend Money、菲律宾的 Mynt、印度尼西亚的 Emtek、新加坡的 M-DAQ 和马来西亚的 TNG 等大公司达成了交易。蚂蚁金融服务集团在全球的投资还有总部设在美国的 MoneyGram 和韩国的 Kakao Pay 公司。

腾讯的重点则主要在内容(大文娱)领域,在东南亚收购泰国最大门户网站 Sanook Online,投资 1 900 万美元。

2018 年 11 月 9 日,中国人民银行批准连通(杭州)技术服务有限公司提交的银行卡清算机构筹备申请连连支付与美国运通各占 50%,还有万事达卡及 Visa 等公司。这是我国扩大和深化金融业对外开放的重要举措。

2.1.7 PayPal——北美第三方支付的代表

第三方支付最早源于美国的独立销售组织制度(independent sales organization,ISO),它是指收单机构和交易处理商委托 ISO 做中小商户的发展、服务和管理工作的一种机制。1996 年,全球第一家第三方支付公司在美国诞生,随后逐渐涌现出 Amazon Payments、PayPal 等一批第三方支付公司,其中以 PayPal 最为突出,其发展历程基本代表了北美第三方支付市场发展的缩影。

PayPal 是世界上使用范围最广的第三方支付公司,PayPal 支持 200 多个国家和地区,全球活跃用户接近 2 亿,通用货币涵盖加元、欧元、英镑、美元、日元、澳元等 24 种。

1998 年在美国的斯坦福,一位叫马克斯·列夫琴(Max Rafael Levchi)的程序员因一场名为"市场全球化和政治自由之间的联系"的演讲触发灵感,演讲结束后马克斯主动找到演讲者彼得·蒂尔(Peter Thiel)交流互动。他与彼得·蒂尔研讨了当前支付领域的种种痛点,尝试用一种新的技术(数字钱包)来代替现金,实现个人对个人的支付。

一家名叫康菲尼迪(Confinity)的支付公司就这样在两位年轻人此次简短交流和几次午餐的思想碰撞后诞生了。产品的初衷是提供一个方便客户和商家进行网上金钱交易的工具。

2000 年,埃隆·马斯克为解决在网上快捷转账业务上的竞争,将 X.com 公司与彼得·蒂尔和马克斯·列夫琴创办的 Confinity 公司合并,这家新公司于次年 2 月更名为 PayPal。

2002 年 10 月,全球最大的拍卖网站 eBay 以 15 亿美元收购 PayPal,PayPal 便成为 eBay 的主要付款途径之一。2005 年,PayPal 的中国大陆网站开通,名称是"贝宝",但是 PayPal 和贝宝实际上是两个相互独立的账户,因为贝宝使用人民币作为唯一的支付货币。

早在1999年就成立的北京首信和上海环迅两个企业是我国最早的第三方支付企业,由于电子商务在我国发展缓慢,其影响力一直不大。直到2004年12月阿里巴巴公司推出支付宝,支付宝在淘宝购物平台的强大影响下,业务取得突飞猛进的发展,第三方支付的交易规模也呈飞速增长趋势,仅用4年时间便以超过2亿使用用户的绝对优势胜过美国的PayPal,成为全球最大的第三方支付平台,目前用户已经超过10亿。

2.2 蚂蚁金服金融生态

蚂蚁金服集团是一家旨在为世界带来普惠金融服务的创新型科技企业,总部位于我国杭州。它起步于2004年成立的支付宝,于2014年10月正式成立集团公司。蚂蚁金服集团围绕科技、普惠、全球化战略,通过自主研发的科技创新,帮助全球消费者和小微企业获得安全、触手可及、绿色可持续的普惠金融服务,为社会创造更大的价值,给世界带来更多平等的机会。预计到2036年,蚂蚁金服集团将与阿里巴巴集团一起,服务20亿消费者,创造1亿就业机会,帮助1000万家中小企业盈利。

2.2.1 蚂蚁金服的发展历程

1. 支付担保期

2004年12月8日,支付宝作为一家公司成立。作为担保交易工具,支付宝主要解决买卖双方在互联网上不信任的问题。支付宝的出现,是为了解决主业淘宝网的问题,属于核心业务网上交易的延伸服务。支付宝刚出现的时候是点状的服务性产品,解决的问题是担保。它既是一个具有里程碑意义的重大创新,也是创新型服务。当时的支付宝还属于淘宝网的内部业务,并不具备生态的特征。

2. 业务拓展期

2005年2月2日,支付宝承诺,如果用户在使用支付宝的过程中因受到诈骗而产生损失,支付宝将全额赔付,成为一直流传的"你敢付,我敢赔"。此举解决了用户对支付宝信任的问题,信任是电子商务交易的基础。同年7月6日,支付宝对外公布"你敢付,我敢赔"的支付联盟计划,将"你敢付,我敢赔"扩展至所有由支付宝提供支付服务的网站。通过支付联盟计划,支付宝迈出了内部服务外部化的重大步伐。2007—2009年,支付宝最著名的行动就是"出淘"。这段时间里支付宝开始迅速拓展淘宝以外的商户和场景,分别在北京、上海、深圳建立分公司,让内部业务充分外部化,接受外面各种支付能力带来的压力和挑战。2007年8月,开启支付宝To B的服务战略,同时支付宝和淘宝之间的分歧也逐步产生。"出淘"战略对支付宝的发展也非常重要。

3. 金融合作期

2005年3月,支付宝和中国工商银行签订战略合作。2005年上半年,淘宝网营销导致交易大涨,支付宝和合作的中国工商银行杭州西湖支行300多人通过手工对账根本无法应对当时的业务量。2015年12月,中国工商银行正式完成为支付进行的系统升级,转账压力得到缓解。这一段历史非常关键,作为起步业务量为零、法律界定模糊不清的新业务,中国工商银行并未一开始直接拒绝,而是善意地开启了一次对彼此都至关重要的机会,在看到业务上升后又尽力配合系统升级。一段良好的合作关系往往会带动未来更长远、更大规模的合作。从成立至今,蚂蚁金服的发展始终离不开银行体系。在2004—2006年成立之初,支付宝和多家商业银行的网银系统进行对接,使用户实现了电商平台的在线支付;2007—2009年,支付宝业务独立后,作为多家银行网银产品的代理,为其他商家提供插线板式服务,让其逐步有了成为行业基础设施的能力;2010年支付宝的快捷支付将各家银行系统连接起来,建立了一个小额借记系统;2013年,余额宝诞生,解决了银行的钱荒问题。

4. 牌照布局期

2013年年初,余额宝的诞生,使支付宝从一个支付工具走向金融服务。因此,余额宝也是蚂蚁金服史上非常重要的产品,为后来蚂蚁金服的金融生态发展奠定了基础。

2013年6月,余额宝推出不久,我国货币市场出现钱荒问题,导致余额宝年化超6%,使其名声大噪,在老百姓受益的同时,余额宝还给金融机构带来了过去几十年从未有过的危机感。

如果支付宝是在完善支付这个线型服务,那么余额宝的诞生,就是让支付宝有了从线到面发展的雏形。

除公司申领获得第三方支付业务牌照和小额贷款牌照外,蚂蚁金服也通过并购、发起设立公司的模式,先后布局了基金(天弘基金)、基金代销(数米基金网)、银行(网商银行)、保险(国泰产险)、网络借贷(网金社)等领域。该阶段投资的特点:由于金融持牌需要,公司往往成为上述企业的控股股东或第一大股东,如天弘基金(持股51%)、国泰产险(持股51%)、网上银行(第一大股东,持股30%)等。

5. 金融生态形成

蚂蚁金融生态在发展路径上,逐渐从支付到理财、银行、证券、保险、基金等牌照不断完善,再通过自身完备的支付体系、账户体系、优质的数据、数据驱动、过硬的基础技术、合作伙伴关系、信用体系、超高的用户体验、风控体系、保持开放的企业文化、迅速发展的创新能力、压倒性投入等不断构建生态体系。蚂蚁金融生态从商业到生活,从买卖到公益,几乎覆盖生活的各种场景,进而形成完整的生态闭环。

2.2.2 蚂蚁金服的生态体系

截至2019年12月底,蚂蚁金服估值1600亿美元,相当于两个高盛集团,覆盖了12亿用户,全年的支付交易金额是77万亿元,和我国的GDP差不多,管理着2.2万亿元的财富,相当于我国前四大资管公司易方达、博时、建信、工银瑞信的总和。

蚂蚁金服虽然是做小微金融服务——几毛到几百元不等的支付、几元钱的保险、几百元钱的贷款。但是,它的规模超级庞大,而且业务超级复杂。更重要的是,这个企业才成立6年多,从支付宝出现算起,也不过 10 多年。

与百年金融机构相比,这种扩张的速度有些超乎想象,而且它的扩张依然以不可想象的速度进行着。这种疾速型的扩张和庞大复杂的业务网络正是一个平台生态应该具有的基因。

1. 生态的基石——支付数据

支付宝(中国)网络技术有限公司是国内的第三方支付平台,致力于提供"简单、安全、快速"的支付解决方案。支付宝公司从 2004 年建立开始,始终以"信任"作为产品和服务的核心。支付宝与国内外 180 多家银行以及 Visa、MasterCard 国际组织等机构建立战略合作关系,成为金融机构在电子支付领域最为信任的合作伙伴。

传统金融机构使用数据进行金融业务的分析、决策,而蚂蚁金服是数据驱动的金融服务业。两者有质的差别,前者是使用数据,后者是数据驱动。数据驱动的模式与传统的金融模式有本质差别。数据驱动的最大优点是实时动态捕捉服务对象的变化,进行迭代优化,使风险下降。另外,高度标准化使服务规模扩大,成本下降。还有数据在闭环中不断地沉淀,使数据变得越来越智能,也就具有更多业务模式扩张和创造的可能性。

2. 互联网商业生态

阿里巴巴集团发布 2019 财年第四季度及全年财报。财报显示,阿里巴巴 2019 财年第四季度实现营收 934.98 亿元,同比增长 51%;净利润 233.79 亿元,同比增长 252%;全年营收 3 768.4 亿元,同比增长 50.6%;净利润 802.3 亿元,同比增长 30.6%。阿里巴巴 2019 财年 GMV 达 5.73 万亿元,同比增长 18.8%,并且天猫与淘宝的 GMV 差距在进一步缩小。2015—2019 财年,天猫的 GMV 增速始终高于淘宝,整体 GMV 占比分别为 34.66%、39.29%、41.54%、44.21%和 45.61%,其中天猫的实物商品交易额 2019 财年同比增长 31%,第四季度同比增长 33%。截至 2019 年 3 月底,淘宝与天猫移动月活跃用户达 7.21 亿人,比去年同期和上一季度分别上涨 1.04 亿元和 2 200 万元;年活跃消费者达 6.54 亿人,比去年同期增长 1.02 亿人,而新增的 1 亿多消费者中,77%来自下沉市场。作为我国最大、最完整的消费生活社区,淘宝上千万商家贡献了数十亿款商品。超过 1.2 亿的活跃消费者在 Lazada 和全球速卖通上购物。阿里巴巴 2015—2019 年 GMV 发展走势如图 2-4 所示。

3. 全场景生活生态

自 2014 年蚂蚁金服成立以来,场景类投资已逐步延伸至网上购物、零售店、游戏、日常缴费、餐饮、汇款、公益、信贷、金融服务、充值、校园服务、交通和医疗服务等。整体而言,公司的场景布局遵从两条主线:①布局 O2O。在移动支付由线上到线下的过程中,蚂蚁金服也在拓展线上到线下的场景,尤其在 2015 年以后,场景布局多围绕支付宝钱包的"未来医院""未来公交""未来商圈""全民 WiFi 计划"等展开。②客群培育。蚂蚁金服客群主要定位于年轻一代和优质长尾客户,而围绕 C 端新零售展开的"全场景"布局,一方面可以提升既有客户的黏性(黏客),成为以每个人为中心的一站式场景平台和新的生活方式;另一方面可实现体外客户转化(获客)。阿里巴巴全场景生态如图 2-5 所示。

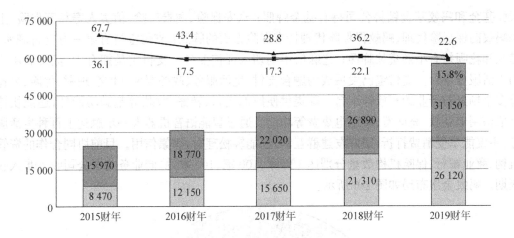

图 2-4　阿里巴巴 2015—2019 年 GMV 发展走势

图 2-5　阿里巴巴全场景生态

4. 全金融生态体系

金融业务的本质是客户、场景、技术和资金的融合。蚂蚁金服经历了从自己做金融,到"输出技术＋客户＋场景赋能金融机构"做金融业务的过程。当前,蚂蚁金服通过三大业务板块(支付、数字金融、科技服务),完美演绎了"能力输出"商业模式下的引流—变现—赋能逻辑。此外,公司借助国际化布局将"能力输出"模式向海外复制。

目前,蚂蚁金服旗下拥有的全金融牌照包括第三方支付、基金、银行、小贷、证券、保险、消费金融、互联网征信、股权众筹、互联网金融资产交易等。其中,网商银行持有银行牌照;

天弘基金和蚂蚁基金销售公司持有基金牌照；众安保险、国泰产险、信美人寿相互保险、上海蚂蚁韵保保险代理、蚂蚁保保险代理持有保险方面的牌照；支付宝持有第三方支付牌照；借呗和花呗持有小额贷款牌照；芝麻信用则切入征信业务。支付宝是拥有12亿实名用户的生活服务平台。支付宝已发展成为融合支付、生活服务、政务服务、社交、理财、保险、公益等多个场景与行业的开放性平台。除提供便捷的支付、转账、收款等基础功能外，还能快速完成信用卡还款、充话费、缴水电煤费等功能。通过智能语音机器人一步触达上百种生活服务，不仅能享受消费打折，跟好友建群互动，还能轻松理财，积累信用。目前协同合作的资管机构、商业银行、保险机构数量分别达120家、100家、100家，协同业务与子公司收入步入收获期。蚂蚁金服布局如图2-6所示。

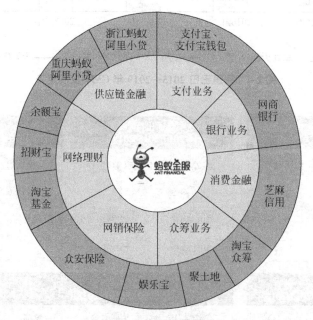

图2-6　蚂蚁金服布局

5. 智慧城市生态体系

2019年1月，中山大学发布的《移动政务服务报告（2018）——重构与智慧》显示，全国已有442座城市（含县级市和省直辖县）将政务服务搬上了支付宝手机平台。1月10日，陆家嘴与支付宝公司签署了办公楼的预售合同，根据与浙江蚂蚁小微金融服务集团股份有限公司、支付宝公司签署的合作协议等相关法律文件，将该办公楼转让给支付宝公司，转让暂定总价为人民币22.62亿元。1月14日，蚂蚁金服公告称，支付宝积极落实中国人民银行关于支付机构客户备付金集中存管和断直连等相关要求，到2019年1月14日，已经完成了断直连、备付金集中存管和备付金账户销户。2月2日，支付宝成为首批获得国家认证的企业。支付宝针对用户个人信息安全和隐私保护的体系已达到国家最严格的标准。2月21日，支付宝对外发布公告表示：自3月26日起，通过支付宝给信用卡还款将收取服务费。截至2019年4月底，支付宝"风险大脑"已经与河北、北京、天津、重庆、温州、广州、贵阳、西安、厦门、合肥、温州等10余个省市的金融办合作，成为它们发现和预警高危企业的"千里眼"。2019 年 5 月，支付宝上线发呗功能，发呗是支付宝为商家提供的免费发钱工具，通过发呗支付宝商家可零费用给员工、灵活用工人员发报酬、福利、佣金、报销款等；5 月 8 日，支付宝上线老年版相互宝；6 月，支付宝及其本地钱包合作伙伴已经服务超 12 亿的全球用户；10 月 10 日，支付宝表态不支持虚拟货币交易；11 月 5 日，支付宝发布国际版。

2020 年 3 月 10 日举行的支付宝合作伙伴大会上，支付宝宣布从金融支付平台升级为数字生活开放平台。

6. 国际生态布局

蚂蚁金服由点及面，构建全球网络。

(1) 全球布局：跟随阿里巴巴集团的全球化数字经济扩张，蚂蚁金服的海外布局目标是"客户全球购，商家全球售，用户海外出行"。目前已有 56 个国家和地区的商户可以受理线下支付业务，10 个国家和地区拥有本地电子钱包（即 Glocal 战略模式），10 个本地数字钱包的用户已接近 12 亿个。从目前情况来看，其他"一带一路"国家以及部分发展中国家仍有布局空间。截至 2020 年 2 月底，中国游客已能在全球 56 个国家和地区使用支付宝消费，全球 30 多个国家（地区）和 85 个机场支持支付宝退税，包括日本、韩国、新加坡、马来西亚、泰国、柬埔寨、越南、老挝、菲律宾、印度尼西亚、澳大利亚、新西兰、爱尔兰、英国、法国、德国、意大利、瑞士、奥地利、比利时、荷兰、摩纳哥、西班牙、希腊、瑞典、丹麦、挪威、芬兰、俄罗斯、捷克、南非、美国、加拿大、以色列、阿联酋以及中国香港、澳门及台湾地区等。

(2) 纵深发展：多元持牌，复制金融生态。在印度尼西亚投资消费分期公司 Akulaku、在印度布局消费借贷产品 Paytm Postpaid，均是复制国内"从场景到支付到金融"的尝试。

(3) 由点到面：借跨境支付，构建全球网络。

2018 年，全球首推区块链跨境汇款（港版支付宝 Alipay HK 与菲律宾钱包 GCash），是蚂蚁金服在跨境、跨电子钱包支付业务的第一次试水。2019 年，收购世界跨境支付领头羊 WorldFirst 的 100% 股权后，公司已经进一步具备连接 1+9 个电子钱包的牌照许可和业务通路。总体来看，目前公司已经具备跨境支付的技术基础、业务通路和牌照许可，未来蚂蚁金服有望依托本地电子钱包作为"节点"、跨境支付作为"通路"，构建全球范围的支付网络，进而组成全球范围的服务网络。移动支付正随着中国人出境游的增长在海外迅猛发展。中国出境游客使用移动支付的交易占总交易的 32%，首次超过现金支付。

7. 控股参股企业

蚂蚁金服投资 500 多家公司，主要覆盖出行（哈罗单车、立刻出行、滴滴出行、ofo、永安行、大搜车、停简单、捷停车）、餐饮（饿了么、禧云国际、百胜中国、二维火）、教育（钉钉）、保险（万通保险、国泰产险、信美相互）、小贷（蚂蚁小额贷款）、理财（趣店）、电子商务（探物、内啥）、企业服务（佳都数据、嘛里啪）、媒体（虎嗅网、财新传媒）、人工智能（Face++、深鉴科技、奥比中光）、房产家居（蘑菇租房）、在线票务（淘票票）等领域，为面向主流工作服务和生活消费场景的小微客户们提供科技服务。

8. 区块链——从数字金融到数字经济

蚂蚁金服区块链技术团队成立于2016年,截至目前,申请的区块链专利数量居全球第一。蚂蚁区块链技术的研发与输出经历了两个阶段:一是赋能数字金融,主要是为了解决金融业务过程中的多方信息不对称问题。代表性技术产品是2018年全球首推基于区块链的电子钱包跨境汇款服务,实现汇款信息实时上链(所有参与方银行、本地监管机构均同时得到信息),将跨境汇款时长压缩至3秒。二是赋能数字经济,依托在金融领域的技术沉淀,围绕"打造数字经济账本"的定位,蚂蚁金服的区块链技术输出逐步扩大至医疗、政务、房产、数字娱乐等领域。代表性产品是2018年6月上线的区块链服务BaaS平台,实现了高性能区块链技术的一站式输出。

2.3 腾讯产业互联网金融布局

腾讯科技(深圳)有限公司成立于1998年11月,是目前我国最大的互联网综合服务提供商之一,也是我国服务用户最多的互联网企业之一。成立20多年以来,腾讯一直秉承一切以用户价值为依归的经营理念,始终处于稳健、高速发展的状态。2004年6月16日,腾讯公司在香港联交所主板公开上市,在2019中国人工智能企业知识产权竞争力百强榜排名第2位。

腾讯主营业务是通过通信及社交平台微信和QQ促进用户联系,并助其连接数字内容和生活服务的。通过高效广告平台,协助品牌和市场营销者触达数以亿计的中国消费者。通过金融科技及企业服务,促进合作伙伴业务发展,助力实现数字化升级。

1999年,QQ正式出世,并在当年的11月达到100万的用户注册量。

2003年,腾讯业务进一步拓展,首次向游戏领域拓展,QQ游戏横空出世,引领互联网潮流。此时的QQ注册用户已经达到2亿,几乎每年都在成倍地增长。QQ游戏为腾讯带来了大笔的收入。

2010年,QQ同时在线人数破亿,这在全球也是首次破亿的应用。这时的腾讯开始向外投资,向DST投资约3亿美元,与美国思科公司建立长期战略合作伙伴关系。此时的腾讯依靠QQ成立了一个"帝国",不仅是在我国,在世界上也具有强大的影响力。

2011年,腾讯又推出微信,并非是QQ用户量下滑,而是腾讯的QQ没有对手,只能自己创造对手。微信提供公众号平台、朋友圈、消息推送等功能,用户可以通过"摇一摇""搜索号码""附近的人"及扫二维码等方式添加好友和关注公众号平台,同时可将内容分享给好友以及将用户看到的精彩内容分享到微信朋友圈。

2014年8月28日,微信支付正式公布"微信智慧生活"全行业解决方案。具体体现在以"微信公众号+微信支付"为基础,帮助传统行业将原有商业模式"移植"到微信平台。

微信提供的闭环式移动互联网商业解决方案中,涉及的服务能力包括移动电商入口、用户识别、数据分析、支付结算、客户关系维护、售后服务和维权、社交推广等。这也预示着微信将再次加大商业化开放步伐,为合作伙伴提供连接能力,助推企业用户商业模式的移动互联网化转型。

截至2020年3月底,微信已经覆盖我国94%以上的智能手机,月活跃用户达11.65亿,用户覆盖200多个国家、超过20种语言。此外,各品牌的微信公众账号总数已经超过800万个,移动应用对接数量超过85 000个。

腾讯没有停止过投资之路,花费4.5亿元入股华谊兄弟传媒,花费8 440万美元入股艺龙网,花费千万美元投资珂兰钻石,花费8.92亿港元购得金山软件15.68%的股份。

截止到2015年,腾讯的业务高达20多种,企业服务、泛文娱、电子商务、金融、汽车交通排在前五位。腾讯不仅投资国内市场,海外的市场投资也高达20多家。

2.3.1 最全牌照"金融帝国"

截至目前,腾讯已成为所有互联网金融巨头中金融牌照最齐全的公司。版图横跨第三方支付、保险、证券、银行、基金、征信、小贷等领域的腾讯金融,牌照种类丰富程度超过所有竞争对手,是名副其实的"金融帝国"。

(1) 第三方支付领域:第三方支付是腾讯布局最早的互金板块,目前,拥有财付通支付牌照、QQ钱包和微信支付等多个前端支付产品。财付通(Tenpay)是腾讯公司于2005年9月正式推出的专业在线支付平台,其核心业务是帮助在互联网上进行交易的双方完成支付和收款,致力于为互联网用户和企业提供安全便捷的在线支付服务。财付通支持微信支付和QQ钱包成长为行业移动支付产品,协助打造微信红包和QQ红包,使其成为国民生活中的社交产品。

(2) 小贷领域:腾讯早在2013年便拿到牌照成立了财付通小额贷款公司。

(3) 基金领域:通过入股好买财富,腾讯获得了基金销售牌照。

(4) 银行领域:腾讯旗下的微众银行则是国内首家开业的互联网银行。

(5) 征信领域:腾讯信用是中国人民银行批准的8家个人征信试点之一。

(6) 保险领域:财产险方面,腾讯通过众安在线拿到牌照。寿险方面,腾讯在香港投资设立英杰华人寿,在大陆则投资和泰人寿。而在被认为有可能颠覆保险行业的网络互助领域,腾讯先后投资水滴互助、轻松筹等公司,再加上新入手的保险代理牌照,腾讯的保险布局十分完善。

(7) 证券领域:证券是腾讯在BATJ的竞争中领先所有对手的领域。蚂蚁金服、百度和京东金融在证券领域目前并无牌照斩获,而腾讯此前就投资了可以提供港股、美股交易的富途证券,再加上中金的境内券商牌照,打通了用户开展境内外证券交易的通道。

2.3.2 腾讯产业互联网金融布局

1. 腾讯布局产业互联网

过去,腾讯、阿里巴巴、百度、滴滴、美团、小米、今日头条等巨头都是以To C市场为主,而在To B市场一直没有同等量级的巨头诞生。移动互联网的上半场已经接近尾声,下半场的序幕正在缓缓拉开。伴随数字化进程,移动互联网的主战场正在从上半场的消费互联网,向下半场的产业互联网方向发展。

2018年9月,腾讯组织架构调整以来,产业互联网成为腾讯业务的重中之重。腾讯公司2019年第四季度及全年财报显示,第四季度营收1 057.67亿元,同比增长25%,这也是腾讯首次实现单季收入破千亿元。同时,腾讯实现净利润215.82亿元,同比增长52%,非国际通用会计准则下,净利润为254.84亿元,同比增长29%。目前,腾讯的营收主要来自三大部分:增值服务(包括网络游戏和社交网络)、金融科技及企业服务、广告及其他。在2019年第四季度财报中,网络游戏、金融科技及企业服务的营收基本持平,其中网络游戏营收占整体营收的比例已经不到1/3,而B端业务逐渐成为营收新支柱。纵观2019年四个季度的表现,金融科技及企业服务不负众望,营收以36%以上的增速保持着强劲势头,2019年毛利率提高至27%,2018年毛利率为25%。

2. 产业互联网金融生态

产业互联网布局,腾讯将确立"数字化助手"身份。一方面,打造出完整化、系统性的解决方案,提升数字化应用的便利性和操作性;另一方面,通过对行业的深度认知,成为合作伙伴的定制化"数字顾问",在智慧零售、医疗、教育、出行、制造、智慧城市等垂直领域深耕。

2019年,腾讯加强线下商户的渗透。第四季度,腾讯的商业支付日均交易笔数超过10亿,月活跃账户超过8亿,月活跃商户超过5 000万。在云与企业服务方面,腾讯云2019年实现营收170亿元,同比增长超86.8%,付费客户数超过100万。财报称,随着供应链优化及业务规模扩展,毛利率也相应得到改善。随着腾讯对产业互联网的重视及投入,腾讯金融科技业务已成为中长期增长引擎。

2019年,腾讯云重磅发布系列自研产品,包括腾讯自研第四代数据中心T-block产品家族、第一款真正为云而生的自研服务器"星星海"等基础产品,结合现场发布的弹性容器服务、无服务器等自研产品,腾讯云开始加速构建从底层到应用层的自研技术体系,全方位助力各行业数字化、智能化升级。

2019年5月,腾讯宣布实现全网服务器总量超过100万台、带宽峰值突破100T的"双百"里程碑。至此,腾讯成为中国首家、全球第五家服务器总量超过100万的公司,同时也是中国首家带宽峰值达到100T的公司。这标志着腾讯云服务的业务规模、承载的网络流量迈入全球第一梯队。

2019年年底,腾讯自研业务上云的战略完成重要里程碑:QQ、Qzone在12月底正式完成全量上云,微信、王者荣耀等开始灰度上云。2019年,腾讯云除了在营收、技术多项核心指标上取得里程碑式突破外,其在To B、To G业务层面也取得了巨大突破。

(1)在To B层面,腾讯云除在游戏、金融等优势领域继续突破外,在零售、医疗、教育、出行等领域也斩获颇丰。在金融领域,当前腾讯云有6 000+客户,包括150多家银行客户,四大国有银行中已经有3家和腾讯云进行合作。多个国字头的证券、保险公司也使用腾讯云服务。在游戏领域,国内超过一半的游戏公司是腾讯云的客户。根据IDC报告,腾讯云在电商类公有云服务、视频云流量、游戏类公有云服务、社交资讯类公有云服务、交通出行类公有云服务等领域的市场占有率均为第一;在零售领域,2019年腾讯云服务110+家零售品牌;在出行领域,与宝马、广汽、长安、东风、长城、吉利等车企深化合作,战略合作车企28家,连接300多家生态服务伙伴;在教育领域,腾讯教育累计服务400多个省市教育局,9万多家教育机构,服务用户数超过4亿。

(2) 在 To G 方面,腾讯云 2019 年覆盖省份达 28 个,海外 1 个,项目数量 151 个。腾讯政务云覆盖警务云、政务云、工业云、税收云、气象云等不同类型细分服务。其中最大的是 2018 年 6 月广东省省级政务信息化服务资格项目,金额为 10.45 亿元;成都市环城生态区生态修复综合项目排名第 2 位,金额为 8.74 亿元。

2.3.3 后疫情时代腾讯生态体系

2020 年年初,面对突如其来的新冠疫情,腾讯云快速应对,全面助力复工复产。在医疗方面,整个抗疫期间腾讯健康依托腾讯云的技术支撑,为 3 亿多微信用户提供实时疫情数据、线上问诊及 AI 自诊等服务;超过 6 亿用户在腾讯云的数据服务基础上,通过微信和腾讯新闻等平台,及时获取疫情相关内容;而腾讯云的 AI 医疗影像技术,则助力协助医疗和研究机构,开展对新型冠状病毒的诊断。在政务服务方面,疫情期间腾讯云支持的健康码,更成为各地制定防疫策略、实现人流管控不可或缺的工具。腾讯方面数据显示,健康码自 2020 年 2 月推出以来,已被超过 300 个县市的 9 亿用户使用,累计访问量达 80 亿次,为抗疫行动作出了巨大贡献。在春节后陆续开展的复工复课过程中,腾讯云的作用更是不可忽略。

腾讯会议自 2019 年 12 月底推出后的两个月内,日活跃账户数超过 1 000 万,成为我国当前使用人数最多的视频会议专用应用。同时,腾讯会议进一步深化微信及企业微信的互通,协助企业进行客户管理及销售转化,疫情期间有数百万企业通过企业微信顺利恢复办公。在整个抗疫行动过程中,一方面,腾讯云以自身强大的云计算能力为抗疫作出引人瞩目的贡献;另一方面,疫情压力下各行各业爆发出来的对云服务的巨大需求,也反过来激活了腾讯云的庞大潜能。例如,为了保障复工企业"云办公"流量需求的激增,腾讯会议从 2020 年 1 月 29 日到 2 月 6 日,每天都在进行资源扩容,日均扩容云主机接近 1.5 万台,8 天总共扩容云主机超过 10 万台,共涉及超百万核的计算资源投入。

此次突发疫情在警醒人类的同时,也在促进人类进行变革。为了提振疫情之下的国民经济,国家近期出台了"新基建"的重大举措。"新基建"的要点为通过强化 5G 通信网络、人工智能、工业互联网、物联网等新型基础设施建设,来实现对传统产业的升级改造、提效降本,从而为整个国民经济发展提供强大的驱动力。而金融必将随着产业互联网自然融入各个场景,更好地服务经济社会的方方面面。

2.4 京东数科供应链金融

京东,中国自营式电商企业,创始人刘强东担任京东集团董事局主席兼首席执行官,旗下设有京东商城、京东金融、拍拍网、京东智能、O2O 及海外事业部等。2013 年,京东正式获得虚拟运营商牌照。2014 年 5 月,京东在美国纳斯达克证券交易所正式挂牌上市。2015 年 7 月,京东凭借高成长性入选纳斯达克 100 指数和纳斯达克 100 平均加权指数。2016 年 6 月,与沃尔玛达成深度战略合作,1 号店并入京东。

2017 年 1 月 4 日,中国银联宣布京东金融旗下支付公司正式成为银联收单成员机构。2017 年 4 月 25 日,京东集团宣布正式组建京东物流子集团。2017 年 8 月 3 日,"中国互联网企业100强"榜单发布,京东排名第4位。

2018年3月15日,京东内部公告成立"客户卓越体验部",该部门将整体负责京东集团层面客户体验项目的推进。京东集团副总裁余睿出任该部门负责人。2018年《财富》"世界500强"排行榜发布,京东位列第181位。2018年7月24日,京东增资安联财险中国的方案获得银保监会的批准。同年9月4日,京东集团与如意控股集团签署战略合作协议。

2019年7月,《财富》"世界500强"榜单发布,京东位列第139位。2019年8月22日,京东进入"中国民营企业500强"前十名,"中国民营企业服务业100强"发布,京东集团排名第4位。2019年9月7日,中国商业联合会、中华全国商业信息中心发布2018年度中国零售百强名单,京东排名第2位。2019年10月,在"福布斯全球数字经济100强"榜单中位列第44位。

2.4.1 京东数字科技

(1) 京东数字科技集团(以下简称京东数科)以数据技术、人工智能、物联网、区块链等时代前沿技术为基础,建立并发展核心的数字化风险管理能力、用户运营能力、产业理解能力和B2B2C模式的企业服务能力。京东数科经营的宗旨是从数据中来,到实体中去,通过数字科技来服务金融与实体产业,助力相关产业实现互联网化、数字化和智能化,通过实现成本降低、效率提高、用户体验提升和模式升级,最终实现新的增长,并在这个过程中创造公平与普惠的社会价值。截至目前,京东数科完成了在智能城市、数字农牧、金融科技、资管科技、数字营销、数字乡村、智能机器人等领域的布局,服务客户纵贯个人端、企业端、政府端。截至2019年6月底,公司已累计服务涵盖4亿个人用户、800万线上与线下小微企业、700多家各类金融机构、17 000家创业创新公司、30余座城市的政府及公共服务机构。

(2) 京东金融是京东数科旗下专注于金融科技服务的重要业务板块。它诞生于京东集团内部,2013年10月独立运营。京东金融始终基于强大的数字科技能力,致力于让消费者享受专业、安全的数字金融服务,旗下包含个人和企业两大服务体系。

① 在个人金融领域,京东金融App作为载体,通过独有的大数据技术及人工智能风控能力,携手400多家银行、120余家保险公司、110余家基金公司,已为过亿的消费者精准匹配理财产品和信贷服务。

② 在企业金融领域,京东金融相继帮助800万线上与线下小微企业获得安全、触手可及、绿色可持续的普惠金融服务,还为700多家各类金融机构提供数字化解决方案,提升服务实体经济效能。

京东金融正努力携手更多合作伙伴,以满足消费者和企业日益增长的数字金融服务需求,从而为普惠金融的发展贡献价值。

2.4.2 京东互联网金融布局

京东数科分为五大业务板块:数字金融、智能城市、数字农牧、数字营销以及数字校园。以数据技术、AI、IoT三大时代前沿技术为核心,京东数科在数字金融、智能城市、数字农牧、数字营销、数字校园板块全面布局,在客户群体上实现个人端、企业端、政府端的三端合一。京东数科最开始是由京东电商用户有金融需求,继而孵化得来;然后京东数科的金融业务也从面向个人消费者,逐渐转型到对金融机构的获客、风控的科技赋能上,培养其从To C 到 To B 的 know-how。即从金融到其他产业以及从 C 端到 B 端的变化,背后有着一条清晰的生长脉络。因为产业数字化的最底层还是以 ABC(AI、大数据、云计算)为代表的先进技术,进而才是行业的 know-how 积累落地。如果行业的 know-how 可以通过时间积累,那么技术上就只有巨头才具备入场实力。比如在数字农牧版块,京东数科已经针对养猪场推出智能养殖解决方案,可以通过 AI 猪脸识别技术以及巡检机器人,对猪的进食情况以及咳嗽气喘等异常症状进行监测;还可以通过智能饲喂系统确保每只猪都能获得充足的养分,不会出现传统养猪场中"恃强凌弱"的抢食情况。最终帮助养殖户降低 30% 以上人工成本,节约饲料 8%~10%,缩短出栏时间 5~8 天。如果能够推广到我国整体养殖业,每年可以降低行业成本 500 亿元。

2015 年 4 月 28 日,京东金融将网银钱包更名为京东钱包,网银+更名为京东支付。京东金融还提出围绕京东支付体系,为用户提供全方位金融解决方案。

2015 年 8 月,同中信银行信用卡中心联合发布国内首款"互联网+信用卡"——小白卡。

2015 年 9 月,发布京东农村金融战略,全产业链全产品链金融服务新模式。

2015 年 10 月,"京东白条应收账款债权资产支持专项计划"于深圳证券交易所挂牌。

2016 年 1 月 16 日下午,京东集团(纳斯达克股票代码:JD)宣布旗下京东金融子集团已和由红杉资本中国基金、嘉实投资和中国太平领投的投资人完成具有约束力的增资协议签署,融资 66.5 亿元。

2016 年 4 月,京东重庆小额贷款公司正式在重庆开业,通过互联网在全国开展业务。

2016 年 4 月,于上海证券交易所发行国内首单互联网保理业务 ABS。

2016 年 12 月,推出"东家财富"高端金融服务平台,并上线"东家财富"官网。

2017 年 2 月,京东金融进入证券、征信、银行等领域。

2.4.3 与金融机构合作

京东金融在成立之初就把打造开放生态作为经营理念。自成立以来,在 B 端累计服务金融机构包括 400 余家银行,120 余家保险公司,110 余家基金公司,40 余家证券、信托、评级机构,服务超 800 万商户。加之京东电商体系的商家、用户,构成物质流通、信息传递和价值流动的生态系统。

2017 年 11 月 9 日,京东金融与大连银行在北京签署战略合作协议,双方在大数据风控、人工智能、用户运营等维度进行全方位战略合作,并携手打造"一个实验室"和"两大平台"。

2017 年 12 月 28 日,北京京东金融科技控股有限公司和山西证券股份有限公司在北京以书面方式签订《北京京东金融科技控股有限公司与山西证券股份有限公司战略合作协议》。

2018 年 1 月 18 日,京东金融与兴业银行、科大讯飞在北京举行战略合作签约仪式,三方联手成立"AI 家庭智慧银行联合实验室",建立"金融智能语音硬件产业联盟",共同布局物联网金融。

2018年1月22日,京东商城、京东金融、交通银行信用卡中心在沪举行京东年货节与交通银行信用卡合作启动仪式,交通银行信用卡中心成为2018年京东年货节的指定合作银行。

2018年3月23日,京东金融发布贯穿零售信贷业务全流程的产品"北斗七星",旨在帮助中小银行提升零售信贷效率。目前,已经接入包括江苏银行、南京银行、包商银行在内的近30家银行。当天,京东金融还与近30家商业银行共同发起成立"商业银行零售信贷联盟",联盟成员优先享受场景开放、技术共享,并优先加入基于区块链技术的反欺诈联盟。

2018年4月,京东金融与神州信息达成战略合作,创"IaaS+SaaS+FaaS"金融科技服务模式,共同面向中小银行推出先进的金融科技服务。

2018年5月25日,京东集团旗下的京东云、京东金融等板块与大同市经济技术开发区签订合作协议。京东集团将在大同市推进云计算大数据产业基地、现代商贸物流基地、电商运营结算中心和机器人制造等项目,在高端装备制造、人工智能、城市计算等领域持续开展深入合作。

京东数科所布局的金融科技、智能城市、数字农牧、数字营销、智能机器人等各个业务体系,均已实现大规模落地。比如,在走出京东开拓外部场景方面,京东数科的企业生态业务已经落地航班管家、高铁管家、寺库、有赞等合作方App,为这些消费场景上线金融数字化解决方案。此外,在金融科技上,其推出的一站式金融数字化解决方案-T1,资管科技平台-JT^2、信用卡数字化运营解决方案等已经服务超过200多家金融机构,其中包括农业银行、华夏基金等头部机构。

2.4.4 京东供应链金融

1. 京东供应链金融布局

京东作为一家备受瞩目的电子商务企业,其构建的基于大数据的全链条金融服务体系已经为业界所关注。在以京东为核心的电商生态圈中,下游消费者、上游供应商以及在其平台上运作的第三方电商企业、第三方物流与仓储企业、银行、证券与保险机构等,都在京东的金融服务圈中,分享并贡献着自己的信息与服务,同时也收获参与互联网与大数据环境下金融服务创新所带来的收益。京东在初期模仿国际先进的电子商务企业的过程中,不仅培养了自身在客户管理及物流方面的基础运营能力,同时利用自身积累及外部的客户、交易、物流等数据资源,在挖掘不同类型客户在不同阶段的投融资需求的前提下,提出了供应链金融、消费类金融、理财、众筹、支付与结算等多种在线金融服务创新模式,形成了金融服务与网络零售、物流服务、信息服务等多领域的跨界融合与发展。从京保贝、京小贷到动产融资等产品发展过程,展示了京东从内部供应链局部数据的应用,逐步延伸到集成外部征信数据、仓储数据、物流运输数据等全面数据管理与运用的能力。这种能力的培养值得企业在产品创新、服务创新以及商业模式创新过程中借鉴。

2. 京东供应链金融业务模式

2013年10月,京东供应链金融推出第一款产品京保贝,京保贝是供应链保理融资业务,包括应收账款池融资、订单池融资、单笔融资、销售融资等。京保贝门槛低,融资成本低;效率高,3分钟审批放款;按天计息,随借随还。京保贝当前已经迭代到2.0,京保贝2.0是适用多种供应链模式、将链条上各种融资需求运用的金融工具整合为新一代的供应链金融解决方案。京保贝2.0可用于京东金融自己的客户,还能够实现与外部核心企业的对接。近年来,京东持续加码互联网金融,致力于形成独具特色的京东供应链体系。京东通过长期的沉淀和积累,制定差异化定位策略,自建物流体系等,用大数据、技术优化、人工智能来降低金融商业的成本,逐步拥有以大数据为驱动的供应链体系。京东供应链金融是其金融业务的根基,目前涉及销量、产品预测、库存计划制订、供应商罗盘、智慧选品和智慧定价等各个环节。

京保贝是京东的一种创新的供应链金融服务,款项来源于京东的自有资金,而且随借随贷、无须抵押担保。京东基于跟供应商之间长期、稳定的合作关系来评估供应商的信用,控制融资风险。京保贝申请融资的具体流程如图2-7所示。

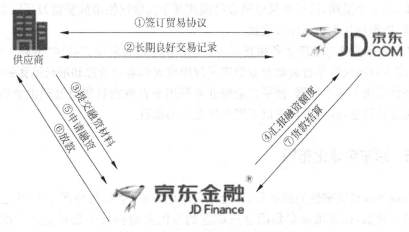

图2-7 京保贝申请融资的具体流程

首先,京东跟有长期良好交易记录的供应商签订贸易协议,形成稳定的合作关系;然后,供应商向京东金融提交融资的申请材料,基于申请材料和以往的交易和物流数据,京东金融的电子系统会计算出一个融资额度,并把这个额度汇报给京东;接下来,供应商在线向京东金融申请融资,系统会自动审批,并在额度内放款;最后,等京东完成商品的销售再跟金融部门结算、还款,交易完成。

京东的供应链金融服务属于电商领域供应链金融服务中的销售电商金融服务,除此之外,还有以泰德煤网为代表的To B采购电商的金融服务,以阿里巴巴为代表的把To B和To C两个连在一起的整合电商金融服务。销售电商金融服务比较关注成品在供应链和分销过程中产生的资金需求;采购电商让企业的原料采购更加动态、高效,所以采购电商金融服务更加关注上下游企业采购过程中的资金需求;整合电商涵盖从原料采购到成品的销售、服务全过程,内容更加丰富,所以它既需要关注产业链运行,又需要了解消费终端的价值诉求。

3. 京东供应链金融的价值

(1) 利用大数据与信息闭环消除信息不对称。京东依托平台商业生态体系运转过程中形成的交易信息和行为数据,把企业业务从商贸环节延伸到金融领域。即利用平台上交易信息与物流、资金流追踪对申请人进行信用评估、作出贷款决策,搭建自己的风险管理机制,对商户的经营情况进行实时监控,识别风险,降低信息不对称程度。京东供应链金融运用大数据技术,利用平台上的交易、物流数据闭环,仅通过数据建模分析就能够对企业信息状态进行评价,不依赖企业自身提供的财务信息。充分利用在线数据容易收集、便于分析的特点,解决了信息不对称造成银行信贷业务模式难以克服征信难度大和流程过于繁杂的弊病。

(2) 重塑信贷流程提升授信效率。京东供应链金融模式凭借大数据优势建立了可靠的信用评估机制和风险管理体系,将贷款全流程转移到线上实施,不仅打破了地域空间对开展业务的限制,更极大地提高了授信速度和运营效率。传统模式下银行贷款从开户提出申请到放款需要 3~4 个星期,而京东供应链金融模式基于大数据精准放贷模型可以实现信用贷款当日放款、抵押贷款下一工作日放款。

(3) 平台金融业务与电商业务相互促进。京东供应链金融模式搭建"电商+金融"的二元结构,电商平台不仅给平台金融业务带来了规模庞大的客户资源和增长迅猛的市场需求,还为信贷评估提供了核心数据,使平台金融业务利用平台数据收集及处理优势能够低成本高效率解决征信问题,成为平台得以开展金融业务的基石。

2.4.5 京东全球化布局

除国内业务取得突破性的进展外,在全球化落地方面,京东数科在 2019 年也取得了实质性的突破。比如,和泰国尚泰集团合资成立的泰国金融科技子公司正式上线电子钱包 Dolfin,其自主研发的 eKYC 技术成为泰国中央银行接受的首个人脸开户标准,为泰国当地市场提供先进的金融科技解决方案,为泰国消费市场提供更安全、便捷的金融服务。数据显示,Dolfin 一度在 Apple Store 泰国站的金融榜排名第二位。

京东数科不仅已经在美国硅谷成立 AI 实验室,同时积极响应国家"一带一路"倡议,在泰国、印度尼西亚、中国香港三地进行业务布局,未来还将会扩展到更多的国家和地区,因地制宜落地全球化战略。

2018 年,京东数科完成 B 轮融资,估值超过 1 300 亿元。2018 年 11 月 20 日,京东金融品牌升级为京东数字科技。京东数字科技成为整个公司的母品牌,京东金融是京东数科旗下子品牌。

思 考 题

1. 如何理解第三方支付的国际化发展趋势?
2. 请分析蚂蚁金服的生态金融布局。
3. 如何理解供应链金融的重要意义?

第3章 金融科技对传统金融的挑战

学习目标:了解金融科技对传统金融带来的各种影响;掌握传统金融向金融科技转型创新的主要着力点;熟悉中国人民银行科技发展规划的基本内容。

3.1 金融科技给传统金融带来的影响

近年来,随着互联网、大数据、人工智能、云计算、区块链等技术不断发展,金融科技企业迅速崛起,进而给传统金融机构特别是银行业带来了挑战和压力,在客户、渠道、场景、产品、运营管理等方面带来了较大的影响。

3.1.1 对客户的冲击

1. 传统金融机构客户体验需加强

(1) 互联网企业高度重视客户体验。好的客户体验应该是带给客户愉悦的感受。互联网时代,用户的话语权、选择权更强,因而得用户者得天下。随着云计算、移动互联网、智能终端和大数据等新技术的发展,以及客户群体结构的变化和移动支付的快速发展,互联网企业相对传统企业来说,本身就更依赖客服服务,因为消费者在消费过程中完全没有接触到企业的真实经营场所,也没有见到真实的东西,只是跟客服人员线上沟通。他们选择某个企业就是信任对方,在这种情况下,客户有问题就会第一时间咨询企业客服,客服就承担着随时为客户解答疑惑、解决问题、提供高品质服务、树立企业形象等方面的重要任务。除此之外,客服人员直接接触客户,更方便收集企业对于产品的评价、出现的问题、客户的需求、客户的偏好等方面信息,帮助企业更好地调整业务和修改发展策略。

(2) 金融机构线下客户体验不好。目前的网点依然是以办理客户业务为主,以业务种类覆盖全面为标准的操作型综合网点。由于风控的原因,业务流程烦琐、办理时间长,柜员的绝大部分精力都被烦琐、重复且高度紧张的业务操作所占据。柜员都是综合柜员,在劳动组合的要求下,既能做高柜,又能做低柜,偶尔还客串大堂经理,应对内控部门的业务合规操作要求,以及行内各个部门的营销考核指标。再加上传统金融机构部分业务手续不尽合理,给客户带来诸多不便，将本来能够在线完成的业务反而推向了网点。以网银证书更新为例，证书一旦过期，无法在线延长，就必须去网点重新申请密码信封。因此线下网点需要从业务需求、管理制度等方面进一步梳理优化，同时需建立一定的风险容忍机制。

（3）未来客户体验将更加重要。可以预测，未来十年大部分用户将以线上移动金融服务为主体，线下服务为补充。线上以标准化程度高、便于用户自服务的业务为主，线下以复杂业务为主，线上与线下相互协同。银行在渠道建设、产品设计、服务提供、信息化建设等方面，应该朝这个方向去努力，以用户的核心利益诉求为导向，以打造最佳用户体验为目标，这也是未来银行的生存之道。否则，最终将被市场和用户所抛弃。

2. 传统金融机构客户覆盖不足

商业银行面对激烈竞争，推出的客户策略一般都只强调优质客户，且在信息收集、市场定位、个性化营销服务等方面缺乏有效技术手段，很多大型商业银行并不能完全满足中小微客户的金融服务需求。

（1）中小微企业存在融资难与融资贵问题。银行贷款是最常规、成本最低的融资手段，银行直接贷款一般需要企业提供有关的反担保措施，反担保措施可以是信用、担保、抵押、质押、留置等，但最为普遍、容易和可行的方法是固定资产抵押、权利质押和担保公司担保。近年来，为解决中小微企业融资问题，国家政策频出，金融机构创新力度不断加大。据中国人民银行统计，截至 2019 年年底，金融机构人民币各项贷款余额 153.11 万亿元，同比增长 12.3%；普惠小微贷款余额 11.59 万亿元，同比增长 23.1%，比 2018 年年底高 7.9%，全年增加 2.09 万亿元，同比多增 8 525 亿元。截至 2019 年年底，普惠小微贷款支持小微经营主体 2 704 万户，同比增长 26.4%，全年增加 565 万户，同比多增 100 万户。但是，另根据市场监督管理总局统计，截至 2020 年 3 月 15 日，全国实有各类市场主体 1.25 亿户，其中企业 3 905 万户，个体工商户 8 353 万户，农民专业合作社 219 万户。因此从融资企业数量和融资总额来看，小微企业融资覆盖面相对还较少。

（2）农村金融服务还有较大空间。我国是农业大国，农村金融一直是国家高度重视发展的内容之一。从最早单纯由国家财政投入基础设施建设和救济，到后来的大规模财政开发式扶贫投入，再到财政投入与金融工具相结合；从单纯的由政府和国家金融机构投入，到吸引社会、民间资本参与；从传统金融机构信贷到小额信贷、互联网金融创新；从公共部门自有资金投入，到引入结构型、引导型基金，以及衍生品、保险产品等多类型参与，我国一直在扶贫的金融机制上不断摸索。银保监会等相关部门多次下文明确放开准入资本，扩大覆盖范围，支持"三农"建设，传统金融机构也不断创新产品、加大服务力度。截至 2019 年年底，本外币涉农贷款余额 35.19 万亿元，同比增长 7.7%，比 2018 年年底高 2.1%；全年增加 2.68 万亿元，同比多增 4 515 亿元。截至 2019 年年底，农村（县及县以下）贷款余额 28.84 万亿元，同比增长 8.3%，比 2018 年年底高 2.3%，全年增加 2.35 万亿元，同比多增 4 103 亿元；农户贷款余额 10.34 万亿元，同比增长 12.1%，比 2018 年年底低 1.8%，全年增加 1.19 万亿元，同比多增 575 亿元；农业贷款余额 3.97 万亿元，同比增长 0.7%，比 2018 年年底低 1.1%，全年增加 714 亿元，同比少增 165 亿元。

但由于农村地区客户分散，金融服务的覆盖面和可获得性相对有限，我国"三农"金融取得的成就背后也存在着诸多问题，主要体现在金融供给缺口依旧较大，农村金融需求快速增长与金融供给短缺矛盾突出；相关金融产品缺乏灵活多样性；金融服务成本高；政策与实践存在权衡与矛盾；农村金融的宏观生态环境制约了"三农"金融的持续健康发展等方面。

3.1.2 对渠道的冲击

1. 金融机构物理网点功能弱化

随着移动互联网日益依赖消费者，银行在金融产品开发、客户关系维护等方面受到了影响，特别是作为传统的培育客户抢占市场的主渠道——银行物理网点受到了很大的冲击。金融科技使互联网巨头突破了传统银行业务在时间上的限制，实行 7×24 小时全天候运营，使各项服务更加贴近客户、方便顾客，银行物理网点的功能出现弱化。增设物理网点一直是国内银行进行规模扩张的主要手段，网点数量越多、总资产规模越大，也就意味着利润越高。但是移动互联网的出现使银行物理网点的功能出现弱化：移动互联网的发展使得消费者可以既不受银行地理位置的限制，也不受金融机构营业时间的限制，只要持有智能手机等移动终端，就可以在互联网覆盖的地方，随时随地自助办理金融业务。

当然，人们对于新技术、新设备的接受程度是渐进式的、不均衡的。例如出于年龄、教育程度以及网络建设等方面的影响，年轻人、大城市居民更乐于接受网络金融服务；中老年人、小城市与乡镇居民更偏向银行网点服务。尽管互联网设备日益普及，但是出于安全、体验等方面考虑，人们的行为模式在短期不会发生较大变化，仍然对直接接触型的社会交往方式存在较大需求。因此与网络终端相比，银行物理网点具有不可替代的优势。

2. 线上与线下渠道融合发展不充分

从服务渠道来看，传统银行虽然已经构建网点、自助设备、网上银行、手机银行、微信等服务器渠道，但目前仍然以网点渠道为中心开展业务、拓展客户，各渠道管理部门相互独立、协同不足，线上与线下渠道之间的融合还不够。在网点渠道上，虽然通过高柜、低柜、VIP 室对客户进行了一定的划分，但前提还是需要客户到网点，差异化不明显。

从线下网点看，金融服务的基础是信任，本质是人对人的服务。即使有各种设备可以自助完成结算、转账等交易，但是消费者仍然需要面对面的沟通服务。虽然可以通过人机互动的形式来完成金融业务，但是人与人之间的交流却是沟通效率最高的。通过与银行工作人员的直接沟通，消费者更容易理解金融服务信息，也更容易产生信任感。

从线上平台分析，目前大多数银行的渠道与产品是单线联系，所使用的技术与用户界面各不相同。然而从用户角度来看，希望能从 ATM、网银、手机银行、网点、客服中心等渠道得到一致的体验。如果这个产品只能通过网点提供、那个产品只能通过 ATM 提供，客户体验只是单个的渠道，难以形成整体感，也不利于银行进行交叉营销。

当前各个金融机构线上与线下业务还有割裂现象，两者的深度融合还需要进一步强化。

3.1.3 对场景的冲击

1. 蚕食零售场景

互联网企业现在都在布局零售端的业务，对传统银行形成非常大的挑战和挤压。

(1) 互联网金融对理财的影响。互联网理财的逐渐发展,对商业银行的理财产品也产生不小的影响。与商业银行的理财产品相比,余额宝类产品更便捷,而且余额宝类产品在理财的同时不影响消费,资金可以随时转出,收益也是按天来计算。但是类似的商业银行的日理财产品,利率远低于余额宝的日利率,收益当然更低。同时,与余额宝类产品相比,商业银行的理财产品一般有最低限额的要求,可能是几万元甚至更多,而且收益不是特别多,不太可能吸引大众购买。然而余额宝类产品只需要 1 元钱就能达到理财要求,更容易被大众选择。中国人民银行的统计数据表明,2014 年 1 月银行系统内人民币储蓄存款共减少了 9 402 亿元,比 2013 年同期少增长 2 050 亿元。相反,互联网金融却引起了社会的高度关注。譬如,阿里巴巴与天弘基金联合推出的余额宝在不到半年的时间资金规模已超过 1 000 亿元,截至 2019 年年底,规模已经超过 10 000 万亿元。虽然之后经过发展,商业银行也开始向互联网业务方面逐渐靠拢,其网络理财也慢慢受到关注,但是仍然抵不住余额宝短时间内对商业银行的冲击。

(2) 互联网金融对信用卡业务的影响。网络购物信用贷款导致传统银行的信用卡霸主地位受到动摇。调研发现,2015 年有 39.82% 的持卡人曾经使用过京东白条、花呗等网络购物信用贷款。网络信贷服务具有的优势值得传统银行信用卡部门借鉴:一是网络信用卡交易更方便;二是申请很方便;三是用来分期可以免手续费。

2. 占据社交类场景

与移动互联的社交化趋势相适应,客户的需求呈现出多样化和个性化的特点。随着微信、微博等移动社交媒体的出现,消费者形成了不同的社交网络,不同的社交网络呈现出个性化的需求。另外,由于信息传播速度加快,信息的扩散往往只在于用户的一键分享,社交网络间的相互影响也在加快。对于银行来说,要想加快拓展移动金融业务,就应充分理解并运用移动社交网络的社群效应,建立和维护良好的客户关系。用户在使用移动金融服务时注重与银行之间的互动,不仅关注一般业务的执行,还会在办理理财、跨境、信贷等复杂业务时与银行进行交流,获取决策所需要的充分信息和专业建议,甚至是与银行客户经理进行个性化、生活化的沟通。

3. 抢占产业场景

互联网巨头或传统产业巨头依托自身产业链或价值链,以构建良性的产业生态为过程,以提升产业运营效率、促进产业转型升级、实现产业可持续发展为目的,以产业价值链分析为"起始",以产业生态圈构筑为"过程",以资金、资产、资本的组合配置为"工具",通过金融链接技术、装备、信息、管理等要素,优化生态节点企业之间的交互模式与资源组织方式,改善生态价值创造与分配的机制,最终实现"生态共创、增值共享"的目标。

(1) 阿里巴巴依托驾轻就熟的电商产业链投资走向更为基础的领域,在物流领域,除投资规模达 3 000 亿元的菜鸟物流网外,还以 28 亿港元战略投资海尔集团(日日顺物流);此外,阿里还投资 1 家网店 SaaS 服务提供商 360Shop 淘店通、美国体育用品电商 Fanatics 等。

(2) 腾讯产业金融布局也更为积极,重量级投资大众点评和搜狗,一方面弥补了自身的短板,另一方面进一步地完善了微信生态系统。合理的价格和节奏感十足的步伐,隐约彰显腾讯已经领先的地位。

（3）海尔产业金融始终坚持"产业金融"理念和模式,坚持"重度垂直行业线、深度布局产业链、开放共建生态圈"的差异化路径,并与商业生态系统的各方结成利益共同体,努力构建"共创共赢新模式、共生共享新生态"。海尔产业金融在医疗健康、智能制造、教育文化、农牧食品、城市运营等多个领域,开展金融服务,以构建良性运转的产业生态圈为目标,提供综合金融、技术交流、管理咨询及多元资源整合服务。

3.1.4 对产品的冲击

1. 对负债类产品的冲击

在国际经济形势复杂多变、新型冠状肺炎病毒持续影响、国内经济后疫情时代,受利率市场化、金融脱媒及货币政策相对宽松、互联网金融巨头冲击等多种因素影响,商业银行负债业务呈现存款增速总体放缓、同业和其他金融机构负债下降明显、同业存单发行规模有所回落的态势。近两年来,商业银行负债总额缓慢增加的同时,同比增速持续下降。商业银行负债增速下降主要包括两方面原因:一方面,随着利率市场化深入推进、金融脱媒不断深化和互联网金融的持续渗透,商业银行存款负债在受到阶段性的股市、楼市,以及货币基金和理财产品等渠道分流的同时,在金融监管加强、表外资产转表内占用资本和信贷规模、银行资产扩张速度降低的形势下,存款派生能力也受到一定制约,存款规模总体增长相对缓慢;另一方面,在防风险、强监管的大背景下,规范同业业务相关的政策不断出台,商业银行同业负债、同业存单等进入调整期,非存款类负债业务规模下降明显。

2. 对资产类产品的冲击

银行信贷业务是银行最基本、最重要的资产业务,在传统的金融模式下,是由商业银行充当中介和风险的最终承担者。这就意味着,商业银行的信用风险不仅不会随着借贷双方规模和数量的增加而递减,反而会随着信贷交易量的增加而积累。互联网金融更类似于直接融资的信贷交易方式。由于交易双方都清楚地了解具体信息,因此就不再需要资金中介。互联网企业在小微融资及个人融资产品方面都更为个性化,更满足客户的需求。而且,审批流程也较为迅速,放款速度较快。通过互联网的大数据分析平台对借贷双方的信用程度进行准确的测量,同时通过信息手段对双方的信用状况了如指掌,使交易过程双方信息不对称程度降低,而且双方在交易过程中通过平台可以进行实时的交流互动。近年来,虽然传统商业银行的电子化浪潮风起云涌,传统金融行业的平均效率水平已经有了很大的提升,但是与互联网金融企业相比在金融资产运行成本和效率上还是存在很大差距。

3. 商业银行弱中介化

网点客流量逐年下降,人们与银行的交互频次和对银行的依赖度明显降低,依附于电商、社交、出行等高频场景的第三方金融科技企业如火如荼,许多大型企业也依托特定场景大力发展自金融。从支付延伸到存款、贷款、财富管理,银行的资金中介、信息中介作用已然受到脱媒冲击,信用中介也面临威胁。互联网技术拓展了支付方式和渠道,冲击了商业银行的支付中介地位。电子商务的发展,催生了支付宝、财付通等一大批第三方支付平台,其更为快捷、开放、人性化的支付体验,以及将商务、理财、物流、结算等环节高度融合的特性,割裂了银行和终端用户的直接联系,吸拢了越来越多的支付需求,动摇了传统银行的支付垄断地位,银行从原来支付体系中的唯一主体演变为目前电子支付链中的最末端。商业银行的中间业务收入受到威胁。随着第三方支付范围的不断延伸,商业银行经营的部分中间业务被逐步取代,威胁银行的中间业务收入来源。按照相关规定,互联网企业可以进入网上或者电话支付结算、部分银行卡业务、货币汇兑等领域开展金融服务,如收付款、转账汇款、电费缴纳、保险代缴、手机话费缴纳等结算和支付服务,客户都能通过第三方支付来解决,且运行成本更低。

3.1.5 对运营管理的冲击

1. 挑战经营模式

金融科技的发展使客户通过互联网、移动互联网实现储蓄、理财、信贷等业务,因而在工作经营模式上给传统商业银行的工作模式也带来了巨大的影响。以互联网理财为例,互联网理财能够为客户带来灵活多样的产品,而且尤其注重客户体验。互联网理财不仅只需要计算机或手机在网上就能办理业务,而且这些业务能被智能记住,以便维护客户的资产安全。相反,商业银行在客户服务方面不够完善,虽然商业银行也能为客户购买相关理财产品、为大众提供中间业务等,但是大多数业务还是主要通过银行窗口办理。这种工作模式无形中浪费了大众的时间和精力,相比互联网的方便快捷,更多的人愿意选择互联网理财。

再比如金融科技可以全面实现无纸化交易。以前传统金融机构使用的票据和单据大部分被电子支票、电子汇票和电子收据所代替;原有的纸币被电子货币,即电子现金、电子钱包、电子信用卡所代替;原有纸质文件的邮寄变为通过数据通信网络进行传送。

2. 挑战创新制度

从科技投入来看,科技人员整体占比非常低,尤其是在研发人员方面,银行科技人员占比不到2%,研发人员占比不到0.5%,与互联网企业50%以上的比例相比,相差较远。以创新作为商业银行转型升级的驱动力,将是传统银行未来可持续发展的不竭源泉。商业银行的创新实践,应将重点放在业务流程、渠道交付和IT技术等方面,加快推动业务盈利模式的变革。

3. 挑战人才管理方式

当前我国的金融机构发展面临着压力和挑战,部分金融机构人力资源管理观念十分落后,忽略了人力资源的资本性和重要性。部分商业银行对于人这一特殊资产的保值增值意识薄弱,放任人才的管理和开发,没有建立有效的人力资源管理体制,有的人才管理体制制度僵化,人力资源管理制度缺乏自主化和专业化,由于商业银行员工划分等级,使内部激励制度不足,企业忽略了员工的能力开发,同时商业银行企业文化建设保守有余,创新不足。多数银行每年在网点建设、设备、运营等领域投入相对较高,但在科技人员的投入上,尤其是在人力资源的研发投入上,与大型的互联网企业相比,差距明显。未来的竞争更多体现在人才的竞争上,人才是重要的再生资源。

商业银行在人才选拔的过程中必须注重银行内部和外部两个市场,充分挖掘内部人才的潜质,根据员工的特点进行合理的开发,来实现人才资源效益的最大化利用,面对劳动人才市场,要进行有针对性的选拔,引入现代化人才评价考核体系,选拔高素质的专业人才来实现银行与员工效用的最大化,为企业的发展提供更好的人才储备。

4. 挑战风险管理能力

(1) 从业务风险看,传统银行多使用银行自有的征信报告对用户进行审核从而降低风险。随着科技的发展,智能风控也慢慢成为各大银行的第三方征信系统,智能风控弥补了银行自有征信系统的"白户"人群的同时,增加了用户其他维度的"考评",来增加银行资金的安全性。

(2) 从银行信息安全看,相关数据表明,我国信息网络犯罪的案件正在不断增加,然而其中有60%的犯罪都与银行信息有关。全球银行每年都会发生重大的信息安全事故。比如,2006年4月20日,银联全国跨行交易系统受到破坏,银行卡交易工作被迫大面积停止;2007年,招商银行系统、中国建设银行系统、交通银行系统、中国工商银行系统都无一幸免地遭到了破坏,导致银行无法正常开展工作;2008年,北京银行主干专线相关设备遭到了破坏,导致北京多家银行无法正常开展工作。

银行必须尽快转变观念,将IT定位为战略资源,应用最新的技术理念和成果,重新再造业务流程。以生物识别技术为例,通过自动化识别技术,正确识别度达到99%以上,而人眼的识别度仅97%,人工操作不仅成本高,还存在潜在的道德风险。

5. 挑战IT架构

近年来,我国银行业的信息化建设取得了令人瞩目的成就,信息技术已经成为银行和企业经营管理的"中枢"。为不断提升核心竞争力,各家银行都非常重视信息技术的发展,信息技术投入占整个银行投入的比重逐年增加。中国工商银行、中国农业银行、中国银行、中国建设银行、交通银行五大行资金实力雄厚,银行IT起步也比较早。中国银行早在1974年引进第一套理光-8型计算机来进行电子对账。招商银行、浦发银行、中信银行、兴业银行、光大银行、民生银行等这些全国性的股份制银行业务模式相对灵活,率先尝试成立金融科技公司化运作,IT建设发展迅速。北京银行、上海银行、徽商银行等城市商业银行在IT建设投入、人才储备方面也相对比较充裕外,其他绝大多数城市商业银行规模、体量、实力都相比股份制银行差距较大。有些城市商业银行IT建设由于资金、人才缺失选择抱团取暖,加入类似山东城商联盟这样的受银监会监管的金融IT服务公司,借此提升IT建设水平。山东农信、四川农信、江苏农信等大多省联社也正在改制,在发展科技方面还有很多困难。我国银行业投入大量的时间、人力及金钱用于银行的信息系统建设,信息化程度一直走在各行各业前面。银行的信息系统架构经历了电子化、区域互联、数据大集中等阶段,2010年以后各大行开始尝试向"互联网+数据驱动"转型。而各中小银行的科技状况目前基本处于区域互联至数据大集中之间,近年来,有一大批中小银行都在升级核心系统。自身IT传统架构必然要经历一个渐近式的演进过程,新旧架构并存将持续3~5年。

但金融机构的信息系统建设以各业务部门为主导,缺乏整体统筹规划、设计机制,烟囱系统、数据孤岛林立,难以整合,用户体验较差。

3.2 传统金融机构面临转型

3.2.1 完善体制机制

1. 完善机构设置

商业银行传统组织结构存在机构层次多、管理跨度大、部门分工不明确、职能交叉重叠、沟通成本高等问题。在原本市场跨度过大、经营范围过宽的经营模式下,冗余的组织架构导致金融资源配置分散、管理效率低、市场响应慢、风险控制不力,无法适应新金融生态环境的发展。而互联网技术的发展,传统的"总行—分行—支行"式组织管理体制,将逐步被集扁平化、信息化和集约化于一身的"总部-前台"(点对点)式组织管理体制所取代,整个银行业将呈现出金融服务无网点化、消费支付移动化和业务模式垂直化三大形态。因此,传统商业银行的转型升级必须以组织管理体制改革支撑,融入互联网思维,通过理念创新、模式创新、流程创新,进行组织管理体制的再造,以"总部-前台"(点对点)式的组织管理体制改造"总行-分行-支行"式组织管理体制,从低效能的粗放重型经营模式向内涵集约式的轻型发展模式转变。

2. 改善运营机制

互联网时代信息更加开放透明,用户转移成本更低,随着自媒体的发展,用户的口碑、评价比传统的广告效应更大。银行在产品设计、服务提供过程中,应引入互联网领域的系统建设迭代思维,重视用户体验反馈,积极响应,迅速迭代,不等用户投票,主动运用新媒体、社交渠道吸引用户参与业务流程和系统建设。商业银行的组织机构比较复杂,导致其对市场变化的反应和办理业务速度较慢,客户体验不佳。尽管商业银行建立了网上银行和移动银行,设立了电子银行部或互联网金融部,95%的上市银行拥有了自己的官方微博,各大银行近几年的电子银行替代率呈上升趋势,说明客户对商业银行互联网产品和服务的接受度、认可度有所增强,客户体验有所改善,但商业银行手机银行户均交易笔数和交易金额仍然很低,因此商业银行的服务体验与客户的潜在需求之间仍存在较大差距。

3. 优化人力结构

采取定期交流选拔机制,对于表现优秀的员工给予适当激励。由他们代表用户向需求和研发部门反馈产品体验感受,提出建设和优化需求。优秀人才是银行核心竞争力的体现,商业银行必须重视区块链技术人才的储备工作,提高人才和技术的优势。加快区块链相关人才的培养,尤其是懂得前沿技术(如密码学)及有实际应用能力等方面人才的培养,组建区块链专业研发团队,结合自身实际,加大调研分析,增强与金融科技公司合作,研发战略需要的区块链应用技术。

4. 重构 IT 架构

渠道管理及后台支持能力需提高。在移动互联网环境中,用户的手机已经成为银行的客户终端,消费者开始直接面对整个银行,而不是原来的银行网点,这使银行现有的渠道分层管理体系受到影响。由于移动金融允许消费者随时随地进行交易,因此交易高峰出现的时间和频率都难以预测,这对于银行服务的后台支持能力提出了更高的要求。在移动金融状态下,由于银行无法控制交易的流量,容易造成在交易高峰时系统压力增大,甚至出现服务器瘫痪交易无法完成的情况。移动金融服务的交易速度加快,频率提高,而消费者对银行响应速度的耐心却在下降,消费者希望银行对顾客请求都能作出即时响应。因此在移动金融环境下,要求银行后台支持系统能够对随时出现的流量高峰和顾客请求作出快速响应。这需要银行对后台支持系统进行升级,采用云计算等新技术以适应新环境。

3.2.2 明确客户为中心战略

金融科技是手段,不是目的,商业的终极目标和底层逻辑依然是客户。从客户行为看,移动互联网时代,大数据、云计算、人工智能等科技手段广泛运用,从根本上重构了人们的行为习惯。人类借助科技手段实现了视、听、说等功能的延伸,并通过移动终端进行了一场史无前例的从线下到线上,以及线上与线下融合的行为场景大迁徙。从客户需求看,新时代我国社会主要矛盾是人民日益增长的美好生活需要和不平衡不充分发展之间的矛盾。金融服务供给从稀缺变为过剩,但与人们行为习惯变化相适配的金融需求仍然得不到有效满足,金融服务方式没有随着客户需求的变化而升级。比如过去客户把客服电话、短信当作尊享服务,现在对商业营销则十分反感,甚至当作骚扰,但各种金融、类金融机构的营销电话、短信依然很多。金融科技不只是手段,更是一种立体的互联网思维、文化和价值观。客户本源和商业逻辑的变化,要求商业银行与时俱进地思考应对,"以客户体验为中心"成为银行在新金融时代的制胜法宝。银行应当从客户思维转变为用户思维,重新定义金融服务的边界。长期以来,银行把经营中心放在持卡客户身上,客户行为引发商业逻辑变化后,银行应当跳出账户的束缚,树立用户思维,追求经营流量的量级提升,尤其是要抓住新一代年轻用户,将封闭的金融服务体系改造成开放式、场景化的服务生态。招商银行正在通过"内建平台、外拓场景、流量经营"的策略,构建全新的开放式金融服务生态体系,向互联网开放型业务模式转型。

互联网金融能够在短时间内吸引大众,余额宝能够在短时间内获得成功,都是因为它们具有很强的便捷性,并且它们在运营过程中,特别注重客户体验,注意客户反馈,进而改进自己。因此,商业银行在运行过程中也应该注重客户服务,开发理财产品的同时考虑客户需求,重视客户反馈,逐步改进,始终以客户为中心。同时,商业银行也要更注重与客户的交流,让客户更好地了解自己的产品,以提高商业银行的客户满意度。

 案例

招商银行以客户为中心战略

招商银行的战略转型进入"下半场",全面拥抱金融科技,在以"网络化、数据化、智能化"为目标的金融科技战略指引下,招商银行正发起一场由 FinTech 驱动的渠道优化和服务升级革命,以建平台、引流量、接场景为重点,提升消费金融体系化运营能力,开启消费金融未来。

1998 年,招商银行推出我国购物平台"一网通";2002 年,推出信用卡双币卡;2003 年,推出金葵花理财品牌;2005 年,推出个人消费贷款;2012 年,招商银行手机银行网点预约排队功能上线;2015年,推出"刷脸取款"业务;2016年,招商银行在业内创立的"云按揭",通过综合运用大数据、评分卡等FinTech技术,实现了5分钟预审、20分钟报件、24小时审结,极大地提升了工作效率,显著改善购房者与开发商的服务体验。

2018年9月,招商银行App 7.0、掌上生活App 7.0发布,两个App的迭代升级是招商银行金融科技转型中交出的答卷,引领零售3.0转型变革。招商银行App侧重金融自场景,为客户提供全方位的综合金融服务;掌上生活App侧重打通生活、消费、金融,打造品质生活,布局生活场景。

3.2.3 加大产品创新力度

从银行角度看,需要加强产品创新力度和提升风险管理能力。基于不同客户的特点,一方面,商业银行需要制定针对性的信贷政策,研发差异化的产品和服务体系,增强产品创新,提高零售类核心负债获取能力。针对居民类存款业务,商业银行可以借鉴国外商业银行的先进经验,加强存款产品的创新,以满足不同客户的差异化需求;提高产品细分和市场细分的精细化程度和精准服务能力,以提高获取存款能力;创新交叉销售渠道,加大交叉销售力度,提高派生存款。另一方面,银行应加大金融科技在风险管理中的应用,针对企业贷款客户,积极利用非财务信息、非结构化信息等大数据解决银行和企业(特别是中小企业)信息不对称问题。此外,通过提升资产配置能力、丰富资产管理产品线等方式做强中小企业负责人及家庭财富管理业务,以满足客户保值增值的财富管理目标,来获取相应的沉淀存款。

案例

中国邮政储蓄银行产品创新案例

中国邮政储蓄银行(以下简称邮储银行)成立以来,始终坚持服务"三农"、服务社区、服务中小企业的大型零售银行战略定位,高度重视小微企业金融服务,持续加大金融产品创新力度,把支持实体经济发展摆在突出位置,陆续推出多种小微企业信贷产品,从"纯抵押"到"纯信用",再到"大数据",大力创新小微金融产品,不断贴近小微企业的金融服务需求,持续优化客户体验,努力打造小微金融服务新样本,助力小微企业腾飞。邮储银行"小微易贷"业务是邮储银行面向小微企业,利用互联网、大数据技术,结合企业在该行综合贡献度或者纳税信息、增值税发票信息等,向其发放的短期网络全自助流动资金贷款业务。

邮储银行"小微易贷"业务属于无抵押、无担保的信用类贷款。针对小微企业金融需求"短、小、频、急"的特点,"小微易贷"提供了理想的融资方案。

(1)额度高。邮储银行根据内外部数据代替传统的财务报表及抵(质)押物主动给予客户授信,最高授信金额达100万元,让企业不再"望贷兴叹"。

(2)成本低。办理该业务的企业主可通过登录企业网上银行、手机银行进行贷款的自主支用,在贷款额度和期限内循环使用,随借随还,按日计息,不用款不计息,还能享受更多的利率优惠,有利于企业根据周期性合理配置资金。

(3)办理活。小微企业主可通过邮储银行手机银行App进行额度测算,额度条件满足后再通过企业网银进行线上申请、线上签约、在线支用、在线还款等,操作简单。

(4)放款快。系统自动接收校验,5分钟内给出审查审批结果,快捷高效。

3.2.4 积极拥抱金融科技

1. 大数据技术

互联网企业依靠客户交易记录信息,进行分析处理,得出客户的喜好特征和风险指数,并利用这些数据进行有针对性的营销。虽然商业银行积累的客户信息数据要远大于互联网金融公司,但却没有多加利用,并从中提取有用的信息。随着时代的进步,商业银行应加强对数据处理专业人才的培养,或与互联数据分析公司合作,借助现代技术重新利用这些历史数据。借助新技术对重点客户进行有针对性的营销,必将大大提高营销效果。另外商业银行也可以借鉴互联网金融公司的信用评价机制,完善自身信用风险体系,降低信息不对称的概率,提升自身的风险管理水平。大数据的高速发展使银行业的客户数据、交易数据、管理数据等均呈现爆炸式增长,这要求商业银行必须提高对各种数据价值的深度挖掘能力。通过数字化手段对数据和信息进行整合与分析是商业银行进行精细化管理的发展方向。因此,管理层应通过顶层设计提高大数据理念的战略高度,充分认识大数据资源在商业银行战略转型中的重要地位,以大数据作为推动银行改革创新的内在引擎。首先,全面整合银行内外部数据,搭建商业银行大数据平台。在大数据背景下,传统数据库已无法满足大量半结构化,甚至非结构化数据的处理要求。因此,必须加快建立商业银行大数据分析平台,整合银行内部自然数据,协同外部社会化数据,完善大数据环境下的银行数据分析,提高银行决策效率。其次,在统一的大数据平台基础上,深入挖掘客户信息,形成统一的数据化客户管理。树立"以客户需求为导向"的经营理念,深入分析客户行为和生活形态,勾勒客户整个生命周期的价值曲线,洞悉客户在金融产品、信贷、消费等方面的需求,分析客户流失的原因,并在此基础上有针对性地制定全流程的客户经营策略,并应用数据分析提升客户经营策略的持续优化能力。

2. 区块链技术

金融机构应该将区块链技术应用到业务的各个方面。目前在银行数字化转型战略中,区块链技术应用于跨境支付领域已成蔚然之势。越来越多的人开始相信,区块链技术可以彻底改变银行的支付清算和信用信息系统,从而对其进行全面升级和改造。区块链应用程序还促进了"多中心,弱中介"场景的形成,大幅提升银行业的效率。区块链技术应用于银行内部乃至银行之间的清算和结算业务,在保证安全的前提下可极大地简化业务流程,提高资金运行效率。同时,金融机构还可以采取跨界合作模式,联合金融科技公司共同探究区块链技术在银行的落地应用。借助金融科技手段打通不同渠道、不同部门之间的数据壁垒,实现对中小企业和企业主信息的系统整合。同时广泛连通税务、工商等外部公共信息,以大数据、区块链技术精准分析企业生产经营和信用状况,为中小企业融资有效增信,推动批量精准获客。

3. 人工智能技术

人工智能技术可以通过语音识别、自然语言处理和图像识别系统提供智能机器服务,将客服中心和柜台的大量人工解放出来，还可以通过智能巡检代替人工监控，从而促使商业银行的零售业务由劳动密集型转变为资本密集型和智力密集型，大幅提升运营效率，降低服务成本。典型的应用场景有基于语音识别和人脸识别技术的智能客服、柜员业务辅助、大堂智能引导等。人工智能技术能够重新解构金融服务生态，简化业务流程，改变现有人与信息系统的交互方式，更加主动地判断单个客户的需求，并根据客户的信用能力为其选择适合的金融产品和服务。因此，银行可通过人工智能技术精准应对客户需求，批量为特定客户提供个性化、定制化的金融服务，从而有效提升客户对银行服务的体验。典型的应用场景有基于机器学习与神经网络技术的智能投顾、保险定价等。

随着人工智能应用场景的扩大，现代经济核心、关乎经济社会发展大局的金融业，必须把握这场科技变革的机遇，才能抢占发展先机，避免陷入被动。

以利用计算机视觉技术保障金融安全为例，专注于人工智能原创技术的科技企业Linkface，掌握着最尖端的深度学习技术，拥有已知最大的人脸数据库。在利用超过1亿张人脸数据对模型进行持续训练后，Linkface的人脸识别算法在国际权威脸部检测数据库LFW上实现99.5%以上的准确率。实际应用中，Linkface利用计算机视觉技术帮助金融客户进行身份验证、大数据反欺诈，打造金融安全行业范本。

3.2.5 建设多元渠道

1. 打造开放银行平台

开放银行作为一种互联网+商业模式，是指银行基于开放平台向合作伙伴输出金融服务能力，由合作伙伴按照共同约定的运营规则为客户提供场景化的金融服务。在这个由银行、合作伙伴、客户构成的金融生态链上，银行的角色仍然是金融媒介，除提供金融产品外，更重要的是管控金融风险。开放银行实现了用户、产品和服务的完美融合，是用数字化和全场景实现的无界金融。商业银行以用户价值为导向，通过纵向产业链整合、横向用户圈扩展的商业模式，打造共生共赢的新型链圈式金融生态，实现银行与合作伙伴间的资源共享、场景融合和优势互补，为客户提供覆盖衣食住行的全方位金融服务。

商业银行已不再局限于发展自身的应用软件，而是大量利用第三方App（如社交、财务、生活、出行、电商、非银金融等），将银行服务逐渐渗透到人们生活的各个领域，使人们在不知不觉中享受开放银行带来的红利。银行在主动思考创新商业模式的同时，还应考虑如何改造传统业务，使之适应开放银行的运行规则，让银行触角安全地"延伸"到更多第三方领域。

中国银行在2013年9月推出中银开放平台，致力于通过中国银行巨大的用户群体，吸引总分行及外部第三方合作伙伴服务接入，将金融服务植入各类商业生态系统，构建多方共赢的金融生态圈。平台提供了从API接口、人工智能，到大数据、云平台的各项服务。同时，中国银行也结合自身优势，将多类金融服务，如资金借贷、投资理财、外汇行情、金融支付、跨境金融等通过API方式实现了对外开放。基于中银开放平台，中国银行已经构建了中银易商、出国金融、养老宝、社区生活通、就医挂号、惠民金融等场景金融。

2. 积极设立直销银行

直销银行起源于欧美,目前已成为欧美金融市场的重要组成部分,在欧美市场份额已占8%～10%,且比例仍在不断扩大。以美国为例,自2010年以来,美国直销银行占美国商业银行吸收存款规模的比例逐年上升。截至目前,我国直销银行已突破百家。其中,由中信银行与百度公司联合发起的百信银行是业内首家独立法人形式的直销银行。总体上看,目前国内直销银行功能较少,除去信用卡还款、理财等基本功能外,各家银行的其他产品及服务尚未获得更广泛用户的认可。直销银行由于支持服务较少,面对其他综合性互联网金融平台的竞争性不高,这也是直销银行在国内发展缓慢的重要原因。未来直销银行应进一步将账户、消费信贷、财富管理等产品和服务体系与用户的高频次、高黏性消费场景相结合,变场景为入口,开展完整的金融生活服务,积极拓宽获客渠道,积累用户。

3. 建设智能化、生态化网点

通过业务流程优化,减少高柜,增加低柜,增加大堂服务人员,将柜员转化为客户经理的方法来提高网点运行效率,增加网点收益。通过提升网点信息化、科技化的程度,将现有业务流程进行改造,加快业务处理效率,降低操作风险,辅之以丰富的产品线,提升客户服务质量。近年来各行都在尝试铺设的智能设备便是一种有效的手段,例如超级柜台等,通过前后台人机协同作业,在人脸识别软件的帮助下,加强客户身份真实性核查,由客户自助发起业务,将风险点控制在流程之中,减少行内员工的干预,有效控制了风险,提高了业务处理效率,提升了客户的体验。一台智能设备代替一个柜员释放出的劳动力,将有效加强网点客户服务能力。

4. 构建线上线下一体化的渠道体系

为应对互联网的冲击,国内商业银行采取了诸多转型策略,构建线上线下一体化的渠道体系成为重要的探索方向之一。线上线下一体化(online to offline,O2O)。旨在保留现有银行物理网点的同时,加强线上与线下业务的融合。保留物理网点,可加强商业银行与客户之间的联系,面对面沟通能够帮助银行更好、更快地建立起与客户之间的信任关系;同时,物理网点也是商业银行在实体经济中最好的名片,代表着银行的品牌形象,其服务质量的好坏直接决定了客户对银行的印象。但显然在互联网时代,物理网点的建设不能再沿袭老路,需要融合线上线下业务共同发展,利用互联网提升客户体验、提高运营效率。在未来,物理网点仍然将承担重要的职能,不过在建设方式上,需要在现有基础上大幅提升。

 案例

平安银行线上线下一体化经营

平安银行充分利用前沿科技,实现了线上线下融合,以智能服务为消费者带来了极致体验。2017年8月,平安银行整合了原口袋银行App、信用卡App和平安橙子App,推出新版口袋银行App。该App承载了银行零售业务的全产品服务,形成统一入口,引入平安集团各子公司的综合金融产品与服务,打造了一站式综合金融移动服务平台。同时,依托金融科技创新,新版口袋银行App还建立了7×24小时AI客户服务体系,并推出智能投顾,根据客户的交易记录与风险偏好,为客户提供个性化的产品投资组合方案,支持客户一键申购与投资组合调整。

3.2.6 构建金融生态

1. 与科技企业跨界合作

(1)四大行与电商巨头联手。互联网公司的优势在于数据与技术,这也是传统金融机构的相对劣势,双方合作可以实现优势互补。2017年6月,随着中国银行宣布中国银行-腾讯金融科技联合实验室挂牌成立,我国四大国有大行已全面拥抱互联网巨头,中国建设银行牵手阿里巴巴、中国工商银行结盟京东、中国农业银行联姻百度、中国银行携手腾讯。互联网公司在线上的优势不言而喻,小额支付系统的场景搭建也日趋完善,但是传统银行的体量、业务体系还是有不可撼动的优势。同时银行业很难将核心的客户资料和数据给互联网公司,那么互联网公司的技术支持也是先行先试,如果想积累商业数据,还是只能依靠自己的积累。

(2)银行与第三方平台合作。目前越来越多的第三方支付平台及电商平台的出现,虽然不可能直接代替银行在支付结算业务上的地位,但商业银行也的确受到了较大的冲击。因此要想改变这一现状,就需要与电商平台合作。一方面可以拓宽商业银行在支付结算方面的业务范围,另一方面还可以收取电商平台的交易手续费,也能作为一个收益的来源。商业银行的金融平台搭建要紧紧结合用户最为关心的生活现实和财富管理需求,通过与第三方合作打造包括支付平台、融资借贷平台、供应链金融平台、电子商务平台,以及同业业务平台在内的互联网交易平台,以互联网广聚各类生活资源,带动聚集流量,通过提供丰富而具有竞争力的交易品种来实现用户财富增长,提升互联网金融平台活跃度,增加平台黏性。

2. 实现场景布局,构建金融业生态圈

生态圈是行业价值链各个环节参与者聚合而成的广泛、动态的联盟,银行通过金融+场景的方式,服务客户端到端的金融相关需求。银行不只要做金融服务,也要做非金融服务,嵌入场景为客户提供增值服务。而对于客户而言,应当只通过一个平台入口,就可以获得丰富的服务。多年来在银行的存贷汇业务中,支付业务是最标准、最成熟,但也是第三方支付最早介入的业务,互联网金融要颠覆金融业,就是想形成"支付+账户/用户+大数据+风控和产品"的生态圈。银行业要在这个共享、开放的生态圈,各个环节都能够在互联网的环境和技术下完成,而支付就是这个生态圈的基础设施,是互联网金融的基石,也是竞争焦点。传统银行可以借助智能手机获取用户的地理位置、消费情况、行为偏好、关系网络等详细信息,为风险控制和产品创新提供更丰富的信息,进而可以延伸到信用、理财等产品领域,构建自己的金融生态圈。

3. 与金融机构间开展合作

在技术方面的合作,互联网企业在网络运营方面有更强的专业背景和技术支持,所以商业银行可以购买互联网企业的技术和服务,如此,产品服务和系统开发方面一定比商业银行自己培养技术和人才要省时省力得多,商业银行应加强与互联网金融企业的交流和数据共享。互联网金融企业在运营过程中,通过互联网平台,基于云计算、大数据等低成本获取大量的客户信息,这些信息除了含有客户的基本信息外,还有客户的业务交易信息,由此可以分析出客户的理财需求,进而为客户提供量身打造的理财产品和个性化服务。同时,还可以开拓互联网新业务,也能提高商业银行的竞争力。

通过开放平台,改善客户体验,提高服务效率,降低服务成本,立足金融科技创新,打造一体化、浸场景的综合金融服务,构建客户、合作伙伴、银行互利共赢的金融生态圈。

3.3 中国人民银行《金融科技(FinTech)发展规划(2019—2021年)》

金融科技是技术驱动的金融创新。金融业要充分发挥金融科技赋能作用,推动我国金融业高质量发展。中国人民银行 2019 年 8 月 22 日印发《金融科技(FinTech)发展规划(2019—2021 年)》,并提出到 2021 年,建立健全我国金融科技发展的"四梁八柱",进一步增强金融业科技应用能力,实现金融与科技深度融合、协调发展,明显增强人民群众对数字化、网络化、智能化金融产品和服务的满意度。规划明确了未来 3 年金融科技工作的指导思想、基本原则、发展目标、重点任务和保障措施。规划提出到 2021 年,推动我国金融科技发展居于国际领先水平,实现金融科技应用先进可控、金融服务能力稳步增强、金融风控水平明显提高、金融监管效能持续提升、金融科技支撑不断完善、金融科技产业繁荣发展。

规划明确,合理运用金融科技手段丰富服务渠道、完善产品供给、降低服务成本、优化融资服务,提升金融服务质量与效率,使金融科技创新成果更好地惠及百姓民生,推动实体经济健康可持续发展。强化金融科技合理应用,全面提升金融科技应用水平,将金融科技打造成为金融高质量发展的"新引擎"。

规划强调,运用金融科技提升跨市场、跨业态、跨区域金融风险的识别、预警和处置能力,加强网络安全风险管控和金融信息保护,做好新技术应用风险防范,坚决守住不发生系统性金融风险的底线。

中国人民银行将强化金融科技监管,加快推进监管基本规则拟订、监测分析和评估工作。夯实金融科技基础支撑,从技术攻关、法规建设、信用服务、标准规范、消费者保护等方面支撑金融科技健康有序发展。

《金融科技(FinTech)发展规划(2019—2021 年)》

思 考 题

1. 金融科技给传统金融机构带来哪些影响?
2. 传统金融应该从哪些方面转型创新?

第4章 互联网与金融创新

学习目标：了解"互联网+"国家战略的本质与内涵；掌握消费互联网金融的发展现状；掌握农业互联网金融与工业互联网金融的发展趋势。

4.1 "互联网+"国家战略

4.1.1 用户数量持续增长，上网时长不断攀升

1994年4月20日，中科院用一条64K的连接线让中国与世界联通。互联网进入中国以来，对中国经济社会产生了重要影响。截至2019年6月底，中国网民规模达8.54亿人，2019年上半年共计新增网民2598万人，互联网普及率为61.2%，较2018年年底提升1.6%。其中农村网民规模达2.25亿人，占整体网民的26.3%，较2018年年底增加305万人；城镇网民规模达6.3亿人，占比达73.7%，较2018年年底增加2293万人。2013—2019年上半年中国网民规模及使用率如图4-1所示。

图4-1 2013—2019年上半年中国网民规模及使用率

截至2019年6月底，中国手机网民规模达8.47亿人，较2018年年底增加2983万人；网民中使用手机上网人群的占比由2018年的98.6%提升至99.1%，网民手机上网比例在高基数基础上进一步攀升。2013—2019年上半年中国手机网民规模及使用率如图4-2所示。

图 4-2　2013—2019 年上半年中国手机网民规模及使用率

从 1999 年中国电子商务开始出现到 2019 年,互联网行业在中国发展的 20 年里,经历了探索成长期(1999—2008 年)、快速发展期(2009—2014 年)、成熟繁荣期(2015—2019 年),由 PC 互联网走向移动互联网,由 2G 走向 5G,互联网成为推动中国创新与经济发展的主要引擎。

4.1.2　互联网顶层设计,建设网络强国

为适应发展趋势,我国及时加强了互联网发展顶层设计和统筹规划,成立中央网络安全和信息化领导小组,确立了建设网络强国的重大战略目标,从国际国内大势出发,总体布局、统筹各方,加快实施和推进网络强国建设,网络空间国际竞争力持续不断提高。2015 年 7 月出台的《国务院关于积极推进"互联网+"行动的指导意见》中提出:"互联网+"是把互联网的创新成果与经济社会各领域深度融合,推动技术进步、效率提升和组织变革,提升实体经济创新力和生产力,形成更广泛的以互联网为基础设施和创新要素的经济社会发展新形态。加快推进"互联网+"发展,有利于重塑创新体系、激发创新活力、培育新兴业态和创新公共服务模式,对打造大众创业、万众创新和增加公共产品、公共服务"双引擎",主动适应和引领经济发展新常态,形成经济发展新动能,实现中国经济提质增效升级具有重要意义。

4.1.3　推动"互联网+"经济发展,形成数字经济新动能

互联网在中国快速发展的 20 年中,已经由原单一的资讯信息服务,逐步融合到传统产业的信息化蜕变。进入移动互联网阶段后,中国互联网已渗透至社会的多个领域,互联网、移动互联网等应用已经深刻改变经济发展各领域的组织模式、服务模式和商业模式,产业转型升级持续加速,新服务、新模式、新业态不断涌现,经济发展新动能不断培育和增多,有效地适应和引领了经济新常态。"互联网+"创新几乎成为农业、工业、服务业、房地产等所有传统产业的标配,促进了社会发展。中国正在成为全球创新的典范,中国创造成为全球追赶和学习的榜样。2018 年中国数字经济规模已达 31.3 万亿元,占 GDP 比重 34.8%,数字经济成为中国产业的重要组成部分。

4.1.4 深化"互联网+"社会发展,促进民生高质量发展

互联网与整个社会发展同样也已经深度融合,教育、医疗、文化、社保、养老等领域积极拥抱互联网,互联网教育、互联网医疗、互联网养老等新业态促进了优质资源流动,还促进了城乡协调和共享发展。电子商务应用持续保持高速增长态势,电子商务交易额从 2012 年的 7.89 万亿元增长到 2019 年年底的 31.3 万亿元。微信支付、支付宝支付等移动支付模式快速普及应用,加速推进我国迈向无现金社会时代。电子商务、移动支付和社交通信等移动互联网应用正在为我国人民创造一种令很多国家向往和羡慕的新生活方式,科技改变未来也因互联网应用正在加速实现。

4.1.5 推进"互联网+"政务,加速国家治理现代化

国务院与各级政府积极推进"互联网+"政务,推行"一号、一窗、一网"服务,不断优化服务流程、创新服务方式、推进数据共享、打通信息孤岛,创新监管和服务模式,实现让企业和群众少跑腿、好办事、不添堵。宏观调控、社会管理、公共服务、市场监管等治国理政能力不断增强,营商环境显著改善,双创活力蓬勃激发,依法治国深入推进,制度性交易成本持续降低,国家治理能力和水平全面提升。各级政府可以利用互联网、移动互联网、物联网、大数据等新技术,分级分类推进新型智慧城市建设,对政务服务办理过程和结果进行大数据分析,创新办事质量控制和服务效果评估,大幅提高政务服务的在线化、个性化、智能化水平。还可以通过建立事项信息库动态更新机制和业务协作工作机制,与推进新型智慧城市建设、信息惠民建设等工作形成合力,不断创新政务服务方式,提升政务服务供给水平。

近年来,我国电子政务发展在统筹协调机制、深入推进"互联网+"政务服务、信息资源整合共享等方面均取得了积极进展,但同时也面临一些挑战和问题,需要运用新理念、新方法来推进电子政务进一步发展。中国互联网络信息中心(CNNIC)第 44 次《中国互联网络发展状况统计报告》显示:截至 2019 年 6 月底,我国在线政务服务用户规模达 5.09 亿人,已有 297 个地级行政区政府开通了"两微一端"(政务微信、政务微博和政务新媒体平台等)新媒体传播渠道,总体覆盖率达 88.9%。但是仍然有约 57% 的地级市政府客户端和微信公众号服务整合程度未达标,移动服务供给分散,政务新媒体平台整合能力有待提升。截至 2019 年上半年,我国共有政府网站 15 143 个,主要包括政府门户网站和部门网站。其中,国务院部门及其内设、垂直管理机构共有政府网站 1 001 个;省级及以下行政单位共有政府网站 14 142 个。

4.2 消费互联网金融日趋成熟

消费是社会再生产过程中的一个重要环节,也是最终环节。它是指利用社会产品来满足人们各种需要的过程。消费分为生产消费和个人消费。前者是指物质资料生产过程中的生产资料和生活劳动的使用和消耗。后者是指人们把生产出来的物质资料和精神产品用于满足个

人生活需要的行为和过程,是生产过程以外执行生活职能,也是恢复人们劳动力和劳动力再生产必不可少的条件。从全社会看,一个人的支出就是另一个人的收入,总支出等于总收入。

4.2.1 40万亿元消费拉动经济增长

2019年我国消费市场运行总体平稳,规模稳步扩大。国家统计局数据显示,2019年,社会消费品零售总额411 649亿元,比2018年名义增长8.0%(扣除价格因素实际增长6.0%,以下除特殊说明外均为名义增长)。其中,除汽车以外的消费品零售额372 260亿元,增长9.0%。2019年,全国网上零售额106 324亿元,比2018年增长16.5%。其中,实物商品网上零售额85 239亿元,增长19.5%,占社会消费品零售总额的比重为20.7%;在实物商品网上零售额中,吃、穿和用类商品分别增长30.9%、15.4%和19.8%。2019年社会消费品零售总额主要数据如表4-1所示。

表4-1 2019年社会消费品零售总额主要数据

指 标	12月		1—12月	
	绝对量/亿元	同比增长/%	绝对量/亿元	同比增长/%
社会消费品零售总额	38 777	8.0	411 649	8.0
其中:除汽车以外的消费品零售额	34 349	8.9	372 260	9.0
其中:限额以上单位消费品零售额	15 338	4.4	148 010	3.9
其中:实物商品网上零售额	—	—	85 239	19.5
按经营地分				
城镇	32 704	7.8	351 317	7.9
乡村	6 073	9.1	60 332	9.0
按消费类型分				
餐饮收入	4 825	9.1	46 721	9.4
其中:限额以上单位餐饮收入	914	6.1	9 445	7.1
商品零售	33 952	7.9	364 928	7.9
其中:限额以上单位商品零售	14 424	4.3	138 565	3.7
粮油、食品类	1 465	9.7	14 525	10.2
饮料类	198	13.9	2 099	10.4
烟酒类	411	12.5	3 913	7.4
服装鞋帽、针纺织品类	1 490	1.9	13 517	2.9
化妆品类	280	11.9	2 992	12.6
金银珠宝类	268	3.7	2 606	0.4
日用品类	616	13.9	6 111	13.9
家用电器和音像器材类	930	2.7	9 139	5.6
中西药品类	581	8.2	5 907	9.0
文化办公用品类	333	−11.5	3 228	3.3
家具类	212	1.8	1 970	5.1
通信器材类	447	8.8	4 839	8.5
石油及制品类	1 815	4.0	20 042	1.2
汽车类	4 428	1.8	39 389	−0.8
建筑及装潢材料类	227	0.6	2 061	2.8

注:1. 此表速度均为未扣除价格因素的名义增速;
2. 此表中部分数据因四舍五入,有存底总计与分项合计不等的情况。

4.2.2 消费互联网化趋势明显

1. 消费互联网概述

消费互联网是指互联网以消费者为服务中心,以提供个性娱乐为主要方式,追求爆款、流量、体验、唯快不破、链接节点较短、交易高频次低价值。消费互联网对象是消费者个人,由个人计算机、智能终端、网络连接成本的下降所推动的普及。从推动因素来说,消费互联网得以迅速发展是因为个人生活体验借助互联网得到了极大提升,购物、阅读、娱乐、出行等方面因为互联网的出现变得更加方便、快捷。消费互联网以消费者为服务中心,针对个人用户提升消费过程的体验,在人们的阅读、出行、娱乐、生活等诸多方面有很大的改善,让生活变得更方便、更快捷。消费互联网本质是个人虚拟化,增强个人生活消费体验。

2. 消费互联网发展历程

Yahoo、Amazon 两大互联网巨头同时成立于 1995 年,Google 成立于 1998 年,因此 1995 年也被称为世界互联网商业元年。在这 20 多年中,以消费为主线,互联网迅速渗透人们生活的各个领域,极大地影响了人们生活和消费的习惯。依托于互联网强大的信息能力,消费互联网企业发展迅速,传统线下的规模经济演变为多业务、多品种的范围经济。消费互联网的数字化、网络化,以及几乎为零的货架成本、库存成本,使互联网公司在传统公司的竞争中脱颖而出。零售、娱乐、旅游等领域传统企业受到极大的冲击,互联网公司已经成为这些领域的领头羊。

互联网从 1994 年进入我国,到目前为止大致经历了以下三个阶段。

(1) 1999—2008 年,是互联网的探索成长期。1999 年,李彦宏刚回国;腾讯刚起步;马云刚成立阿里巴巴;当当网投入运营;刘强东还在"京东多媒体"柜台前卖光碟;中华网赴美上市。这是我国互联网探索时期的开端。1999—2008 年,从网易、搜狐、新浪、腾讯四大门户的创立,到百度搜索引擎的开发,再到社交网络与电子商务的兴起,互联网打开了一个全新世界的大门。

(2) 2009—2014 年,是互联网的快速发展期。2009 年我国互联网进入快速发展阶段,PC 互联网解放到移动互联网带来更加巨大的变革。标志性事件便是,工业和信息化部向中国移动、电信和联通发放了 3G 牌照,中国电信业正式进入 3G 时代。MSN、人人网、开心网、QQ 等 SNS 社交网站空前活跃,淘宝的"双十一"活动首次开启。随后,智能手机普及,进一步引爆我国网民对于移动互联网的需求。2012 年,手机网民数量首次超过计算机网民。随着微博、微信的上线,滴滴出行网约车的到来,互联网已经渗入人们衣食住行的方方面面。

(3) 2015 年至今,是互联网的成熟繁荣期。2015 年,4G 牌照发放,我国建成世界上最大的 4G 网络;同年提出"互联网+"国家战略,从"互联网+"时代进入大数据时代。经历了滴滴与快的、58 与赶集、美团与大众点评、携程与去哪儿的四大 O2O 合并,之后直播、短视频的兴起,共享经济时代的到来、零售业的新发展、自媒体的爆发、小程序的面世、知识付费的普及,再到社交电商元年的到来,处处异彩纷呈,活力焕发。我国互联网正式走出虚拟经济,"互联网技术+创新思维"成为我国经济社会创新的驱动力量,加速我国实体经济全面升级,让我国成为全球创新的典范,让中国创造成为全球追赶和学习的榜样。

根据当前我国宏观经济的发展趋势,网购人数的迅速扩大,信息产业的快速发展,结合我国电子商务交易额的历史发展规律,预计未来我国电子商务的交易额增速在20%左右,截至2020年年底我国电子商务交易额将达37.7万亿元。2015—2020年我国电子商务市场规模如图4-3所示。

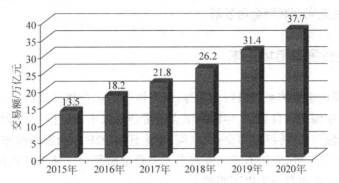

图4-3　2015—2020年我国电子商务市场规模

目前,"互联网+"创新在社交、消费、娱乐、办公、出行、医疗、金融等方面发生了巨大的变革。例如,在社交上有行业巨头微信和微博;在消费上有淘宝和美团;在娱乐上有直播和短视频;在出行上有滴滴和共享单车。

互联网快速发展的20多年,我国经济得到巨大增长,数字经济成为我国产业的重要组成部分。我国数字经济产值不断攀升,已经成为我国经济发展的支柱性产业。

4.2.3　消费金融

1. 消费金融概述

消费金融是面向中低收入个人或家庭提供以生活消费为目的的小额、短期借贷融资服务,其中在校生、蓝领、农村户籍人口等群体是消费金融的主要客户群体。作为传统个人金融服务(主要指信用卡贷款)的补充,消费金融更加强调普惠性和便捷性,具有单笔授信额度小、审批速度快、无须抵押担保、服务方式灵活、贷款期限短等特点,是传统个人金融服务的补充,是金融结合消费场景的产物。

2. 消费金融互联网化趋势明显

随着消费的转型,大众的消费理念已逐渐发生变化。移动支付方式的迅速普及让年轻一代的货币观念逐渐淡薄,信用消费、超前消费等消费模式逐渐成为主流,基于大数据画像和线上信审业务发展而来的网络借贷业务开始蓬勃发展。在这种背景下,信贷结构中消费信贷的比例将会上升。随着市场对移动互联网消费金融认可度的提升,以及消费金融自身业务模式的成熟,消费信贷占比也将呈进一步上升的态势。中国人民银行数据显示,2015年我国人民币信贷余额达93.6万亿元,同比增长14.9%;同期消费信贷余额达19.0万亿元,同比增长 23.3%。近年消费信贷余额增速显著高于人民币信贷余额增速。2019 年消费信贷余额将占人民币信贷余额总额的 1/4,并成为拉动经济增长的中坚力量。

在消费信贷快速增长的大背景下,互联网消费金融市场也将迎来快速增长。2013 年,我国互联网消费金融市场交易规模达 60 亿元;随着京东与天猫等电商平台进入市场,2014 年交易规模突破 183.2 亿元,增速超过 200%;2015 年整体市场则突破千亿;2019 年达 3.3 万亿元,年均复合增长率达 300%。我国互联网消费金融交易规模仍将保持高速增长,推动全国金融业向互联网金融发展。

4.2.4 消费金融市场主体

长期以来,国内金融体系以银行为主导,由于银行的风控体系局限性,我国消费信贷中住房贷款比例长期偏高。自 2009 年国家试点消费金融以来,国内消费金融市场主体不断涌现,银行、消费金融公司、传统零售企业、电商、保险甚至 P2P 平台都纷纷布局个人消费金融领域。截至 2019 年年底,我国有近 300 家个人消费金融平台。从发起机构的角度看,可以将消费金融市场主体主要分为以下四类。

1. 商业银行

房贷占领半边天的时代正在发生改变,消费贷款正成为银行间的"兵家必争之地"。消费金融具有小额、分散、风险低等特点,因此被各机构争相抢占。

中国人民银行数据显示,截至 2019 年年底,全国银行卡在用发卡数量 84.19 亿张,同比增长 10.82%。其中,借记卡在用发卡数量 76.73 亿张,同比增长 11.02%;信用卡和借贷合一卡在用发卡数量 7.46 亿张,同比增长 8.78%。借记卡在用发卡数量占银行卡在用发卡数量的 91.14%,较 2018 年年底有所上升。全国人均持有银行卡 6.03 张,同比增长 10.40%。其中,人均持有信用卡和借贷合一卡 0.53 张,同比增长 8.36%。

中国工商银行逸贷

(1) 快捷,贷款一触即发,资金瞬时到账
- 无须办理抵(质)押;
- 无须奔波柜面;
- 无须提交贷款资料;
- 无须等待贷款审批;
- 只须轻动手指,回复短信或点击鼠标;
- 系统自动审批,资金瞬时到账。

(2) 方便,随心随意消费,随时随地贷款
- 消费+贷款一步到位,您在数十万中国工商银行特约商户进行网上购物或刷卡消费时,均可通过以下快捷渠道实时、联动办理贷款:网上银行、手机银行、短信银行、柜面、POS 机均可办理。

(3) 灵活,贷款自由灵活,人生自在飘逸
- 单笔消费满 600 元即可办理,单户最高贷款金额可达 20 万元;
- 借记卡、信用卡均可办理,贷款期限最长 3 年;
- 随借随还,还款无须预约,网上银行、手机银行、短信银行、柜面、POS 机均可办理。

2. 银行系消费金融公司

消费金融公司是指经银监会批准,在中国境内设立的,不吸收公众存款,以小额、分散为原则,为中国境内居民个人提供以消费为目的的贷款的非银行金融机构。银行系消费金融公司是指银行以及主要股东或投资人为银行背景的公司。银行通过入股消费金融公司能逐渐从优级客户群向次优级客户群延伸,拓展消费场景,而且银行系拥有非常多的优势。初期资金来源主要为资本金,在规模扩大后可以申请发债或向银行借款。消费金融公司的审核标准较银行的标准更为宽松,贷款额度也更高。自 2010 年银监会批准成立首批四家试点消费金融公司以来,已经陆续有 28 家消费金融公司获批,其中 20 家以上都有银行参股,而中小银行更是占据了绝对主流。例如,招商银行旗下招联消费、兴业银行旗下兴业消费、邮储银行旗下中邮消费、哈尔滨银行旗下哈银消费、成都银行旗下锦程消费、南京银行参股的苏宁消费金融、重庆银行参股的马上消费金融、中国银行旗下中银消费金融、盛京银行旗下盛银消费金融、北京银行旗下北银消费金融、中原银行旗下中原消费金融等。

2018 年以来,随着监管收紧、基数变化等因素对持牌消费金融机构业绩形成制约,在经历了"跑马圈地"式的快速发展后,持牌消费金融机构业绩增速整体放缓。未来消费金融红利期仍在,业绩增长可期。

3. 产业系消费金融公司

产业系消费金融公司是指无银行参股,只有产业类公司参股的公司。自 2014 年海尔消费金融公司获批以来,我国具有产业资本背景的消费金融企业数量持续增加。在全国 28 家获批开业的持牌消费金融公司中,产业系消费金融企业占据了一定的比重。例如,海尔消费金融公司主要依托股东的场景、产品和品牌的天然优势发展消费金融业务。海尔消费金融公司的两大股东分别是全球大型家电品牌海尔集团和全国性家居行业运营商红星美凯龙,正是利用这一优势在很多场景下都进行了布局。海尔消费金融公司场景分期包括家居、装修、家电、教育、医美、旅行、租房及数码领域。苏宁消费金融公司于 2015 年成立,注册资本为 3 亿元,由苏宁、南京银行、法国巴黎银行个人金融集团、洋河酒厂及先声再康药业公司共同出资成立,分别持股 49%、20%、15%、10% 和 6%,其中民营资本共占比 65%。厦门金美信消费金融公司于 2018 年成立,注册资本为 5 亿元,其中,零售巨头国美控股集团有限公司出资 1.65 亿元,股权占比 33%。随着云计算、大数据、区块链、移动互联,以及人工智能等一系列新一代信息技术的发展和应用,将科技引入相关应用成为产业系消费金融公司的必备动作。

4. 电商系消费金融公司

电商系消费金融公司是指背景靠电商巨头的公司,如京东金融和蚂蚁金服等。电商系虽没有银行系的持照优势,但凭借背后的电商资源,却拥有银行系缺失的线上布局优势。京东

白条、蚂蚁花呗、蚂蚁借呗、天猫分期等便是电商系推出的重磅消费金融产品。

电商系主要服务于有网络消费习惯,并且信用消费意识、超前消费意识较高的消费者,相当于把控着独一无二的流量入口,这使电商开展消费金融业务的成本非常低。为了用户体验,电商系提供的消费金融产品简化了审核流程,申请快捷方便,比如京东白条、蚂蚁花呗、天猫分期等,因此电商系的信贷用户黏性也很高。同时,京东、淘宝等大型综合电商几乎囊括了所有的消费场景,所以,与银行系相比,电商系具备丰富的消费场景优势。

京东白条已经走出京东体系,延伸到旅游、租房、装修、教育、汽车、婚庆、医美等大众消费场景。京东金融开始和银行合作发展业务,并相继与中信银行、民生银行、华夏银行、上海银行、北京农商银行等多家银行合作推出 11 张联名卡产品。从 2018 年的 618 数据来看,京东白条活跃用户同比增加 167%,为商户及用户提供的贷款支持金额同比增加 348%,为白条用户提额共 100 亿元。

蚂蚁金服目前旗下有支付宝、余额宝、招财宝、蚂蚁聚宝、网商银行、蚂蚁花呗、芝麻信用、蚂蚁金融云、蚂蚁达客等子业务板块。除以上业务,蚂蚁金服还拓展新的领域。比如,通过芝麻信用,连接出行、住宿、租借等生活场景,为蚂蚁短租、小猪短租、途家等公司提供信用服务;投资饿了么布局餐饮;通过商家服务,为小商户提供余利宝、借贷、阿里妈妈进货等服务;通过投资深鉴科技、奥比中光等公司强化人工智能技术能力。

4.2.5 消费金融发展趋势

(1) 消费金融产业的互联网化将成为必然趋势。消费金融的互联网化包括产品的互联网化、风险管理模式的互联网化及服务模式的互联网化。互联网在消费金融领域中的快速渗透也带来了新的技术形式和风险管理模式。

(2) 基于数据而形成的大数据风险控制模式是核心的发展方向,而数据资产则成为在金融商业模式下可变现的重要资产,数据+模型将是互联网金融企业未来发展的核心工具。客户洞察、市场洞察及运营洞察是消费金融行业大数据应用的重点。

(3) 未来金融科技将成为消费金融企业的核心竞争力。消费金融场景复杂化、分期贷款服务小额分散,这些业务特征对技术提出了更高的要求。且随着互联网金融的发展,金融科技已成为新兴平台与传统金融机构差异化竞争的关键,未来消费金融以技术驱动的特征将会越发明显,未来对大数据、人工智能、人脸识别、智能设备等新技术的应用将越来越普遍。

(4) 垂直化发展将是未来的重要趋势。垂直化包括两个维度的垂直化,即行业垂直化和用户层级垂直化。一方面来自行业垂直化,了解产业。消费金融领域横跨众多产业,如汽车、旅行、教育、数码、家电、家具、房产等,各细分领域之间的生产经营模式、产业链格局均有不同发展特征。因此,这对消费金融企业来说也提出了更高的要求,而单一细分领域的垂直化耕耘也更加适合于中小型消费金融企业的发展之路。另一方面则来自用户层级垂直化,了解用户。将用户进行分层,高中低收入群体,明确自身的目标市场定位,了解不同用户的综合性需求。垂直化发展在专业化、需求把握及风险管理方面均有一定的优势。但与此同时,也会面临所处产业整体衰退或高消费经济下滑等细分领域的市场风险的影响。

4.3 工业互联网金融方兴未艾

4.3.1 工业互联网

1. 工业互联网的概念

工业互联网是开放、全球化的网络,将人、数据和机器连接起来,属于泛互联网的目录分类。它是全球工业系统与高级计算、分析、传感技术及互联网的高度融合。工业互联网的本质与核心是通过工业互联网平台把设备、生产线、工厂、供应商、产品和客户紧密地连接融合起来;可以帮助制造业拉长产业链,形成跨设备、跨系统、跨厂区、跨地区的互联互通,从而提高效率,推动整个制造服务体系智能化;还有利于推动制造业融通发展,实现制造业和服务业之间的跨越发展,使工业经济各种要素资源能够高效共享。

2. 工业互联网的发展

自20世纪90年代初,ERP、CRM、OA等运营管理软件陆续面世,并在企业中得到广泛应用,开启了企业的互联网化进程。电子商务的出现,为企业提供了线上的采购与销售通道,尤其是经过2003年和2008年两次关键拐点,电子商务在企业中的应用大幅提升,几乎成为企业"标配",且服务内容日益丰富、深入,不再是单纯的信息撮合,已经开始向集信息、交易、金融为一体的综合服务演进。目前,部分企业已经推动生产制造的数字化、智能化,软控股份为橡胶行业提供智能设备、机器人,国际巨头更是纷纷布局工业互联网。

3. 工业互联网与消费互联网

工业互联网不同于消费互联网,泛指以生产者为用户,以生产活动为应用场景的互联网应用,体现在互联网对各产业的生产、交易、融资、流通等各个环节的改造。

从硬件环境来说,消费互联网的普及是由个人计算机、智能终端、网络连接成本的下降所推动的,工业互联网的突破是由更低成本的传感器、数据存储和更快的数据分析能力所推动的。

从推动因素来说,消费互联网得以迅速发展是因为个人生活体验借助互联网得到了极大提升,购物、阅读、娱乐、出行等方面因为互联网的出现变得更加方便、快捷。而产业互联网将会因为更高的生产、资源配置、交易效率而得到快速推进。

4. 工业互联网与产业互联网

工业互联网是传统工业系统与互联网全方位深度融合所形成的工业生态体系,结合软件、大数据、物联网等技术,实现对工业数据全面深度感知、实时传输交换、快速计算处理和高级建模分析,最终将智能设备、网络与人融合,达到智能控制、运营优化、生产组织方式变革、重构工业体系,激发生产力的目的。

产业互联网是由互联网延伸出来的概念,是指互联网技术与传统产业的结合,在传统产业借助云计算、大数据、人工智能等,提升产业的内部效率和对外服务能力,从而连接、重构传统产业,实现"互联网+"时代的转型升级。

工业互联网与产业互联网内涵有很多重合之处。在对工业互联网的定义中,有一个来源是翻译自美国通用电气公司(General Electric Company,GE)的 Industry Internet,而产业互联网也是翻译自 Industry Internet。从这个意义上,工业互联网与产业互联网是一致的,主要体现在不同应用领域方面,分别针对不同的行业及业务场景。产业互联网领域更广,任何一个行业都会涉及,包括生产、经营、管理、决策、营销各个场景,工业互联网在一定程度上属于产业互联网;工业互联网主要涉及工业、能源业、制造业、建筑业等,包括物联网、智能制造、智慧能源等场景。

4.3.2 工业互联网的重要意义

1. 促进产业升级

工业互联网是以数字化、网络化、智能化为主要特征的新工业革命的关键基础设施,加快其发展有利于加速智能制造发展,更大范围、更高效率、更加精准地优化生产和服务资源配置,促进传统产业转型升级,催生新技术、新业态、新模式,为制造强国建设提供新动能。工业互联网还具有较强的渗透性,可从制造业向外扩展,成为各产业领域网络化、智能化升级必不可少的基础设施,实现产业上下游、跨领域的广泛互联互通,打破"信息孤岛",促进集成共享,并为保障和改善民生提供重要依托。工业互联网解决了连接问题,即把所有的工厂、机器、设备、工业的产品机器全部连在互联网上;还解决了数字化问题。工业互联网做到连接和数字化,就打通了工业和互联网的沟壑、壁垒,互联网的能力和模式就会对制造业有大幅度的提升,所以工业互联网对制造业来说是革命化的提升。例如,海尔电器基于 COSMOPlat 平台对用户的需求、反馈与制造能力数据进行整合与分析,某新品上市周期由 6 个月降至 45 天,产品一年内实现 3 次迭代升级;华为云 FusionPlant 助力复杂场景下的板材分配、排板、切割最优化算法开发,优化后的切割方案可以使板材利用率提升 2%左右,从而帮助某家具企业每年节省板材成本 4 000 万元。

2. 推动产业融合

国务院于 2017 年 11 月 27 日发布《国务院关于深化"互联网+先进制造业"发展工业互联网的指导意见》中指出,工业互联网作为新一代信息技术与制造业深度融合的产物,日益成为新工业革命的关键支撑和深化"互联网+先进制造业"的重要基石,对未来工业发展产生全方位、深层次、革命性影响。发展工业互联网,有利于促进网络基础设施演进升级,推动网络应用从虚拟到实体、从生活到生产的跨越,极大拓展网络经济空间,为推进网络强国建设提供新机遇。工业互联网打破了传统工业中行业与行业间的沟壑,连接了共同的用户,使不同行业之间隔行如隔山,变成隔行不隔"网",并在跨行业甚至跨地区之间形成融合发展。工业互联网可实现跨企业、跨行业、跨领域的协同,促进新组织形式、新产业集群形成和发展,从而推动形成数字驱动和智能化发展的新兴业态和应用模式,为制造业向智能制造转型升级奠定基础。工业互联网的建设与发展已成为我国推进智能制造、重塑工业体系、抢占全球产业竞争新制高点的重要抓手。

3. 5G加持形成产业生态

工业互联网通过系统构建网络、平台、安全三大功能体系,打造人、机、物全面互联的新型网络基础设施,形成智能化发展的生态体系和应用模式,是推进制造强国和网络强国建设的重要基础,是全面建成小康社会和建设社会主义现代化强国的有力支撑。我国已经从工业互联网顶层设计、技术标准、产业发展、国际合作、产融推进等多个方面开展了相关工作,并在多个细分行业进行深入研究和探索,面向产学研用协同发展的多层次工业互联网产业生态逐步构建。特别是5G全面商用以后,打破了过去的通信技术应用在工业互联网领域具有一定限制的局面,5G高连接速率、超低网络延时、海量终端接入、高可靠性等特征非常适用于工业互联网,这使一些以往受限于网络接入而不能实现的工业场景,在5G的加持下变得可行。

4. 50万亿元新基建推动工业互联网

2020年3月4日,中共中央政治局常务委员会会议强调,要加快推进5G、特高压输电、城市间高速铁路和城市间轨道交通、充电桩、数据中心、AI人工智能和工业互联网等新型基础设施建设进度。据不完全统计,截至目前,全国31个省、自治区、直辖市(除天津、内蒙古、新疆、海南、辽宁、青海等地尚未公布整体投资计划外)推出超过50万亿元投资蓝图,其中工业互联网成为这次投资蓝图的亮点。仅5G和工业互联网背后涉及的产业链就覆盖了半导体、通信、消费电子等产业链上下游的公司,如5G基站之下,囊括了基站天线、射频器件、小基站、光纤光缆、PCB、主设备、光模块。新基建的核心产业之间关联度非常高,5G是平台型技术,工业互联网、人工智能是在此基础上的应用,大数据中心则是支撑所有应用的"弹药补充中心"。

4.3.3 国际工业互联网发展

1. 德国工业4.0提升为国家战略

工业4.0研究项目由德国联邦教研部与联邦经济技术部联手资助,在德国工程院、弗劳恩霍夫协会、西门子公司等德国学术界和产业界的建议和推动下形成,并已上升为德国的国家级战略。德国联邦政府投入达2亿欧元。工业4.0包含由集中式控制向分散式增强型控制的基本模式转变,目标是建立一个高度灵活的个性化和数字化的产品与服务的生产模式。在这种模式中,传统的行业界限将消失,并会产生各种新的活动领域和合作形式。创造新价值的过程正在发生改变,产业链分工将被重组。工业4.0是以智能制造为主导的第四次工业革命,或革命性的生产方法。该战略旨在通过充分利用信息通信技术和网络空间虚拟系统——信息物理系统(cyber-physical system)相结合的手段,将制造业向智能化转型。工业4.0的设想是要把生产设备联网,就是生产的"一体化"。把不同的设备通过数据交互连接到一起,让工厂内部,甚至工厂之间都能成为一个整体。这种工业设备生产数据的交互在德国正在变为现实。

工业4.0能够持续带来覆盖整个价值网络的资源生产率和效率的增益,同时能够将人口结构变动和社会因素考虑在内,并设定合适的方式来组织生产。智能辅助系统可以把工人从单调、程式化的工作中解放出来,使其能够将精力集中在创新和增值业务上。

2. GE 在美国推动工业互联网

GE 提出了工业互联网革命(industrial internet revolution)。正如过去互联网的普及是由个人计算机、网络连接成本的下降所推动的,工业互联网的突破是由更低成本的传感器、数据存储和更快的数据分析能力所推动的。现在工业机器的监测诊断系统已得到改进,并且信息技术的成本有所下降,基于越来越多的实时数据的计算能力得到了提高——可处理大量信息的远程数据存储、大数据集和更先进的分析工具日趋成熟,并且应用更加广泛。

4.3.4 工业互联网发展趋势

1. 工业互联网处于起步阶段

近年来互联网对工业的影响正在凸显,互联网主体已经逐渐渗透到企业和全产业链条、全生命周期,工业互联网时代已经到来。在工业互联网时代,优势工业平台将凭借对实体资源的把控,凭借互联网的力量实现对信息、交易、定价的全面把控。公司的价值将由收入、利润等财务指标延伸到客户数、服务能力和可扩展空间等互联网要素进行重估。互联网在工业领域的拓展尚属于初步阶段,但是市场巨大,需求的信息和计算量亟须互联网的支持,根据《工业互联网:突破智慧和机器的界限——GE 工业互联网》给出的测算,如果仅在航空、电力、医疗保健、铁路、油气五个领域引入互联网支持,假设只提高 1% 的效率,那么在未来 15 年中预计可节省近 3 000 亿美元。

2. 工业互联网化相对更专业

工业互联网需要更加深入的积累和研究,与消费互联网赢家通吃的格局不同,工业互联网会有更多细分领域的龙头,提前进行工业互联网化的布局和研究,对某一领域有深入理解的公司会获得良好的发展机遇。我国虽然是世界第二大经济体,但是在很多经济领域大而不强,受西方国家的制约。比如我国是橡胶的最大进口国和消费国,橡胶对我国来说是重要的战略商品资源,但是我国在橡胶定价上却缺乏话语权。构建重要资源的工业平台,集合工业力量做大做强,抢夺在全球定价的话语权也是我国工业互联网发展的重要使命。

工业互联网环境下产业链中传统的优势企业可以借助互联网加强对产业链的控制,从而在产业链中的优势被放大,因此工业互联网环境下的微笑曲线将会变得更加陡峭。企业必须尽快加强互联网的工业应用,以提升并巩固在产业链中的地位。

3. 互联网将对工业产生深刻影响

互联网对工业的影响是全面而深入的,从细分领域来说可以从生产、销售流通、融资、交付四大领域进行分析。互联网本身的高效实时、跨区域、普惠等特性与生产活动中各环节的结合将有效提升生产效率。而互联网更是产业优势平台价值的催化剂,拥有线下优势资源的工业平台,借助互联网可以实现信息平台、交易平台、定价平台等多重功能,进一步增强对产业链的掌控能力。

4.3.5 工业互联网金融

工业互联网更多体现为产业链条上下游企业的连接与互通,工业互联网金融同样也更多地表现为在互联网基础上的产业链金融。

1. "互联网＋产业链金融"

产业链金融本质上是由金融机构和非金融机构组成的金融服务生态圈,其服务对象由单一企业转变为链群企业,服务主体由银行转变为金融服务链,服务内容也由单一信贷转变为基于产业链金融大产品平台的综合性服务。电子商务 B2B 供应链协同形成产业生态链,企业间的竞争已经演变成产业生态链的竞争,而供应链金融成为核心竞争要素。电子商务 B2B 企业不仅满足于一般的信息发布与交易平台,同时扮演着"第三方行业综合服务商"的重要角色,包括信息交易平台在内服务更综合化。互联网金融及网上交易服务在电子商务 B2B 企业加深部署凸显。把控产业链上下游形成以平台为代表,连接整个产业链的生态圈。我国金融行业由于体制因素等原因长期以来存在结构失衡,20%的大企业客户占用了 80%的金融资源,众多的中小微企业得不到充分的金融服务,金融资源成为制约发展的重要因素。产业链金融由于其低成本高效率,更有效地解决信息不对称性问题,在中小微企业的融资领域将会发挥重要作用。

2. "互联网＋产业链金融平台"

"互联网＋产业链金融平台"利用互联网技术对于数据的收集分析处理能力,依靠数据的处理分析去建立完善中小企业的信用评价,从而弱化核心企业在产业链金融模式中的作用,并且依靠互联网,核心企业可以将交易数据实时上传,平台可以对数据实时分析,从而去预测把控中小企业的运营情况,可以说产业链金融模式依靠互联网得到了很好的完善。金融中最重要的就是风控,互联网对于产业链金融虽然在风险防范中做了优化,那么当风险真的发生,比如中小企业跑路或者无还款能力,核心企业与互联网金融平台之间如何来承担这个风险就成为重中之重。解决好这一问题,将实现多方共赢,发展空间巨大。阿里巴巴凭借对平台上企业经营情况的了解开展小贷业务;京东凭借对供应商的信用和经营情况的掌握对其提供融资服务,京东平台上百万家供应商可凭采购、销售等数据快速获得融资,3 分钟内即可完成从申请到放款的全过程,且无须任何担保和抵押,能有效地提高企业营运资金周转;一号店等电商企业也开始对供应商提供融资服务。这些电商企业开展金融业务的核心便是对融资对象真实情况的掌握程度。另外通过互联网的方式进行融资,不需要进行大量线下的调查走访,降低了经营成本。

3. "互联网＋产业链金融生态"

在产业链金融活动中,除产业链上的企业和银行外,还有许多第三方机构,如物流监管商、交易平台、保险公司、担保公司、行业协会、评估公司、拍卖公司等。这些机构在产业链的不同环节发挥着各自的专业优势,与银行共同提供综合性服务,从而形成产业链金融生态。

产业链金融开发的核心是在信息整合和产品整合的基础上,不断改进运营,实现作业一体化和服务一体化,为链群企业提供高效服务,提高客户价值体验。

(1)作业一体化,即实行产业链金融各环节作业流程的一体化,契合产业链客户群体的高效、快捷服务需求。开展产业链金融服务主要包括系统调查、集中作业、档案统一管理等环节。

(2)服务一体化,即打造一体化的产业链金融售后服务体系,提升客户价值体验。实践证明,推进供应链创新与应用的关键在于供应链金融,而供应链金融基础设施建设是供应链金融快速发展的基石。完善的供应链金融基础设施决定了一个地区供应链经济的未来。供应链金融基础设施建设通常是指利用大数据、云计算、SaaS、区块链、FinTech等技术手段,将资产、支付、风控、征信、资金、法律等环节串联起来,在确保资金安全的前提下,为各类商品流通场景提供高效的流动性支撑。"互联网+产业链金融"流程如图4-4所示。

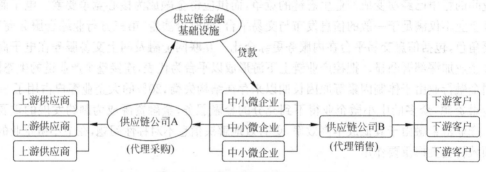

图4-4 "互联网+产业链金融"流程

4.4 农业互联网金融潜力巨大

4.4.1 农业互联网

根据2015年7月《国务院关于积极推进"互联网+"行动的指导意见》国发〔2015〕40号文件精神,其中11项重点任务中包括"互联网+农业"。农业互联网是指利用移动互联网、大数据、云计算、物联网等新一代信息技术与农业的跨界融合,通过资源整合、信息共享和要素互联,创新基于互联网平台的现代农业新产品、新模式和新业态。

互联网技术在农业生产中的应用不断深化,农业转型升级成效显著。2017年我国启动实施数字农业建设试点,成功发射了首颗农业高分卫星,现代农业技术在轮作休耕、监管、动植物疫病远程治疗、农机精准作业等方面发挥了明显作用。小麦联合收割机等大型收割机都安装了GPS或者北斗卫星系统。新疆生产建设兵团的棉花大田种植中,集成应用了物联网技术,综合应用效益每亩增加210元。

农业农村电子商务快速发展,新业态蓬勃兴起。在14个省市开展了农业电子商务试点,探索鲜活农产品、农业生产资料、休闲农业等电商模式,在428个国家级贫困县开展电商精准扶贫试点。

截至2019年6月底,我国网络购物用户规模达6.39亿人,较2018年年底增长2 871万人,占网民整体的74.8%。网络购物市场保持较快发展,下沉市场、跨境电商、模式创新为网络购物市场提供了新的增长动能。在地域方面,以中小城市及农村地区为代表的下沉市场拓展了网络消费增长空间,电商平台加速渠道下沉;在业态方面,跨境电商零售进口额持续增长,利好政策进一步推动行业发展;在模式方面,直播带货、工厂电商、社区零售等新模式蓬勃发展,成为网络消费增长新亮点。

4.4.2 农村电子商务发展迅速

近年来,电子商务成为推动"互联网+"发展的重要力量和我国新经济的重要组成部分,电商平台在助力农村地区发展、实现农业现代化和农民脱贫致富等方面提供了有效的解决方案。2019年2月19日,中共中央、国务院发布《关于坚持农业农村优先发展做好"三农"工作的若干意见》,明确指出,未来两年是全面建成小康社会的决胜期,"三农"领域有不少必须完成的硬任务,必须坚持把解决好"三农"问题作为全党工作重中之重。同时,提出实施数字乡村战略,深入推进"互联网+农业"。

1. 农产品出村上行

农产品出村上行主要是指农产品通过互联网销售问题,这是"互联网+农业"的重点,包括农产品的质量安全可追溯、标准化,还有分级包装、冷链物流,要确保农产品出村出得来、出得好,而且出得好价钱,所以出村工程是为了乡村振兴、产业振兴和农民致富,特别是解决贫困地区农产品产销的问题,而且不仅是贫困地区,还有各地特色的农产品。商务部披露的数据显示,2019年全国农村网络零售额从2014年的1 800亿元,增加到1.7万亿元,规模扩大8.4倍。其中,农产品网络零售额高达3 975亿元,同比增长27%,带动300多万贫困农民增收。

2. 农业全产业链数字化

传统产业要实现数字化处理,然后才有可能打造数字农业,所以全产业链包括产前、产中、产后,也包括产地环境的数字化,与物联网、信息化应用相关的硬件基础设施建设。2019年农业质量年,将促进我国农业转型升级,并迅速进入农产品品质为内容的品牌发展阶段,"三品一标"农产品将成为主要内容,促进我国农业由追求数量向追求质量、品质、品牌服务加速转型升级。农村电商越来越规范,农产品"三品一标"产品占整个电商的比例将超过80%,生鲜农产品电商将实现"三品一标"化,占农产品交易额比例超过60%,而且"三品一标"农产品电商规范有序发展将成为促进农产品品牌建设的重要内容。预计未来5年,我国农产品电商交易额占农产品交易额的5%,涉外农产品电商交易额将占1%,农产品移动商务交易额将占2%。同时,我国农资电商、农村日用工业品电商、农村再生资源电商将得到较大发展。

3. 推进农村一二三产业融合发展

推进农村一二三产业融合发展是党中央、国务院作出的重大决策,也是"三农"政策理论的创新和发展。农村一二三产业融合发展主要有四个方面的意义和作用：一是可以构建现代农业的产业体系、生产体系、经营体系；二是可以促进农民持续较快的增收；三是可以培育农村新产业、新业态、新模式的发展；四是可以推动城乡融合发展。总之，推进农村一二三产业融合发展，可以推动实施乡村振兴战略，增强农业农村的新动能。"互联网+"可以利用市场需求和消费信息来引导生产、加工、流通，增强一二三产业的互联互通性。还可以把"互联网+"的理念、技术引入农业，推进农业与其他产业深度融合，打造农业农村经济的升级版。各种创意农业、分享农业、众筹农业、电子商务等新业态、新模式层出不穷，不断挖掘农业的多功能，让农民分享增值的收益。

4.4.3 农村金融的现状

农村金融是具有促进农村经济发展功能的金融。农村金融作为"农村的金融"，在功能范式的认知框架下，是指与"农村经济发展"的金融需求相对应、具有促进农村经济发展功能的"金融"。农村金融是指农业生产活动、农民生活消费中形成的资金需求与供给。广义上的农村金融供给与需求应该包括存款、贷款、结算、汇兑、保险、理财等各种农村金融服务和农村金融需求，同时还涉及股票、债券的发行与流通，需求主体则包括农业企业、中小企业、个体工商户、农户及农村政府等。

近年来，我国银行业持续加大对重点领域和薄弱环节的支持力度，大力推进基础设施补短板，多举措支持民营和小微企业发展，致力改善"三农"和"扶贫"金融服务环境，在我国经济高质量发展中发挥了重要作用。截至 2019 年年底，银行业金融机构本外币涉农贷款余额 35.19 万亿元，同比增长 7.7%。

中国人民银行数据显示，截至 2018 年年底，农村地区拥有县级行政区 2 244 个，乡级行政区 3.20 万个，村级行政区 53.14 万个；农村地区人口数量 9.68 亿人。农村地区银行网点数量 12.66 万个，每万人拥有的银行网点数量为 1.31 个，县均银行网点 56.41 个，乡均银行网点 3.95 个，村均银行网点 0.24 个。

截至 2018 年年底，农村地区各类个人银行结算账户 43.05 亿户，增长 8.55%，人均 4.44 户。同时，农村地区网上银行开通数累计 6.12 亿户，增长 15.29%，2018 年发生网银支付业务 102.08 亿笔，金额 147.46 万亿元，小幅下降。手机银行开通数累计 6.70 亿户，增长 29.64%。

农村金融的贷款需求主体包括两方面，即农村企业和农户。从具体需求来看，可以分为生产性贷款需求和消费性贷款需求。其中，农村企业的需求主要是以营利为目的的生产性贷款需求；农户的需求则包括生产性贷款需求和消费性贷款需求。

4.4.4 农村金融存在的问题

1. 农村支付结算工具单一、技术落后

支付是开展各类金融业务的基础环节。目前，如大多数发展中国家一样，我国农村地区的交易以现金为主，在存取款业务方面，农村信用社广泛使用存折，银行卡正在加大普及力度;汇兑业务仍以支票、汇票为主。整体来看,由于金融机构营业网点布局的触达度不够,支付结算手段单一、技术落后等,尤其是偏远农村地区居民基本难以得到服务,农村居民基础的金融服务尚难以被满足,其他金融业务也难以获得发展。近年来,随着互联网及移动智能手机的应用,网上银行、手机银行、移动支付等逐渐发展,各类电子化、创新性支付方式的发展构建了更加丰富的支付体系,农村居民也受益良多,但仍需要继续完善与发展。

2. 农村信用体系不完善

从我国农村金融的发展历程及现状看,农村企业和农户贷款难很大程度受限于不完善的征信体系,对信贷和金融交易而言,存在严重的信息不对称问题。农村地区居民居住分散、信息闭塞、信息收集困难,基本尚未建立信用体系,农户经济状况、信用记录等都是空白,信息不对称造成信贷低效率,这种困境下,金融机构选择将资金转移。

3. 金融机构缺乏,有效供给不足

农村金融机构为农村提供的金融服务能力较弱。首先,中国农业银行等国有商业银行对"三农"的基本金融功能缺失。自1999年起,四大国有商业银行从农村逐步撤出,基本取消了县一级分支机构和放款权。至今共撤销约31 000个县级以下营业网点,加深了农村金融资金供给不足的程度。其次,对农业发展银行来说,融资渠道不稳定,向商业银行借债致使融资成本骤升,加之粮棉部门缺乏还贷压力而拖欠贷款,其财源日渐捉襟见肘。最后,农村信用社的基本功能发挥同样受阻。农民总体增收困难,邮政储蓄与商业银行将"三农"资金分流,以及历史中积淀下来的坏账率居高不下等原因,使农村信用社融资功能大打折扣。

4. 农村金融生态环境不容乐观

金融生态环境是指由居民、企业、政府等部门构成的金融产品和金融服务的消费群体,以及金融主体在其中生成、运行和发展的经济、社会、法治、文化、习俗等体制、制度和传统环境。目前,我国农村金融的生态环境欠佳,很多制度缺失或不完善,使农村地区融资困难重重。

5. 农户缺乏抵押物,金融服务受限

农村金融与城市金融最大的区别之一是缺少抵押物,耕地、宅基地、自留地、自留山等集体所有的土地使用权不能抵押。但是以招标、拍卖、公开协商等方式取得的荒地等土地承包经营权,经发包方同意,则可以抵押。

6. 农村金融服务单一

现行农村金融需求呈现出多样化、多层次趋势,单一的农村金融服务已不能满足需求。主要表现在两个方面:一是农村金融网点匮乏;二是金融工具及服务品种单一。目前农村金融市场上主要提供储蓄、抵押类贷款及农村小额信贷等金融品种,抵押、担保、承兑、贴现、承诺、咨询服务、代收代付等中间业务还很少,已经存在的金融品种往往要求有严格的抵押物。

4.4.5 农业互联网金融创新

1. 商业银行主力军作用不断增强

金融机构产品创新与服务意识不断增强。近年来,以中国农业银行、农村商业银行(以下简称农商行)、村镇银行、中国邮政储蓄银行为主体的金融机构对农村贷款力度不断加大,涉农贷款余额不断增加。为满足农村居民对金融产品的需求,一些农村金融机构努力探索服务"三农"的特色信贷业务品种。农商行积极创新,将农村土地承包经营权、林权等列入抵押物范围,为解决农户因无抵押物无法申请贷款打开了思路;一些村镇银行则创新推出系列小额信贷产品,满足了农户贷款资金少的贷款需求。

中国农业银行将"互联网+三农"作为2017年"三农"金融服务的"一号工程",以"农银e管家"为依托,全力推进农村电商金融服务工作。全面推进"农银e管家"在惠农通服务站的应用,优选县域农村消费品流通领域商户推广上线"农银e管家",并与辖内超市类助农取款服务点有效对接,引导服务点通过"农银e管家"平台购货结算,推动服务点由线下基础金融服务代理点向线上与线下惠农综合金融服务平台转型。

依托遍布村镇的惠农通服务站,中国农业银行将县域批发商、农村超市的销售经营流程与电商平台对接融合,构建"网点终端+网络渠道"双轮驱动、"线下+线上+电商"三位一体的互联网化金融服务体系。通过"农银e管家"交易平台,企业、助农取款点无须自行搭建平台便可实现对自身及供应链上下游客户的财务结算、采购销售、营销配送等全方位管理,打通了工业消费品、生产资料"下乡"和农产品、特色产品"进城"双向流通网络,构建起集电商、金融、缴费、消费、信息发布于一体的"三农"互联网金融生态圈。

2. 农商行互联网金融创新

农村商业银行(农村信用社)是我国金融体系的重要组成部分,是农村金融的主力军和联系广大农牧民的金融纽带。在我国农业、农村经济发展和整个现代化建设中,农村信用社发挥着日益重要的作用。近年来,部分农商行顺应潮流,主动谋求转型,加快推进线上与线下的整体战略布局,探索建立"银行+第三方+电商+互联网"的融合运营体系,重塑传统的业态与模型,搭建起直销银行、手机银行、微信银行、网上银行、电话银行等相互贯通的互联网金融平台,为用户提供存转汇、贷款、理财、投资、移动支付、衣食住行等多种互联网金融、生活服务。

重庆农商行为扎实推动金融科技创新工作,组建了由总行行长直接管理的金融创新部,统筹抓好全行金融创新工作,实现业务、数据、科技、渠道全闭合,快速响应市场变化。同时,着力构建智能科技平台、智能风控平台、智能产品平台三大"智能平台",积极推动金融科技规划落地实施,不断强化金融科技创新对银行业务发展的支撑作用。启动智慧银行建设,运用云计算、大数据、人工智能、生物识别等技术,以客户为中心进行产品创新、流程创新、业务创新和服务创新,高起点、前瞻性地打造电子银行升级版,推进智能民生服务全覆盖。在智慧银行运用上,目前已推出以"重庆农商云"为核心,以"大数据、智能营销、智能客服"等多个技术平台为支撑,以"多种生活场景"为延伸的新一代手机银行 App 5.0。该手机银行以其强大的数据分析能力、可靠的风控能力、灵活的营销能力、贴心的服务能力给客户带来了视觉上的全新体验、流程上的简约体验、功能上的个性体验、使用上的安全体验。

3. 互联网电商平台农村金融创新

基于电商平台开展农村互联网金融业务,第一步,往往依托自身电商平台优势,建立线下实体体验店或电子商务服务站,并发力完善自有农村物流体系,打造一个"工业品下乡"和"农产品进城"的双轨B2C电商服务平台。第二步,随着农村电商服务逐渐成熟,电商平台积累了农户消费者购买数据及销售者和供应商的信用数据后,再根据数据优势建立一套信用风控模型,并与信贷额度、信贷利率挂钩。通过与银行、小额贷款公司等机构合作等获取资金,从而推进农村农户的消费金融业务和网上借贷业务,形成一个体系完整的农村互联网金融闭环。

(1) 蚂蚁金服的农村金融包括三大业务模式,即数据化平台模式、线上+线下的熟人借贷模式与供应链及产业金融模式,其对应的是"三农"用户的不同金融服务需求。以蚂蚁金服为例,成立7年来累计服务1 000多万家小微企业和个人创业者,累计贷款金额3万亿元,是格莱珉银行创立40多年来放贷总额的20倍。

(2) 京东涉足农村金融业务,一方面是配合电商下乡规划;另一方面是可以依托其在城市金融业务,尤其是消费金融业务上积累的经验和优势。京东提出农村电商"3F战略",即工业品进农村战略(factory to country)、农村金融战略(finance to country)、生鲜电商战略(farm to table),旨在建构从城市到农村的销售网络和从农村到城市的农产品直供渠道,并深入具体消费场景,提供农村金融服务。从业务体系上看,京东金融试图将信贷、理财、保险、众筹等多种业务通过创新应用到农村地区。

(3) 社交电商。社交电商是指借助社交网站、SNS、微信、微博、社交媒介、网络媒介的传播途径,通过社交互动、用户自生内容等手段来辅助商品的购买和销售行为,并将关注、分享、沟通、讨论、互动等社交化的元素应用于电子商务交易过程的现象。

拼多多将娱乐与分享的理念融入电商运营中。用户发起邀请,在与朋友、家人等拼单成功后,能以更低的价格买到优质商品。同时拼多多也通过拼单了解消费者,通过机器算法进行精准推荐和匹配。拼单实现C2B模式,从而体现价格优势。2019年,平台成交额突破万亿大关,全年GMV达人民币10 066亿元,较2018年同期的4 716亿元增长113%。

截至2019年年底,拼多多平台年活跃买家数达5.852亿,单季度净增4 890万,较2018年同期净增1.67亿。在2019年第四季度中,以用户数计算,阿里巴巴、拼多多、京东三大电商平台的单季净增用户分别为1 800万、4 890万和2 760万。

拼多多打造了一个"农货智能处理系统",输入各大产区包括地理位置、特色产品、成熟周期等信息,经由系统运算后,将各类农产品在成熟期内匹配给消费者。2019年,拼多多活跃买家的年平均消费额进一步增长至1 720.1元,较2018年同期的1 126.9元增长53%。

思 考 题

1. 消费互联网金融的市场主体有哪些?
2. 工业互联网对金融创新有何意义?
3. 农业互联网金融创新有何困境?

第5章 大数据与金融创新

学习目标：了解大数据的内涵与主要特征；掌握大数据的基本类型；熟悉大数据分析的方法；重点掌握大数据推动金融创新的举措。

5.1 大数据与国家战略

5.1.1 大数据的内涵

大数据（big data，巨量数据集合）包括以公众互联网、社交媒体、政府数据库、地理空间数据、电子商务等方式形成的商业数据库、电子文献、各类调查，以及其他具有即时性的数据源。全球范围内，运用大数据推动经济发展、完善社会治理、提升政府服务和监管能力正成为趋势，有关发达国家相继制定实施大数据战略性文件，大力推动大数据发展和应用。目前，我国互联网、移动互联网用户规模居全球第一，拥有丰富的数据资源和应用市场优势，大数据部分关键技术研发取得突破，涌现出一批互联网创新企业和创新应用。

大数据是以容量大、类型多、存取速度快、价值密度低为主要特征的数据集合，正快速发展为对数量巨大、来源分散、格式多样的数据进行采集、存储和关联分析，从中发现新知识、创造新价值、提升新能力的新一代信息技术和服务业态。

大数据需要特殊的技术，以有效地处理大量不同类型的数据。适用于大数据的技术包括大规模并行处理（MPP）数据库、数据挖掘、分布式文件系统、分布式数据库、云计算平台、互联网和可扩展的存储系统。

5.1.2 大数据的四大特征

1. 容量大

上千万的摄像头、数十亿部的智能电话、几十亿次的网页搜索和社交网络上的对话产生了巨量的数据，其中包括公共安全、公共卫生、商业活动、经济走势等信息。数十亿的处方、海量的生物、遗传信息带来健康医疗大数据。无数次的科学实验和观察产生从天文到地理、从物理到化学的科学大数据。海量数据的收集促进了大数据时代的到来。

数据存储最小的基本单位是 bit，按顺序给出所有单位：bit、Byte、KB、MB、GB、TB、

PB、EB、ZB、YB、BB、NB、DB。

它们按照进率1 024(2 的 10 次方)来计算。

$$1Byte=8bit$$
$$1KB=1\,024\ Bytes=8\,192bit$$
$$1MB=1\,024KB=1\,048\,576Bytes$$
$$1GB=1\,024MB=1\,048\,576KB$$
$$1TB=1\,024GB=1\,048\,576MB$$
$$1PB=1\,024TB=1\,048\,576GB$$
$$1EB=1\,024PB=1\,048\,576TB$$
$$1ZB=1\,024EB=1\,048\,576PB$$
$$1YB=1\,024ZB=1\,048\,576EB$$
$$1BB=1\,024YB=1\,048\,576ZB$$
$$1NB=1\,024BB=1\,048\,576YB$$
$$1DB=1\,024NB=1\,048\,576BB$$

当前,典型个人计算机硬盘的容量为 TB 量级,而一些大企业的数据量已经接近 EB 量级。

2. 多样化

由于数据的多样性,数据被分为结构化数据和非结构化数据。结构化数据(行数据)是由二维表结构来逻辑表达和实现的数据,严格地遵循数据格式与长度规范,主要通过关系型数据库进行存储和管理。非结构化数据不适于由数据库二维表来表现,包括所有格式的办公文档、XML、HTML、各类报表、图片和音频、视频信息等。支持非结构化数据的数据库采用多值字段、了字段和变长字段机制进行数据项的创建和管理,广泛应用于全文检索和各种多媒体信息处理领域。相对于以往便于储存的以数据库/文本为主的结构化数据,非结构化数据越来越多,包括网络日志、音频、视频、图片、地理位置信息等。这些多类型的数据对数据的处理能力也提出了更高的要求。

3. 速度快

速度快是大数据区别于传统数据挖掘的最显著特征。根据 IDC 的"数字宇宙"报告,预计 2020 年,全球数据使用量将达到 44ZB。在如此海量的数据面前,处理数据的效率显得尤为重要。运算速度是评价计算机性能的重要指标,其单位应该是每秒执行指令的数量。1946 年诞生的 ENIAC,每秒只能进行 300 次各种运算或 5 000 次加法,是名副其实的用于计算的机器。此后的 50 多年,计算机技术水平发生着日新月异的变化,运算速度越来越快,每秒运算已经跨越了亿次、万亿次级。2002 年,NEC 公司为日本地球模拟中心建造的一台"地球模拟器",每秒能进行的浮点运算次数接近 36 万亿次。10 年之后,即 2012 年 6 月 18 日,国际超级电脑组织公布最新的全球超级计算机 500 强名单,美国超级计算机(超级计算机"红杉")重夺世界第一宝座。"红杉"持续运算测试达每秒 16 324 万亿次,其峰值运算速度高达每秒 20 132 万亿次,令其他计算机望尘莫及。

4. 低价值密度

价值密度的高低与数据总量的大小成反比。大数据就是海量的数据，在海量数据中有很多并不一定有应用价值，真正有价值的数据总量可能很少，而且可能隐藏在海量的没有价值的数据中，但如果通过对海量数据进行一系列的科学分析处理过程之后，有用的数据就会被分析出来。因此数据量越大，有应用价值的数据比例相对就会越低。

5.1.3 大数据成为国家战略

2014年3月，大数据首次被写入中共中央政府工作报告。2015年10月，党的十八届五中全会正式提出"实施国家大数据战略，推进数据资源开放共享"。这表明我国已将大数据视作战略资源并上升为国家战略，期望运用大数据推动经济发展、完善社会治理、提升政府服务和监管能力。2018年5月，习近平总书记在向中国国际大数据产业博览会的致辞中指出，我们秉持创新、协调、绿色、开放、共享的发展理念，围绕建设网络强国、数字中国、智慧社会，全面实施国家大数据战略，助力我国经济从高速增长转向高质量发展。

1. 大数据引领生活新变化

大数据时代已经来临，并将深刻地改变人们的工作和生活。随着互联网、移动互联网和物联网的发展，人类社会的衣食住行都在不断产生新数据。大数据已经与人们的工作和生活息息相关。大数据已经广泛应用于日常生活的诸多领域：谷歌利用用户搜索记录判断出美国流感疫情的现状，在时间上比美国疾控中心的预测还快两周；对冲基金通过剖析社交网络推特的数据信息来预测股市的表现；交通部门通过大数据分析出实时路况；交友网站利用大数据分析帮助有需要的人匹配合适的对象；穿戴装备（如智能手表或者智能手环）可以根据用户自身热量的消耗及睡眠模式来追踪其身体的健康程度。

2. 大数据孕育发展新思路

大数据成为推动经济转型发展的新动力。以数据流引领技术流、物质流、资金流、人才流，将深刻影响社会分工协作的组织模式，促进生产组织方式的集约和创新。大数据不只是一个产业，它在社会的各个领域中都无所不在，可以与N个产业"相加"，形成"大数据＋"，"互联网＋"的本质是连接和数据。数据已经成为一种新的经济资产类别，就像货币或黄金一样，将形成数据材料、数据探矿、数据加工、数据服务等一系列新兴产业。2014年3月5日，李克强在十二届全国人大二次会议上作政府工作报告时说，要设立新兴产业创业创新平台，在新一代移动通信、集成电路、大数据、先进制造、新能源、新材料等方面赶超先进，引领未来产业发展。大数据时代，数据正在成为一种生产资料，成为一种稀有资产和新兴产业。任何一个行业和领域都会产生有价值的数据，而对这些数据的统计、分析、挖掘和人工智能则会创造意想不到的价值和财富。

3. 大数据开辟国家治理新路径

大数据不仅是一场技术革命、一场经济变革，也是一场国家治理的变革。大数据时代，互联网是政府施政的新平台。单纯依靠政府管理和保护数据的做法会使政府在面对大规模而复杂的数据时应接不暇、不堪重负。通过电子政务系统,可以实现在线服务,做到权力运作有序、有效、"留痕",促进政府与民众的沟通互联,提高政府应对各类事件和问题的智能化管理水平。大数据正有力地推动着国家治理体系和治理能力走向现代化,正日益成为社会管理的驱动力、政府治理的"幕僚高参"。2015年7月,国务院办公厅印发的《关于运用大数据加强对市场主体服务和监管的若干意见》提出,要提高对市场主体服务水平;加强和改进市场监管;推进政府和社会信息资源开放共享;提高政府运用大数据的能力;积极培育和发展社会化征信服务。

4. 大数据重塑世界新格局

大数据正在影响各国的综合国力,重塑未来国际战略格局。大数据正在成为经济社会发展新的驱动力。随着云计算、移动互联网等网络新技术的应用、发展与普及,社会信息化进程进入数据时代,海量数据的产生与流转成为常态。在大数据时代,世界各国对数据的依赖程度快速上升,国家竞争焦点已经从资本、土地、人口、资源的争夺转向对大数据的争夺。未来国家层面的竞争力将部分体现为一国拥有数据的规模、活性以及解释、运用的能力,数字主权将成为继边防、海防、空防之后另一个大国博弈的空间。大数据将改变国家治理架构和模式。在大数据时代,可以通过对海量、动态、高增长、多元化、多样化数据的高速处理,快速获得有价值的信息,提高公共决策能力。大数据是每个人的大数据,是每个企业的大数据,更是整个国家的大数据。大数据时代拥抱大数据,随着国家大数据战略的实施,基于大数据的智慧生活、智慧企业、智慧城市、智慧政府、智慧国家正在一一实现。

5.2 大数据的主要类型

5.2.1 政府大数据

随着我国数字政府和新型智慧城市建设的不断推进,政府大数据持续受到关注。当前,我国正在加快政务数据互联互通,提升政务网络能力,强化社会治理和经济监管,提升民生服务水平,完善政务服务体系,推动政府数字化转型。基于多年信息化建设所沉淀的政府数据,开展数据预处理、分析挖掘和数据可视化,可大幅提升政府工作人员的办事效率。在社会治理方面,重点建设安防、交通、舆情等领域,积极开展"雪亮工程""天网工程""路网监控""舆市情监控"等工程;在民生服务方面,通过智慧医疗、智慧教育、智慧社保等建设,充分了解民生服务的各类需求,强化公共服务能力;在政务应用方面,加快数据平台建设、数据汇集整合和数据共享开放,打造新型智慧政府。当前政府大数据顶层设计较完善,数据创新带来新蓝海,智慧城市建设催生更多应用场景。

1. 政府大数据相关顶层设计正逐步完善

2015—2019年,针对政府大数据产业发展的相关政策紧密出台。国务院和国家发展与改革委员会、工业和信息化部、公安部、交通运输部、国土资源部等各部委都相继推出促进大数据产业发展的意见和方案,持续优化产业整体发展环境。大数据政策开始向各大行业和各细分应用领域延伸扩展,行业应用成为关注重点。截至 2019 年年初,31 个省级行政区相继发布大数据相关的发展规划,十几个省(区、市)设立了大数据管理局,8 个国家大数据综合试验区、11 个国家工程实验室启动建设。大数据相关政策加快完善。

2. 日益活跃的大数据创新正为政府大数据应用持续增长注入新活力

创新创业助推政府大数据应用日益丰富。京津冀、珠三角等国家级大数据综合试验区加快建设面向大数据创客的众创空间和公共开发平台,围绕政务、交通、医疗、教育、社保、安防等重点领域,开展政府数据挖掘、清洗、分析发掘和可视化等多方面技术和应用研发,一批解决方案快速成熟,优秀的中小供应商快速涌现,市场持续活跃。

3. 新型智慧城市的建设持续丰富政府大数据应用场景

新型智慧城市建设带来了数据的爆发式增长,政府大数据在安防、舆情、信用、交通、医疗等重点行业的应用场景更加丰富,催生更多的市场需求。根据国家发展和改革委员会提供的数据:截至 2018 年 8 月底,我国 100% 的副省级以上城市,76% 以上的地级市和 32% 的县级市,已经提出将加快建设新型智慧城市,并且已经形成长三角、珠三角等多个智慧城市群。

4. 政府大数据存在的不足

由于地区、行业、部门和区域条块分割状况,跨部门进行数据共享难。部分部门将数据视为内部资产,部门利益、资源管控等因素导致其开放数据意愿不高。以部门为中心的政务信息化发展模式,形成许多条块分割的"信息孤岛",大量纸质数据仍未导入数据平台。比如,税务、民航、通信管理等垂直管理部门系统相对独立,数据无法接入地方共享平台,横向数据共享交互仍存在困难。数据平台和数据系统在建设初期由于供应商不同,存在服务接口少、系统不兼容等问题,这也间接造成数据孤岛现象。数据标准尚未制定,数据互通存在阻碍。

5. 稳步推动公共数据资源开放

根据国家安排,加强顶层设计和统筹规划,明确各部门数据共享的范围边界和使用方式,厘清各部门数据管理及共享的义务和权利,依托政府数据统一共享交换平台,大力推进国家人口基础信息库、法人单位信息资源库、自然资源和空间地理基础信息库等国家基础数据资源,以及金税、金关、金财、金审、金盾、金宏、金保、金土、金农、金水、金质等信息系统跨部门、跨区域共享。加快各地区、各部门、各有关企事业单位及社会组织信用信息系统的互联互通和信息共享,丰富面向公众的信用信息服务,提高政府服务和监管水平。结合信息惠民工程实施和智慧城市建设,推动中央部门与地方政府条块结合、联合试点,实现公共服务的多方数据共享、制度对接和协同配合。制订公共机构数据开放计划,优先推动信用、交通、医疗、卫生、就业、社保、地理、文化、教育、科技、资源、农业、环境、安监、金融、质量、统计、气象、海洋、企业登记监管等民生保障服务相关领域的政府数据集向社会开放。

5.2.2 公共服务大数据

1. 医疗健康服务大数据

构建电子健康档案、电子病历数据库,建设覆盖公共卫生、医疗服务、医疗保障、药品供应、计划生育和综合管理业务的医疗健康管理和服务大数据应用体系。探索预约挂号、分级诊疗、远程医疗、检查检验结果共享、防治结合、医养结合、健康咨询等服务,优化形成规范、共享、互信的诊疗流程。鼓励和规范有关企事业单位开展医疗健康大数据创新应用研究,构建综合健康服务应用。

2. 社会保障服务大数据

建设由城市延伸到农村的统一社会救助、社会福利、社会保障大数据平台,加强与相关部门的数据对接和信息共享,支撑大数据在劳动用工和社保基金监管、医疗保险对医疗服务行为监控、劳动保障监察、内控稽核以及人力资源与社会保障相关政策制定和执行效果跟踪评价等方面的应用。利用大数据创新服务模式,为社会公众提供更为个性化、更具针对性的服务。

3. 教育文化大数据

完善教育管理公共服务平台,推动教育基础数据的伴随式收集和全国互通共享。建立各阶段适龄入学人口基础数据库、学生基础数据库和终身电子学籍档案,实现学生学籍档案在不同教育阶段的纵向贯通。推动形成覆盖全国、协同服务、全网互通的教育资源云服务体系。探索发挥大数据对变革教育方式、促进教育公平、提升教育质量的支撑作用。加强数字图书馆、档案馆、博物馆、美术馆和文化馆等公益设施建设,构建文化传播大数据综合服务平台,传播中国文化,为社会提供文化服务。

4. 交通旅游服务大数据

探索开展交通、公安、气象、安全监管、地震、测绘等跨部门、跨地域数据融合和协同创新。建立综合交通服务大数据平台,共同利用大数据提升协同管理和公共服务能力,积极吸引社会优质资源,利用交通大数据开展出行信息服务、交通诱导等增值服务。建立旅游投诉及评价全媒体交互中心,实现对旅游城市、重点景区游客流量的监控、预警和及时分流疏导,为规范市场秩序、方便游客出行、提升旅游服务水平、促进旅游消费和旅游产业转型升级提供有力支撑。

5.2.3 产业大数据

1. 工业大数据应用

利用大数据推动信息化和工业化深度融合,研究推动大数据在研发设计、生产制造、经营管理、市场营销、售后服务等产业链各环节的应用,研发面向不同行业、不同环节的大数据分析应用平台,选择典型企业、重点行业、重点地区开展工业企业大数据应用项目试点,积极推动制造业网络化和智能化。大数据是制造业提高核心能力、整合产业链和实现从要素驱动向创新驱动转型的有力手段。对制造型企业来说,大数据不仅可以用来提升企业的运行效率,更重要的是如何通过大数据等新一代信息技术所提供的能力来改变商业流程及商业模式。

2. 服务业大数据应用

利用大数据支持品牌建立、产品定位、精准营销、认证认可、质量诚信提升和定制服务等,研发面向服务业的大数据解决方案,扩大服务范围,增强服务能力,提升服务质量,鼓励创新商业模式、服务内容和服务形式。服务业对经济增长贡献率稳步提升。1978年年底,服务业对当年GDP贡献率仅为28.4%,低于第二产业33.4%。改革开放后,随着工业化、城镇化的快速推进,企业、居民、政府等各部门对服务业需求日益旺盛,服务业对经济增长的贡献率不断提升。1978—2018年,服务业对GDP的贡献率提升了31.3%,达59.7%。

3. 培育数据应用新业态

积极推动不同行业大数据的聚合、大数据与其他行业的融合,大力培育互联网金融、数据服务、数据处理分析、数据影视、数据探矿、数据化学、数据材料和数据制药等新业态。

4. 电子商务大数据应用

根据政府大数据发展规划,要推动大数据在电子商务中的应用,充分利用电子商务中形成的大数据资源为政府实施市场监管和调控服务。多年来,海量购物产生海量的数据,给电子支付、快递物流以及其他各方面的产业发展都带来巨大的影响。我国正日益形成以电子商务平台为中心、以电子商务应用和电子商务服务业为基础的电子商务经济体系,这些都在为整个社会特别是电商大数据产业带来海量的信息。电商大数据有以下三个方面的来源。

(1) 企业内部的经营交易信息,物联网世界中商品、物流信息,互联网世界中人与人交互信息、位置信息等是大数据的三个主要来源。其信息量远远超越现有企业IT架构和基础设施的承载能力,其实时性要求则大大超越现有的计算能力。

(2) 企业内部的信息主要包括联机交易数据和联机分析数据。数据本身的格式是结构化的,通过关系型数据进行管理和访问。这些数据价值密度高,但都是历史的、静态的数据。通过对这些数据的分析,只能了解过去发生了什么,很难预测未来会发生什么。

(3) 来自社交网站,如新浪微博、微信等数据,是大量的、鲜活的。这些数据价值密度低,但事关未来。

5. 农村农业大数据

充分利用现有数据资源,完善相关数据采集共享功能,完善信息进村入户村级站的数据采集和信息发布功能,建设农产品全球生产、消费、库存、进出口、价格、成本等数据调查分析系统工程,构建面向农业农村的综合信息服务平台,涵盖农业生产、经营、管理、服务和农村环境整治等环节,集合公益服务、便民服务、电子商务和网络服务,为农业农村农民生产生活提供综合、高效、便捷的信息服务，加强全球农业调查分析，引导国内农产品生产和消费，完善农产品价格形成机制，缩小城乡数字鸿沟，促进城乡一体化发展。

6. 万众创新大数据

适应国家创新驱动发展战略，实施大数据创新行动计划，鼓励企业和公众发掘利用开放数据资源，激发创新创业活力，促进创新链和产业链深度融合，推动大数据发展与科研创新有机结合，形成大数据驱动型的科研创新模式，打通科技创新和经济社会发展之间的通道，推动万众创新、开放创新和联动创新。

5.3 大数据分析方法

5.3.1 数据分析与大数据分析

1. 数据分析

数据分析是指用适当的统计分析方法对收集的大量数据进行分析，提取有用信息和形成结论而对数据加以详细研究和概括总结的过程。数据分析时除掌握基本数据处理及分析方法以外，还应掌握高级数据分析及数据挖掘方法（如多元线性回归法、贝叶斯、神经网络、决策树、聚类分析法、关联规则、时间序列、支持向量机、集成学习等）和可视化技术。

2. 大数据分析

大数据分析是指无法在可承受的时间范围内用常规软件工具进行捕捉、管理和处理的数据集合，是需要新处理模式才能具有更强的决策力、洞察发现力和流程优化能力的海量、高增长率和多样化的信息资产。大数据分析需要熟练掌握 hadoop 集群搭建；熟悉 nosql 数据库的原理及特征，并会运用在相关的场景；熟练运用 mahout、spark 提供的大数据分析的数据挖掘算法，包括聚类（kmeans 算法、canopy 算法）、分类（贝叶斯算法、随机森林算法）、主题推荐（基于物品的推荐、基于用户的推荐）等算法的原理和使用范围。

3. 数据分析与大数据分析的区别

在维克托·迈尔·舍恩伯格和肯尼斯·库克耶编写的《大数据时代》中，大数据分析是指不用随机分析法（抽样调查）这样的捷径，而采用所有数据进行分析处理，因此不用考虑数据的分布状态（抽样数据是需要考虑样本分布是否有偏，是否与总体一致），也不用考虑假设检验。这是大数据分析与一般数据分析的区别。大数据分析与数据分析最核心的区别是处理的数据规模不同。

5.3.2 大数据分析流程

大数据分析是一个复杂的流程，大致可以分为以下五个步骤。

1. 数据采集

数据采集是指从传感器和其他待测设备等模拟和数字被测单元中自动采集信息的过程。数据采集系统是结合基于计算机的测量软硬件产品来实现灵活的、用户自定义的测量系统。

数据采集的目的是为了测量电压、电流、温度、压力或声音等物理现象。大数据采集是指利用多个数据库来接收发自客户端（如 Web、App 或者传感器形式等）的数据，并且用户可以通过这些数据库来进行简单的查询和处理工作。比如，电商会使用传统的关系型数据库 MySQL 和 Oracle 等存储每一笔事务数据。除此之外，Redis 和 MongoDB 这样的 NoSQL 数据库也常用于数据采集。在大数据采集过程中，主要特点和挑战是并发数高，因为同时有可能会有成千上万的用户来进行访问和操作，比如火车票售票网站和淘宝，它们并发的访问量在峰值时达到上百万，所以需要在采集端部署大量数据库才能支撑。并且在这些数据库之间进行负载均衡和分片是需要深入思考和设计的。

2. 数据清洗

数据清洗是对数据进行重新审查和校验的过程，目的在于删除重复信息、纠正存在的错误，并提供数据一致性。通过数据分析技术对数据进行探索性研究，包括无关数据的剔除，即数据清洗，与寻找数据的模式探索数据的价值所在。数据清洗从名字上也可以看出，是把"脏"的"洗掉"，指发现并纠正数据文件中可识别的错误的最后一道程序，包括检查数据一致性，处理无效值和缺失值等。因为数据仓库中的数据是面向某一主题数据的集合，这些数据从多个业务系统中抽取而来而且包含历史数据，这样就不可避免的有的数据是错误数据、有的数据相互之间有冲突。这些错误的或有冲突的数据显然是我们不想要的，称为"脏数据"。数据清洗是指按照一定的规则把"脏数据""洗掉"。数据清洗的任务是过滤那些不符合要求的数据，将过滤的结果交给业务主管部门，确认是否过滤掉还是由业务单位修正之后再进行抽取。不符合要求的数据主要有不完整的数据、错误的数据和重复的数据三大类。数据清洗与问卷审核不同，录入后的数据清洗一般由计算机而不是人工完成。

3. 数据建模

数据模型是抽象描述现实世界的一种工具和方法，是通过抽象的实体及实体之间联系的形式，来表示现实世界中事物相互关系的一种映射。数据建模（data modeling）是指为存储在数据库中的数据创建数据模型的过程。数据建模在概念上包括以下三个部分：①数据对象（data objects）；②不同数据对象之间的关联（the associations between different data objects）；③规则（rules）。

数据建模有助于数据的可视化和数据业务的展开。数据模型可确保命名约定、默认值、语义、安全性和一致性，同时确保数据质量。

数据模型强调数据的选择和数据的组织形式，不关注需要对数据执行的操作。数据模型就像架构师设计的架构，它有助于为数据构建概念模型，并且设置数据中不同项之间的关联。

4. 数据分析

数据分析是大数据处理流程的核心步骤,通过数据采集环节,已经从异构的数据源中获得用于大数据处理的原始数据,用户可根据自己的需求对这些数据进行分析处理。比如数据挖掘、机器学习、数据统计等,数据分析可以用于决策支持、商业智能、推荐系统、预测系统等。

5. 数据可视化

大多数人对统计数据了解甚少,基本统计方法(如平均值、中位数、范围等)并不符合人类的认知。最著名的例子是 Anscombe 的四重奏,根据统计方法看数据很难看出规律,但通过可视化方法,规律就看得非常清楚。比如图 5-1 所示的四组 X 与 Y 数据关系,如果只通过数据很难看出两者的关系,但通过散点图就会一目了然。可视化还可以有效增强人的记忆力。

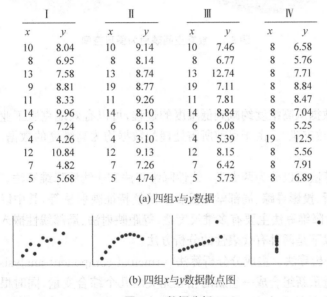

I		II		III		IV	
x	y	x	y	x	y	x	y
10	8.04	10	9.14	10	7.46	8	6.58
8	6.95	8	8.14	8	6.77	8	5.76
13	7.58	13	8.74	13	12.74	8	7.71
9	8.81	19	8.77	19	7.11	8	8.84
11	8.33	11	9.26	11	7.81	8	8.47
14	9.96	14	8.10	14	8.84	8	7.04
6	7.24	6	6.13	6	6.08	8	5.25
4	4.26	4	3.10	4	5.39	19	12.5
12	10.84	12	9.13	12	8.15	8	5.56
7	4.82	7	7.26	7	6.42	8	7.91
5	5.68	5	4.74	5	5.73	8	6.89

(a) 四组 x 与 y 数据

(b) 四组 x 与 y 数据散点图

图 5-1 数据分析

在技术上,数据可视化是指数据空间到图形空间的映射。可视化实现流程是先对数据进行加工过滤,转变为视觉可表达的形式(visual form),再渲染成用户可见的视图(view)。图 5-2 所示的从左侧的数据转化为右侧的图形就更容易让人理解。

5.3.3 大数据分析方法

目前,大数据分析方法的研究还处于探索阶段。按照数据分析的功能划分,大数据分析应用现在的分析方法可以大致分为降维分析、聚类与分类分析、相关性分析和预测分析。

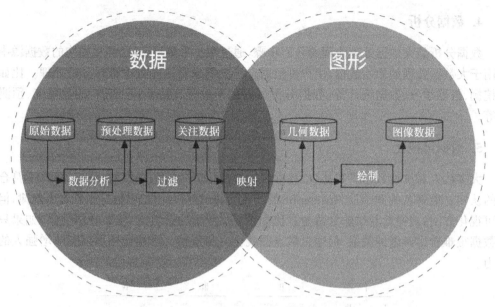

图 5-2 数据空间映射为图形空间

1. 降维分析

降维是指将数据从高维度约减到低维度的过程,可以有效地克服工业大数据高维度的特点和所谓的"维数灾难"。由于目前所需处理的数据均为高维度的数据,常常将其作为数据的前处理过程。

降维分析的算法可以分为两大类:线性降维算法和非线性降维算法。线性降维算法主要包括主成分分析、投影寻踪、局部学习投影以及核特征映射法等,其中以主成分分析法最具代表性;非线性降维算法主要有多维尺度法、等距映射法、局部线性嵌入法以及拉普拉斯特征映射法等。以下是两种有代表性的分析方法。

(1) 主成分分析算法。主成分分析算法(principal component analysis,PCA)的原理是设法将原来的变量重新组合成一组新的相互无关的几个综合变量,同时根据实际需要从中可以取出几个较少的综合变量,尽可能多地反映原来变量信息的统计方法,也称主分量分析,是数学上处理降维的一种方法。主成分分析算法设法将原来众多具有一定相关性的指标,重新组合成一组新的互相无关的综合指标。通常数学上的处理就是将原来 P 个指标作线性组合,作为新的综合指标。

PCA 计算用的是协方差矩阵 U 的分解特征向量。

① 样本矩阵去中心化(每个数据减去对应列的均值),得到 $A_{m,n}$。$A_{m,n}$ 表示 m 个 n 维的数据。

② U 表示样本矩阵 A 的协方差矩阵($A^T \times A = U$,因为去中心化后的 $A^T \times A$ 即协方差)。

$$E(X-X_0)(Y-Y_0) = \sum_{i=1}^{m} \frac{1}{m}(x_i - x_0)(y_i - y_0)$$

期望的定义:$E(x) = \sum x_i \times p(x_i)$

③ $U = |\beta| * A * |\beta|^{-1}$。

④ 对 A 在 $[\beta_1,\beta_2,\beta_k]$ 方向上变换（注意选择 λ 大的特向映射）。

$$U=\begin{bmatrix} cov(1,1) & cov(1,2) & \cdots & cov(1,n) \\ cov(2,1) & cov(2,2) & \cdots & cov(2,n) \\ \vdots & \vdots & \vdots & \vdots \\ cov(n,1) & cov(n,2) & \cdots & cov(n,n) \end{bmatrix}$$

协方差矩阵表征了变量之间的相关程度（维度之间关系）。

对数据相关性矩阵的特向分解，意味着找到最能表征属性相关性的特向（最能表征即误差平方最小）。PCA 一开始就没有对数据进行特向分解，而是对数据属性的相关性进行分析，从而表示出最能代表属性相关性的特向，然后将原始数据向这些特向上投影。所以，有的地方说 PCA 是去相关。

如果把所有的点都映射到一起，那么几乎所有的信息（如点和点之间的距离关系）都丢失了，而如果映射后方差尽可能得大，那么数据点则会分散开来，以此来保留更多的信息。可以证明，PCA 是丢失原始数据信息最少的一种线性降维方式。（实际上就是最接近原始数据，但是 PCA 并不试图去探索数据内在结构）

设 n 维向量 w 为目标子空间的一个坐标轴方向（称为映射向量），最大化数据映射后的方差有：

$$\max_w \frac{1}{m-1}\sum_{i=1}^{m}[w^T(X_i-\overline{X})]^2$$

式中，m 是数据实例的个数；X_i 是数据实例 i 的向量表达；$\overline{X}$ 是所有数据实例的平均向量。

定义 W 为包含所有映射向量为列向量的矩阵，经过线性代数变换，可以得到如下优化目标函数：

$$A=\frac{1}{m-1}\sum_{i=1}^{m}(X_i-\overline{X})(X_i-\overline{X})^T$$

式中，T 是矩阵的迹；A 是数据协方差矩阵。

容易得到最优的 W 是由数据协方差矩阵前 k 个最大的特征值对应的特征向量作为列向量构成的。这些特征向量形成一组正交基并且最好地保留了数据中的信息。

PCA 的输出就是 $Y=W'X$，由 X 的原始维度降低到了 k 维。

PCA 追求的是在降维之后能够最大化保持数据的内在信息，并通过衡量在投影方向上的数据方差的大小来衡量该方向的重要性。但是这样投影以后对数据的区分作用并不大，反而可能使得数据点糅杂在一起无法区分。这也是 PCA 存在的最大问题，这导致使用 PCA 在很多情况下的分类效果并不好。PCA 投影图如图 5-3 所示，若使用 PCA 将数据点投影至一维空间上时，PCA 会选择 2 轴，这使原本很容易区分的两簇点被糅杂在一起变得无法区分；而这时若选择 1 轴将会得到很好的区分结果。

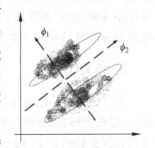

图 5-3　PCA 投影图

PCA 优缺点如下。

优点：误差最小；提取了主要信息。

缺点：PCA 将所有的样本（特征向量集合）作为一个整体对待，去寻找一个均方误差最小意义下的最优线性映射投影，忽略了类别属性，而它所忽略的投影方向有可能刚好包含了重要的可分性信息。

(2) 等距特征映射。等距特征映射(isometric feature mapping, ISOMap)，是一种非迭代的全局优化算法。ISOMap 对 MDS(multidimensional scaling, 多维尺度分析)进行改造，用测地线距离(曲线距离)作为空间中两点的距离，原来是用欧氏距离，从而将位于某维流形上的数据映射到一个欧氏空间上。

ISOMap 将数据点连接起来构成一个邻接 Graph 来离散地近似原来流形，而测地距离则相应地通过 Graph 上的最短路径来近似了。

比如将球体曲面映射到二维平面上。

(1) ISOMap 适用的流形：适合于内部平坦的低维流形，不适合于学习有较大内在曲率的流形。

(2) 近邻数的选择：近邻数应足够大以便能够减少在路径长度和真实测地距离之间的不同，但要小到能够预防"短路"现象。

(3) 所构造的图的连通性：要求所构造的图是连通的，否则有两种处理办法。一种是放宽临界点选择的限制；另一种是对于每一连通部分分别使用 ISOMap 算法，得到不同部分的降维结果。

MDS 是一种降维方法，它在降维时使得降维之后的两点间的欧氏距离尽量保持不变(用欧氏距离矩阵来表示高维向量的两两间的相似度，寻找同样数量的映射维度的向量，使映射维度下两两间距离约等于原高维下两两间距离，变为了优化问题)。

2. 聚类与分类分析

聚类分析是指将数据分为不同的自然群体，每个群之间具有不同的特征，同时也可以获得每个群体的特征描述。它是数据挖掘算法中的一种非常重要的算法，是一种基于无监督的学习方案，可以用来探索数据。同时，经过聚类分析后的数据可以进一步进行数据的预测和内容检索等，提高数据挖掘的效率和准确性。聚类算法通常可以分为基于划分的聚类，基于层次的聚类，基于密度的聚类，基于网格的聚类以及基于模型的聚类五大类。

分类分析是指根据数据集的特点构造一个分类器，再根据这个分类器对需要分类的样本赋予其类别。分类分析在对数据进行归类之前已经规定了分类的规则。目前分类算法也存在很多种，按照各算法的技术特点可以分为决策树分类算法、Bayes 分类算法。基于关联规则的分类算法和基于数据库技术的分类算法等。

3. 相关性分析

相关性分析是指研究数据与数据之间的关联程度。该分析方法一直是统计学中研究的热点，已经在金融、心理和气象学中得到了广泛应用。另外在日常生活中也有很多应用。比如，身高和体重的相关性；降水量与河流水位的相关性；工作压力与心理健康的相关性等。

通过散点图(见图 5-4)了解变量间大致的关系情况。

如果变量之间不存在相互关系，那么在散点图上就会表现为随机分布的离散的点；如果存在某种相关性，那么大部分的数据点就会相对密集并以某种趋势呈现。

虽然散点图能够直观展现变量之间的关系，但并不精确。因此还需要通过相关分析得到相关系数，以数值的方式精准反映相关程度。在分析两个变量的相关性方面最传统的方

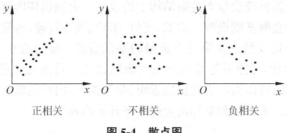

图 5-4　散点图

法就是使用 Pearson 相关系数。目前常使用的多变量相关性分析方法有 Granger 因果关系分析、典型相关分析、灰色关联分析、Copula 分析和互信息分析等。

4. 预测分析

基于数据的预测分析是一种从功能上定义的广义概念,在工业生产中包括很大的范围。例如,过程工业中产品质量和产率的预测,生产操作中的优化,预警和装置的故障诊断都可以归属于数据分析中的预测范畴。

首先,预测分析是一种数据驱动的处理模式,相较于其他的数据处理方法,算法而非假定扮演着更为重要的角色。另外这种模型的建立对数据的依赖程度更高。因此这种模型能够展现数据本身更多维度的特征、参数、体量和协同因数,因而也就更为复杂。

其次,预测分析算法能够实现数据挖掘模式的自动化。有效的预测分析模型不仅能够提升数据的处理效率和体量,而且能够将数据的价值放大到极致。例如,决策树分类算法不仅能够判断出达到多种可变目标所需要的最佳候选输入值,还能利用这些可变性结果对未来进行预测。还有些算法能够被用于展示研究结果,利用极限化的算法找到最优输入值组以及相关模型参数。通过发掘出尽可能多的具有价值的变量逐渐减少模型的误差。与此同时,也可以通过同样的方式排除对辅助决策缺乏价值的变量。

这种算法存在的另一个便利性在于目前存在很多自动化的软件包和开源程序算法能够满足多变量输入的需要,这些技术也可被有效用于预测分析模型。例如,如果一个模型存在数百种输入变量用于修正模型的精确度,可以利用简单的预测分析软件进行一次性的导入而不必手动逐条地输入。

最常使用的预测分析方法是应用各种神经网络算法以及其与各种算法的结合。目前,应用相对成熟的神经网络有反向传播神经网络(back propagation)、广义回归神经网络(general regression neural network)、径向基函数神经网络(radical basis function)等。

5.4　大数据推动金融创新

5.4.1　大数据突破边界重新定位金融

后互联网时代,基于互联网的一些技术逐渐成熟,包括大数据、云计算、人工智能、区块链、AR/VR 等,这些技术都带有信息技术的特点。这些技术与金融发生交互,或将大幅改变金融生产关系。金融科技会带来金融结构上的改变。金融机构内部一系列的金融功能正在外化成一系列社会金融基础设施。例如,支付、账户、风险管理、金融交易等典型的金融机构核心技术正迅速外化逐渐成为第三方金融的基础设施。金融在引入移动、大数据、云计算、AI、区块链等技术后,可能引起背后金融逻辑的改变。目前在金融科技领域,传统的准入式、量化审批式监管,可以通过重构金融逻辑、监管逻辑,向信用监管转变。金融业态因此也会发生改变,多中心、去中心和对称的金融形态开始凸显。

全场景化、数字化银行——工银小白

京东金融与中国工商银行合力推出工银小白,专注服务于年轻客群,是行业内首个场景融入式数字银行。和传统的银行 App 相比,它更轻、更便捷,用户无须下载任何程序就可以直接使用银行服务;它兼容性强,即插即用,其 H5 页面可灵活搭载适合特定客群的功能,如卡片般灵活嵌入不同类别的场景,比如,微信朋友圈、直播等各种社交、娱乐、消费类的 App 和网站。用户不用花费大量的时间专门到银行去办业务,也不用退出场景,专门打开银行的 App。工银小白中的每一项业务都可以从银行里解放出来,插入用户需要的场景里。比如,在教育类网站,工银小白就会展现留学金融的模块;在旅游网站,工银小白会搭载线上申请存款证明的功能;在消费和直播 App 中,工银小白会突出消费金融产品,通过服务与场景的无界连接,增加用户黏性和交互频次,将以金融机构为中心的服务提供模式转变成以用户为中心的服务提供模式。

5.4.2 大数据推进小微产品创新

对于银行的小微贷来说,大数据降低了信息搜寻成本。银行在搜寻小微企业信息、审核贷款时需要投入较高的人力和物力成本,付出较高的边际成本。而在信贷业务中,运用大数据的核心优势恰好在于解决信息不对称问题,降低信贷业务成本。社交化网络和电子商务平台在发展中积累了大量数据,对数据进行挖掘、分析得出的企业信息,比企业在现实中发布的信息更具有可信度,也具有更大的经济价值。

银行运用大数据技术,对小微企业客户的结算、交易、存款、资产数据及信用记录等信息进行分析判断、主动挖掘和营销,突破传统方式办理小微企业信贷业务。小微贷这款产品的特点是小额化、批量化、数据化、无抵押、无担保、纯信用。

中国建设银行江苏省分行小微产品创新

"善融贷"对结算率高、存款稳定、经营规范、有融资需求的小微企业,通过预授信的方式锁定客户,促进小额无贷户转化为小微企业信贷客户。通过与税务部门签订战略合作协议,共建"银税互动、征信互认"合作平台,加强数据对接。中国建设银行通过"以信授信"拓展业务,企业通过"以信养信"获得银行信用贷款额度。通过与商圈管理方合作营销,与交易量较大、商户经营稳定、采用集中收银方式的大卖场、专业市场、大型商超合作,依托管理方的信息优势,批量筛选目标客户,开展针对性客户营销。积极密切联系政府,加强合作,已与南京

市溧水区、高淳区合作。借助网络、手机通信等传播工具,向目标客户推介中国建设银行适销信贷产品,建立目标企业库,确保贷款迅速落地。

5.4.3 大数据客户画像实现精准营销

1. 用户画像

互联网进入大数据时代,消费者消费行为改变、消费需求出现分化,企业想要实现精准营销服务,深入挖掘潜在的商业价值,用户画像应运而生。用户画像是描述用户的数据,是符合特定业务需求的对用户的形式化描述。用户画像,即用户信息标签化,如图5-5所示。每个标签都规定了观察、认识和描述用户的一个角度;各个标签的维度不孤立,标签之间有联系,构成用户画像的整体。用户画像的核心是标签,标签可以分为以下六类。

(1)基础属性:比如,所在城市、会员等级、生命周期、会员网龄等基本信息,其中生命周期是按照曾经访问的频次,把用户区分为活跃的会员、沉睡的会员或者沉闷的会员。

(2)消费能力:购买力、消费等级、累计消费金额、消费频率等。

(3)行为偏好:时段数据、访问方式、品类偏好、品牌偏好等。访问方式、时段数据的分析可以用于决定采用哪一种方式向用户推广告。例如,有些人喜欢晚上访问网站,或者喜欢看视频,那么可以通过跟视频网站合作,利用视频中的广告对这些用户进行推荐。

(4)购物偏好:购物时段、偏好品牌等。

(5)客户服务:用户评价等级、退换货次数(金额)等。

(6)业务场景:用户DNA和用户特权等标签。订单取消是用户特权的一个特例,负向的特权。对于分析出正向标签的、贡献额比较大的用户,比如在线用户等级可以分为从G1到G5,一个G5用户有可能就给予免邮或者会员生日礼物等特权。

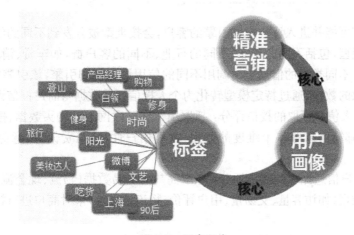

图 5-5 用户画像

2. 精准营销

(1)商业银行总行可以通过数据集中和云计算对潜在客户进行筛选,准确分析客户需求。在对银行内部数据加强分析利用的同时,也可以积极探索通过互联网加强客户获取。银行具有丰富的交易数据、个人属性数据、消费数据、信用数据和客户数据,用户画像的需求较大,但是缺少社交信息和兴趣爱好信息。一般到银行网点来办业务的人年龄偏大,未来消费者主要在网上进行业务办理。商业银行可以内部数据、网络行为数据、第三方数据为数据基础,对数据进行全方位整理、清洗,保证数据结构统一;以离线计算平台及用户画像、用户行为分析为数据分析、挖掘方式,从中寻找并体现数据价值;最后将有价值的数据运用到各个应用,如个性化推荐、行为数据分析、对外数据服务、营销活动管理、模型/算法管理等。

(2) 总分行的中后台业务部门要围绕数据中心,优化分析模型,抓住目标客户的关键业务与财务活动来开展分析研究,对每个客户形成业务和服务一揽子解决方案。银行接触不到客户,无法了解客户需求,缺少触达客户的手段。分析客户、了解客户、找到目标客户、为客户设计其需要的产品,就成为银行进行用户画像的主要目的。银行的主要业务需求集中在消费金融、财富管理、融资服务,用户画像要从这些角度出发,寻找目标客户。银行利用大数据进行客户深度分析,建立属性标签,结合业务场景需求,进行目标客户筛选或对用户进行深度分析。同时银行利用统一自助数据分析平台引入外部数据,完善数据场景设计,提高目标客户精准度。

(3) 基层银行网点客户经理根据总分行的一揽子解决方案,"按图索骥"向客户营销全面的金融解决方案,提升客户满意度。依据对客户数据挖掘和商业智能技术,搭建数字营销平台,通过前、中、后台的紧密合作实现高精准、高效率和低成本的新型营销。找到触达客户的方式,对客户进行营销,并对营销效果进行反馈,衡量数据产品的商业价值,实现数据商业价值变现的闭环。还可以深度分析客户,依据客户的消费特征、兴趣爱好、社交需求、信用信息来开发设计产品,为金融企业的产品开发提供数据支撑,并为产品销售方式提供场景数据。

5.4.4 运用大数据进行授信评分

被排除欺诈可能并进入评分规则引擎的客户,会按类型被分发到不同的细分模块,以适应不同的细分模型,包括不同的产品、不同的行业、不同的客户群,如车贷、消费贷、抵押贷、个人经营贷等。不同类型的借款申请调用不同的信用评分规则引擎,该引擎将根据用户授权许可自动抓取的数据,通过特定模型转化为个人授信评分数据与商户授信评分数据。

(1) 基于个人信息抓取的授信评分:抓取用户在互联网上的购买数据、搜索引擎数据、社交数据、账单邮箱信息等多个维度的数据,得到用户性格、消费偏好、意愿、学历等个人信息。

(2) 基于商户信息抓取的授信评分:抓取商户的交易数据(物流、现金流、信息流数据)和电商的经营数据(如访客量、交易量、用户评价、物流信息等)来对商户进行授信评分。

案例

芝麻信用

以芝麻信用所构建的信用体系来看,芝麻信用分根据当前采集的个人用户信息进行加工、整理、计算后得出的信用评分,分值范围是350~950,分值越高代表信用水平越好,较高的芝麻分可以帮助个人获得更高效、更优质的服务。芝麻分综合考虑了个人用户的信用历史、行为偏好、履约能力、身份特质、人脉关系五个维度的信息,其中来自淘宝、支付宝等"阿里系"的数据占 30%~40%。

(1) 信用历史:过往信用账户还款记录及信用账户历史。目前这部分信息大多来自支付宝,特别是支付宝转账和用支付宝还信用卡的历史。

(2) 行为偏好:在购物、缴费、转账、理财等活动中的偏好及稳定性。比如一个人每天打游戏 10 个小时,那么就会被认为是无所事事;如果一个人经常买纸尿裤,那么这个人便被认为已为人父母,相对更有责任心。

(3) 履约能力:包括享用各类信用服务并确保及时履约,例如租车是否按时归还,水电煤气是否按时缴费等。

(4) 身份特质:在使用相关服务过程中留下的足够丰富和可靠的个人基本信息,包括从公安、学历学籍、工商、法院等公共部门获得的个人资料,未来甚至可能包括根据开车习惯、敲击键盘速度等推测出个人性格。

(5) 人脉关系:好友的身份特征以及跟好友互动的程度。根据"物以类聚,人以群分"的理论,通过转账关系、校友关系等作为评判个人信用的依据之一。其采用的人脉关系、性格特征等新型变量能否客观反映个人信用,但目前还没有将社交聊天内容、点赞等纳入参考。

5.4.5 大数据推动银行业务流程优化

银行通过大数据获取价值,最先应实现企业内部不同部门间结构化数据、结构化与非结构化数据、企业内部与外部不同类型、不同来源数据的整合,尤其是与第三方企业实现数据合作,共享数据资源。数据的整合一方面能让原本相互分离的部门更加容易获取相关数据,大大减少搜索和处理的时间,提高办公效率;另一方面能消除存储的冗余、减少噪声,完成数据清洗工作,从而为后续的数据分析工作提供支持。此外,利用全面的用户数据,有助于商业银行发现每一个用户的消费习惯,从而形成对用户新的认知和理解。

1. 市场和渠道分析优化

通过大数据,银行可以监控不同市场推广渠道尤其是网络渠道推广的质量,从而进行合作渠道的调整和优化。同时,也可以分析更适合推广银行产品或者服务的渠道,从而进行渠道推广策略的优化。

2. 产品和服务优化

银行可以将客户行为转化为信息流,并从中分析客户的个性特征和风险偏好,更深层次地理解客户的习惯,智能化分析和预测客户需求,从而进行产品创新和服务优化。如兴业银行目前对大数据进行初步分析,通过对还款数据挖掘比较区分优质客户,根据客户还款数额的差别,提供差异化的金融产品和服务方式。

3. 舆情分析

银行可以通过爬虫技术,抓取社区、论坛和微博上关于银行以及银行产品和服务的相关信息,并通过自然语言处理技术进行正负面判断,尤其是及时掌握银行以及银行产品和服务的负面信息,及时发现和处理问题;对于正面信息,可以加以总结并继续强化。同时,银行也可以抓取同行业的银行正负面信息,及时了解同行做得好的方面,以作为自身业务优化的借鉴。

5.4.6 大数据在保险中的应用

保险机构应用大数据,可以用户为核心,在销售渠道产品设计、定价及承销、索赔结算、风控等多个环节,对传统保险业进行重塑,作为底层技术的大数据则发挥着关键作用。

保险公司要尽可能多地收集不同维度数据,除保单、理赔数据还需要注意留存场景行为数据。例如通过大量数据埋点了解用户的实时体征,提供更有针对性的投保建议,提升用户体验。大数据在保险中的应用主要表现在以下三个方面。

1. 数据打通

保险公司内各个版块的数据要打通,避免出现数据孤岛。数据打通的关键是"用户",成功的互联网公司始终把用户放在第一位,业务都是围绕用户去展开,而传统保险公司更关心业务本身,比如保费和赔付率。保险公司可以利用大数据为用户标注唯一ID,用户购买不同险种,办理不同业务,都能通过唯一ID识别分析。通过这一举措,众安保险有效降低了风控难度,促进了业务增长。

2. 数据应用

数据应用的成功与否,取决于能否形成数据应用的小型业务闭环。以广告推荐、搜索推荐为例,能够通过用户是否点击这一返回的数据,就对模型是否有效进行判断。这样基于数据挖掘的模型才会不断更新迭代。例如,众安健康险理赔风控,通过数据分析得到的风控规则,在理赔系统中就设计了理赔人员标注风控规则有效性的反馈过程,可以直接对规则命中好坏进行评估,从而不断优化风控模型。

3. 数据人才

数据体系的关键因素首先是人。除精算师、数据分析师外,大数据平台开发工程师和算法专家,甚至数据科学家都至关重要。

思 考 题

1. 大数据有哪些主要类型?
2. 大数据如何助力金融实现精准营销?
3. 大数据在保险中有哪些应用?

第6章 云计算与金融创新

学习目标：了解云计算的基本概念和发展趋势；掌握云计算促进银行和保险业务创新的方法；重点掌握云计算与银行业务创新。

6.1 云计算发展迅速

6.1.1 云计算概述

1. 云计算的概念

云计算(cloud computing)是基于互联网相关服务的增加、使用和交付模式，通常涉及通过互联网来提供动态易扩展且经常是虚拟化的资源。

对云计算的定义有多种说法。现阶段广为接受的是美国国家标准与技术研究院(NIST)定义：云计算是一种按使用量付费的模式，这种模式提供可用的、便捷的、按需的网络访问，进入可配置的计算资源共享池(资源包括网络、服务器、存储、应用软件、服务)。这些资源能够被快速提供，只需投入很少的管理工作，或与服务供应商进行很少的交互。

2. 理解云计算

"云"是网络的一种比喻说法。为什么会需要"云"？传统的应用正在变得越来越复杂：需要支持更多的用户，需要更强的计算能力，需要更加稳定安全等。为支撑这些不断增长的需求，企业不得不去购买各类硬件设备(如服务器、存储、带宽等)和软件(如数据库、中间件等)。另外还需要组建一个完整的运维团队来支持这些设备或软件的正常运作，这些维护工作包括安装、配置、测试、运行、升级以及保证系统的安全等。但支持这些应用的开销巨大，费用会随着应用的数量或规模的增加而不断提高。这也是为什么即使是在那些拥有很出色 IT 部门的大企业中，用户仍在不断抱怨他们所使用的系统难以满足需求。而对于那些中小规模的企业，甚至个人创业者来说，创造软件产品的运维成本就更加难以承受了。

云计算是一种提供资源的网络，使用者可以随时获取"云"上的资源，按需求量使用，并且可以看成是无限扩展的，而不再像以前一样每个企业或个人都需要购买、安装很多硬件设备和软件系统。在收费模式上，云计算和水电等公用事业非常类似，"云"就像自来水厂一样,可以随时接水,并且不限量,按照自己家的用水量,付费给自来水厂就可以,而不用每家每户或者每个人都建设一个水厂。对云计算的使用者(主要是个人用户和企业)来讲,云计算将会在用户体验和成本两个方面带来非常实在的好处。

3. 云计算的核心

云计算不是一种全新的网络技术,而是一种全新的网络应用概念。云计算的核心是以互联网为中心,在网站上提供快速且安全的云计算服务与数据存储,让每一个使用互联网的人都可以使用网络上的庞大计算资源与数据中心。云计算甚至可以让用户体验每秒 10 万亿次的计算能力,强大的计算能力可以模拟核爆炸、预测气候变化和市场发展趋势。用户通过计算机、手机等方式接入数据中心,按自己的需求进行计算。

6.1.2 云计算的主要特点

1. 大规模、分布式

"云"一般具有相当的规模,一些知名的云供应商,如 Google 云计算、Amazon、IBM、微软、阿里巴巴等也都能拥有上百万级的服务器规模。而依靠这些分布式的服务器所构建起来的"云",能够为使用者提供前所未有的计算能力。

2. 虚拟化

云计算都会采用虚拟化技术,用户并不需要关注具体的硬件实体,只需要选择一家云服务提供商,注册一个账号,登录云控制台,购买和配置需要的服务(如云服务器、云存储、CDN 等)。在为应用做简单的配置后,就可以让应用对外服务,这比传统的在企业的数据中心部署一套应用要简单方便得多,而且用户可以随时随地通过 PC 或移动设备来控制资源。

3. 高可靠性和扩展性

知名的云计算供应商一般都会采用数据多副本容错、计算节点同构可互换等措施来保障服务的高可靠性。基于云服务的应用可以持续对外提供服务(7×24 小时),另外"云"的规模可以动态伸缩,来满足应用和用户规模增长的需要。

4. 按需服务,更加经济

用户可以根据需要来购买服务,甚至可以按使用量来进行精确计费。这能大大节省 IT 成本,而资源的整体利用率也将得到明显的改善。

5. 安全

网络安全已经成为所有企业或个人创业者必须面对的问题,企业的 IT 团队或个人很难应对来自网络的恶意攻击,而使用云服务则可以借助更专业的安全团队来有效降低安全风险。

6.1.3 云计算的类型

1. 私有云

私有云是指企业内部基础架构、桌面、应用程序和数据的统称,由企业防火墙后面的 IT 人员按需交付。私有云的优势很多,包括灵活交付服务、提供自服务和可精细化地跟踪使用情况,同时允许企业对自己的基础架构有很强的控制力,具有更高的安全性。

2. 公共云

公共云是指场外多租户基础架构、存储和计算资源以及 SaaS 应用和数据的统称,通常由外部服务提供商按需提供。

3. 行业云

行业云(社区云)是指云服务仅由一组特定的云服务客户使用和共享的一种云部署模型。这组云服务客户的需求共享、彼此相关,且资源由组内云服务客户控制或云服务提供商控制。行业云可由社区里的一个或多个组织、第三方或两者联合拥有、管理和运营。行业云可在云服务客户的场内或场外。行业云局限于有共同关注点的行业内客户,这些共同关注点包括业务需求、安全需求、政策符合性考虑等。

4. 混合云

混合云多指"云融合",这在企业用户中越来越普及。私有云与公共云紧密集成在一起时就形成混合云,使 IT 有更多的灵活性,可以选择将应用放在哪里运行,在成本和安全性之间进行平衡。出现这种融合的原因是私有云的成本逐渐降低并越来越灵活,同时公共云越来越安全与透明。

6.1.4 云服务的层次

在服务方面,主要以提供用户基于云的各种服务为主,共包含三个层次:其一是 software as a service 软件即服务,简称 SaaS,这层的作用是将应用主要以基于 Web 的方式提供给客户;其二是 platform as a service 平台即服务,简称 PaaS,这层的作用是将一个应用的开发和部署平台作为服务提供给用户;其三是 infrastructure as a service 基础设施即服务,简称 IaaS,这层的作用是将各种底层的计算(比如虚拟机)和存储等资源作为服务提供给用户。从用户的角度而言,这三层服务之间的关系是独立的,因为它们提供的服务是完全不同的,面对的用户也不尽相同。但从技术角度而言,这三层服务之间的关系并不是独立的,而是有一定依赖关系的,比如一个 SaaS 层的产品和服务不仅需要使用到 SaaS 层本身的技术,还依赖 PaaS 层所提供的开发和部署平台或者直接部署于 IaaS 层所提供的计算资源上,还有 PaaS 层的产品和服务也很有可能构建于 IaaS 层服务之上。

1. SaaS

SaaS 是最常见的，也是最先出现的云计算服务。通过 SaaS 这种模式，用户只要接上网络，并通过浏览器，就能直接使用在云端上运行的应用，并由 SaaS 云供应商负责维护和管理云中的软硬件设施，同时以免费或者按需使用的方式向用户收费，所以用户不需要顾虑类似安装、升级和防病毒等琐事，并且免去初期高昂的硬件投入和软件许可证费用的支出。

SaaS 的前身是 ASP（application service provider），其概念与思想和 SaaS 相差不大。最早的 ASP 厂商有 Salesforce.com 和 Netsuite，其后还有一批企业跟随进来。这些厂商在创业时都主要专注于在线 CRM（客户关系管理）应用，但由于那时正值互联网泡沫破裂的时候，而且当时 ASP 本身技术并不成熟，缺少定制和集成等重要功能，再加上当时欠佳的网络环境，使 ASP 没有受到市场的热烈欢迎，从而导致大批相关厂商破产。但在 2003 年后，在 Salesforce 的带领下，并随着技术和商业不断成熟，使 Salesforce、WebEx 和 Zoho 等国外 SaaS 企业获得成功，而国内，诸如用友、金算盘、金碟、阿里巴巴和八百客等企业也加入 SaaS 的浪潮中。

由于 SaaS 产品起步较早，开发成本低，所以在现在的市场上，SaaS 产品不论是在数量上，还是在类别上，都非常丰富。SaaS 也出现了多款经典产品，其中最具代表性的是 Google Apps，中文名为"Google 企业应用套件"，提供包括企业版 Gmail、Google 日历、Google 文档和 Google 协作平台等多个在线办公工具，而且价格低廉、使用方便，并且已经有超过 200 万家企业购买了 Google Apps 服务。该服务具有使用简单、支持公开协议、安全保障、初始成本低等优点。

2. PaaS

通过 PaaS 这种模式，用户可以在一个提供 SDK（software development kit，软件开发工具包）、文档、测试环境和部署环境等在内的开发平台上非常方便地编写和部署应用。不论是在部署，还是在运行的时候，用户都无须为服务器、操作系统、网络和存储等资源的运维操心，这些烦琐的工作都由 PaaS 云供应商负责。而且 PaaS 在整合率上非常惊人，比如一台运行 Google App Engine 的服务器能够支撑成千上万的应用，也就是说，PaaS 是非常经济的。PaaS 主要面对的用户是开发人员。

第一个 PaaS 平台诞生在 2007 年，是 Salesforce 的 Force.com，通过这个平台不仅能使用 Salesforce 提供的完善的开发工具和框架来轻松地开发应用，而且能把应用直接部署到 Salesforce 的基础设施上，从而能利用其强大的多租户系统。2008 年 4 月，Google 推出了 Google App Engine，从而将 PaaS 所支持的范围从在线商业应用扩展到普通的 Web 应用，也使得越来越多的人开始熟悉和使用功能强大的 PaaS 服务。和 SaaS 产品百花齐放相比，PaaS 产品主要以少而精为主，其中比较著名的产品有 Force.com、Google App Engine、Windows Azure Platform 和 Heroku。Windows Azure Platform 是微软推出的 PaaS 产品，并运行在微软数据中心的服务器和网络基础设施上，通过公共互联网来对外提供服务。它由高扩展性云操作系统、数据存储网络和相关服务组成，而且服务都是通过物理或虚拟的 Windows Server 2008 实例提供。其附带的 Windows Azure SDK 提供了一整套开发、部署和管理 Windows Azure 云服务所需要的工具和 API。

和现有的基于本地的开发和部署环境相比，PaaS平台具有友好的开发环境、丰富的服务、精细的管理和监控、伸缩性强、多住户（Multi-Tenant）机制、整合率高和经济性好等优点。

3. IaaS

通过IaaS这种模式，用户可以从供应商处获得所需要的计算或者存储等资源来装载相关的应用，并只需为其所租用的那部分资源付费，同时这些基础设施烦琐的管理工作则交给IaaS供应商负责。和SaaS一样，类似IaaS想法已经出现了很久。比如，过去的IDC（internet data center，互联网数据中心）和VPS（virtual private server，虚拟专用服务器）等，由于技术、性能、价格和使用等方面的缺失，使得这些服务并没有被大中型企业广泛采用。但在2006年年底Amazon发布了EC2（elastic compute cloud，灵活计算云）这个IaaS云服务，由于EC2在技术和性能等多方面具有优势，使得这类型的技术终于得到业界广泛的认可和接受，其中包括部分大型企业，比如著名的纽约时报。最具代表性的IaaS产品和服务有Amazon EC2、IBM Blue Cloud、Cisco UCS和Joyent。IBM Blue Cloud"蓝云"解决方案由IBM云计算中心开发，是业界第一个在技术上比较领先的企业级云计算解决方案。该解决方案可以对企业现有的基础架构进行整合，通过虚拟化技术和自动化管理技术，构建企业的云计算中心，并实现对企业硬件资源和软件资源的统一管理、统一分配、统一部署、统一监控和统一备份，也打破了应用对资源的独占，从而帮助企业能享受到云计算所带来的诸多优越性。

IaaS服务和传统的企业数据中心相比，具有免维护、非常经济、伸缩性强等优点。

6.1.5 云计算的应用

云计算的应用领域非常广泛，常见的有政务云、金融云、工业云、建筑云、医疗云和教育云等。

1. 政务云

政务云属于行业云的一种，是面向政府行业，由政府主导，企业建设运营的综合服务平台，一方面可以避免重复建设，节约建设资金；另一方面通过统一标准有效促进政府各部门之间的互连互通、业务协同，避免产生"信息孤岛"，同时有利于推动政府大数据开发与利用，是大众创业、万众创新的基础支撑。

2. 金融云

金融云是指利用云计算的模型，将信息、金融和服务等功能分散到庞大分支机构构成的互联网"云"中，旨在为银行、保险和基金等金融机构提供互联网处理和运行服务，同时共享互联网资源，从而解决现有问题并且达到高效、低成本的目标。2013年11月27日，阿里云整合阿里巴巴旗下资源并推出阿里金融云服务。因为金融与云计算的结合，现在只需要在手机上简单操作，就可以完成银行存款、购买保险和基金买卖。现在，不仅阿里巴巴推出了金融云服务，像苏宁金融、腾讯等企业均推出了自己的金融云服务。

3. 工业云

工业云是指使用云计算模式为工业企业提供软件服务,使工业企业的社会资源实现共享化。

工业云能降低信息化门槛,让更多中小企业以较低成本切入信息化领域。GE、西门子等国际巨头都在积极布局工业云,抢占智能制造时代的产业生态制高点。工业云将是未来云计算领域影响层面最为广泛的领域,普及工业云将有助于减轻制造业的IT运营成本,进而提升整体制造业的竞争实力。如果传统信息技术领域使美国企业占据优势地位,那么工业领域的信息服务发展正迎来群雄逐鹿的时代。谁能率先确立覆盖全球的工业云服务,便能在智能制造时代掌握产业生态的制高点,并取得掌控工业数据的先机。

6.2 云计算助力银行创新

6.2.1 金融云赋能数字银行

1. 政策支持银行上云

2016年,银监会在《中国银行业信息科技"十三五"发展规划监管指导意见(征求意见稿)》中首次对银行业云计算明确发布了监管意见,提出积极开展云计算架构规划,主动和稳步实施架构迁移,支持金融行业的行业云。此外,除金融私有云外,还提出"行业公共云"模型,支持建立符合法律法规要求、市场化运作、具备金融级安全等级的行业云平台运营机制。

2017年,中国人民银行发布的《中国金融业信息技术"十三五"发展规划》要求落实推动新技术应用,促进金融创新发展,稳步推进系统架构和云计算技术应用研究。

2019年8月,中国人民银行发布的《金融科技(FinTech)发展规划(2019—2021年)》中提出:合理布局云计算。统筹规划云计算在金融领域的应用,引导金融机构探索与互联网交易特征相适应、与金融信息安全要求相匹配的云计算解决方案,搭建安全可控的金融行业云服务平台,构建集中式与分布式协调发展的信息基础设施架构,力争云计算服务能力达到国际先进水平。加快云计算金融应用规范落地实施,充分发挥云计算在资源整合、弹性伸缩等方面的优势,探索利用分布式计算、分布式存储等技术实现根据业务需求自动配置资源、快速部署应用,更好地适应互联网渠道交易瞬时高并发、多频次、大流量的新型金融业务特征,提升金融服务质量。强化云计算安全技术研究与应用,加强服务外包风险管控,防范云计算环境下的金融风险,确保金融领域云服务安全可控。

2. 银行上云类型不同

当下银行在金融云方面的布局将深刻影响未来金融。从技术上来看,银行业主要采用私有云和行业云的方式,这与银行业的高度监管紧密相关。从应用上来看,不同类型金融机构对云计算的应用路径存在较大差异。大型银行由于传统信息化基础设施投入大、具备专职技术部门、安全要求更加谨慎等原因,一般选择沿用采购软硬件产品自行搭建私有云并独立运维。但绝大多数的中小银行在上云时往往会面临三大方面的挑战：一是业务压力大，大银行上线的信息系统中小银行也要上线，但是自身的信息化建设能力却不足；二是"缺钱少人"，中小银行没有国有大型银行以及各大股份制银行的雄厚财力和充沛人力资源；三是运行维护难，越来越多的信息系统上线，提升了运行维护难度，同时也加大了管理和整合的难度，风险控制面临的挑战也与日俱增。

3. 金融云助力数字银行发展

云上银行是未来金融业务创新的基石，金融云能够赋能数字银行，实现富有转型意义的商业成果，并且赋能数字银行的创新和全新业务能力。对于大型银行而言，金融行业云有很好的应用和发展，而对于众多中小银行金融行业云更是转型理想、高效的部署模式。从运营成本上看，首先，行业云不需要像私有云那样投入大量的人力、物力，充分体现了云计算按需、弹性的特性，中小银行能够以相对低廉的"月租服务费"的方式投资，不占用过多的运营资金。其次，中小银行不用为了上云而配备专业的IT运维人员，并可同时享受先进的应用技术。此外，与公有云相比，行业云也符合金融行业监管合规要求。

6.2.2 云计算在零售业务场景应用

目前，随着金融业的不断发展，银行与客户间的信息不对称问题也变成了众多银行迫切需要解决的问题，信息不对称将会造成客户使用银行服务过程中的种种不便与限制。例如，缺乏及时、全面了解银行产品（特别是理财产品）的渠道；缺乏对各网点服务资源与业务品种的及时了解；缺乏对个人在所有银行账户信息的实时全面掌握。随着客户对银行服务水平要求的日益提高，银行需要提供更加全面、及时、周到的服务，做到真正"以客户为中心"。而云计算是很好地解决目前困境的方法之一。

云计算具备资源高效聚合与分享、多方协同的特点，能够整合银行产业链各方参与者所拥有的面向最终客户的各类服务资源，包括产品、网点服务、客户账户信息等，为客户提供更加全面、整合、实时的服务信息与相应的银行服务，解决客户当前面临的信息不对称困境。

在银行的零售业务上，云计算可服务于以下四点不同的零售场景。

1. 产品销售

云计算可用于一站式产品营销，客户可通过统一的界面，在不同渠道（无论是网银、手机App还是其他渠道）查询到所有银行及其他金融机构发布的所有可购买的金融产品，并用任何一张持有的银行卡购买所需的任何金融产品。客户还可以建立圈子，加强同类之间的理财交流，可向银行提交产品创新建议，由银行收集同类创意后针对这群客户专门设计产品并定向销售。

2. 网点服务

通过云实现不同银行之间的网点服务资源共享。客户可根据要办理的业务品种，通过计算机、手机等联网设备实时查询离自己最近、预计排队/等待时间最少的网点，并实时了解网点业务资源。客户可以通过联网设备进入网点排队系统，并进行某些业务的预填单。

3. 账户信息

客户可通过一个界面获得其名下所有银行、基金、保险的实时账户信息，包括整合的资产、交易明细（商家名称、金额等）等。客户还可以获得基于对其本身以及同类的消费与理财行为智能分析得出的有针对性的消费建议、理财建议，甚至相应的产品推荐。

4. 个人委托贷款

为客户建立贷款自主服务平台，借款方与出借方基于金额、期限、利率、贷款用途、风险等级等条件进行撮合，并提供贷款审批、发放、归还、催收全流程自主服务。利用云的多方协同特点，与征信系统等进行实时协同，协助客户自主完成服务。而银行收入模式可以从原有的贷款利息收入转变为提供贷款服务平台的中间业务收入。

6.2.3 云计算在对公业务场景应用

由于云计算是将自有平台建设在云提供服务商的计算资源上，因此这也意味着在现有的银行业价值链中将延展出更多的应用场景。

1. 供应链金融

在供应链核心企业及其上下游企业之间，通过云实现上下游企业在采购、销售、物流等环节的流程协同，实现整个交易链条的信息实时传输与共享，实现高效的端到端供应链协同。银行根据云提供的端到端供应链信息，为上下游企业在采购到付款的各个环节提供各种融资服务，以及支付结算、现金管理、保险代理、税务管理等解决方案。基于云对实时信息的聚合与智能分析，银行不再静态关注事后的企业财务报表，也不再单独评估单个企业的状况，而能够动态掌握企业状况，实时关注交易对象和合作伙伴，分析所处的产业链是否稳固以及企业所在的市场地位和供应链管理水平。

2. 采购到支付管理

近年来，随着云计算技术的发展，大型数据中心部署云计算服务已非常成熟。银行可以通过与传统财务和 ERP 厂商合作，吸收成功的云平台建设经验，建设基于公有云的财务和 ERP 的 IT 系统，利用云为企业提供标准化的采购到支付（order-to-pay）流程服务。买卖双方通过云完成订单与发票收发，对方流程状态查询、审核、支付等活动。银行可在这一过程中基于掌握的业务信息提供融资服务。此外，银行通过与税务机关合作，在云中为客户提供电子发票服务，同时，税务机关可以获取企业开票、收票信息，与征税系统联网。

6.2.4 银行积极布局云计算

近年来，各商业银行积极布局云计算项目并取得较好效果。

1. 中国工商银行金融云助推"智慧银行"建设

为积极应对金融与科技融合创新发展的新趋势，更好地服务全行经营转型，助力"智慧银行"战略实施,2017年,中国工商银行制定了通过建设"新一代信息系统"推动"智慧银行"转型的战略目标。云计算创新实验室在这一过程中主要负责云计算、分布式技术和API开放生态领域的前瞻性技术研究,并在对应领域建设技术特征强、功能齐备的企业级技术平台。通过努力,已初步构建面向未来业务发展的下一代开放平台全新技术体系框架,为"新一代信息系统"的建设提供了基础技术支撑能力。

中国工商银行基础设施云IaaS基于开放OpenStack、SDN之上自主研发云管平台,实现了计算、存储、网络资源的供应,与应用平台云PaaS、流程管理等系统的联动以及资源的可视化管理。中国工商银行应用平台云PaaS采用轻量级容器技术,引入业界主流的容器集群编排及调度技术Kubernetes,在容器、负载、日志、监控等方面全方位实现应用平台云的架构提升,提升了平台集群容量,支持万级容器集群规模;实现了应用节点编排,支持复杂架构应用上云;提供容器自愈,实现应用故障自动恢复能力;提供多集群能力,实现应用按需隔离;建立了云上的日志管理及诊断体系,提升云上应用的精细化管理水平;提供负载均衡服务,为应用提供更为丰富的软负载能力;同时,还实现了多维度、多层级监控,保障平台可用性。针对云环境的管理运维,中国工商银行还建立了一套云运维体系,提升云上应用的自动化运维水平。利用云平台初步实践了DevOps,从开发到运维整合一体化,打通开发流程的边界,使应用的软件构建、测试、发布更加快捷,提供从开发到生产快速交付的能力,为应用快速迭代提供技术支撑。

2. 中国建设银行"建行云"

中国建设银行的私有云管理平台吸收了云计算前沿的先进技术和理念,按照企业级、组件化的设计原则,设计开发了资源池管理组件、服务策略管理组件、自动化管理组件、流程引擎组件和自服务门户等,并支持"两地三中心"架构。此外,中国建设银行云管理平台根据金融行业私有云特性进行设计和优化,制定了私有云服务标准和规范以及硬件厂商接入标准,提供强大的资源池管理和服务策略管理、丰富的云服务套餐及云服务基础服务组件、智能的流程服务调度、全方位的资源及应用监控、自动化的运维操作管理,实现了真正意义上的一体化管理,全面支撑传统和新型的数据中心服务。

中国建设银行私有云架构包括云服务、云管理、资源池等部分,同时还与配置管理、监控管理、流程管理、容量管理等相结合,共同实现云管理的相关功能。其中,基础设施资源层面管理计算型服务器(包括X86服务器和小型机)、存储资源及网络资源;在资源之上构建了弹性计算资源池、网络资源池、存储资源池,并通过云管理平台对各个资源池进行统一管理、统一调配,将各类资源整合为各种云服务,为应用提供快速的资源供给。

3. 招商银行:率先开始应用云项目

目前,比较突出的云计算与银行合作项目当属招商银行早在2015年上线的新一代DevOps应用云项目的解决方案,由青云向招商银行提供高性能虚拟服务器、高性能分布式块存储系统、资源分配系统、后端运维管理系统等系统与技术,为招商银行量身打造了一套更加便捷的应用云,IT部门能够在此基础上完成更好的设备与成本控制,而这也为加速业务产品和功能迭代,适应金融行业的发展与创新创造了良好的环境。

招商银行战略客户全球资金管理云平台是招商银行结合自身的金融和科技优势,向国家部委、央企、行业龙头等超大型集团输出的金融科技服务。平台含全球跨银行交换中心和 CBS/TMS 等众多专业资金业务系统，实现客户分布在全球各地，国内外各银行资金以及电子商业汇票等准现金的智能监控、实时调配、资金收付、外汇交易、信贷业务、融资租赁、会计核算、投资理财等功能，是客户全球业务运营最核心的金融系统，管理着招商银行战略客户多达到万亿级别的现金、准现金等资产。平台交易实时性要求高，交易笔数多、金额大，仅 2016 年资金收付一项业务就超过 6 万亿元。平台直接和间接创造百亿级利润，在中国银行业同类系统中处于绝对领先地位。

4. 民生银行：百度云方案下的信贷企业风险管理

百度云为民生银行提供了关注信贷企业的风险管理和预警的一项服务项目。这个项目从对民生银行新增授信企业和在授企业的风险管理出发，将底层海量非结构化数据进行处理，关联目标企业，并通过风险识别模型判断产生风险信号，对银行授信企业具有前瞻性和全面性的风险监测，提升银行的风险收益并降低不良贷款损失。以前的企业信贷报材料是通过客户经理现场走访、信贷员现场尽调、撰写报告，最后风险审批这一流程完成的，但采集的数据无法做到信息的统一储存，也就无法形成大数据。通过无纸化办公，并对接以往银行已经储备在天眼等授信风险管控工具内的数据，银行授信体系内的所有企业信息全部可以储存在云端，便于计算机的快速分析处理。

5. 南京银行：阿里巴巴提供全套线下输出"鑫云＋"云方案

南京银行成为城市商业银行先驱者，快速增长的线上业务使得南京银行系统压力倍增，而互联网技术在金融领域应用的成熟程度让南京银行业快速地紧跟潮流。其"鑫云＋"互金平台提出"1＋2＋3N"的业务合作模式。"1"代表南京银行；"2"代表阿里云和蚂蚁金融云；"3N"分别代表医、食、住、教、产、销等 N 个业务场景，旅游、电商、快递等 N 个行业平台，以及 N 家以鑫合金融家俱乐部成员行为主的中小银行。未来将会面向更多的金融机构。

总之，云计算与银行业的整合将是未来 FinTech 的典型发展方向，如果能吸引足够多的企业使用银行的云平台，银行在风险评估、风险定价能力上将获得极大的提升，也非常有利于银行开拓企业级的轻资产服务业务。当然，银行云平台实施也面临很多困难：没有先例；投入巨大；投入周期长；要实现较大的转型等。但对比银行做电商来看，银行做云平台将实现跨越式发展，并且就目前来看，财务和 ERP 云平台是一片竞争的蓝海，正等待有魄力的银行家去开拓。

6.3 云计算与保险创新

6.3.1 保险业上云趋势

近年来，金融科技蓬勃发展，保险行业作为金融领域的重要组成，云计算、大数据等关键技术正在深刻改变保险行业的生态，如何运用新技术推动效率、促进企业创新发展，成为保险企业未来的核心竞争力。目前，国内已有诸多保险企业将云计算应用于信息系统创新建设中。既有传统保险企业积极开展私有云建设,又有新兴互联网保险企业全业务上行业云。保险行业持续快速发展的重大举措是将业务迁移到基于云计算的解决方案。根据 Novarica 公司的一份名为"保险公司 IT 预算和项目"的最新调查报告,63%的保险公司希望将其应用程序迁移到云上。

中国银保监(原中国保监会)发布的《中国保险业发展"十三五"规划纲要》中也明确指出:要"推动云计算、大数据在保险行业的创新应用,加快数据采集、整合和应用分析"。未来,会有更多的保险企业探索云计算,实现企业上云。

6.3.2 保险业云计算标准发布

2019 年 12 月 24 日,中国通信标准化协会联合中国保险行业协会在京正式发布《保险行业云计算场景和总体框架》《保险行业云服务提供方能力要求》《保险行业云计算软件产品技术规范第 1 部分:虚拟化软件》《保险行业基于云计算平台支撑的研运能力成熟度模型》和《云计算保险风险评估指引》五项保险行业云计算相关团体标准。

该五项标准基于保险业务特点和保险行业云计算安全建设的需要,对保险行业云计算场景和总体框架、云服务提供方能力、云计算软件产品技术、研运能力成熟度以及具体云计算保险风险评估等内容进行了规定。

该五项标准的发布和实施将有利于填补保险行业云计算相关标准的空白,促进保险行业流程再造和服务升级,丰富服务渠道,降低运营成本,提升服务效能,推动保险行业提高普惠水平,更好地服务实体经济;将有利于推动保险行业与信息通信行业跨界融合,更好地引导科技支撑保险业务发展;将有利于加强科技建设与金融信息保护,依法引导保险科技正向发展;也将有利于推动保险公司内部资源和行业信息共享,减少"信息孤岛"。

6.3.3 保险业云计算的价值

1. 云计算提高保险业生产力

保险行业一直被认为是技术创新的落后者。过去,竞争环境是由运营商"拥有"的技术定义的。早期采用预测分析等技术的人更了解风险评估,并能够在评估风险时作出更好的决策。对于保险公司而言,通常有两种方式来增加收入和利润:保单支付政策和基金投资。2008 年前,保险公司能够依靠高利率以保守投资组合最大化利润,但多年的低利率已经破坏这一机会。如今提高盈利能力的主要方法是制定可靠、可持续的政策。现在,大多数行业已经接受采用技术来适应这种新常态的必要性。如今,运营商的未来检验是通过加快上市速度、更明智的承销决策和更好的客户体验驱动的竞争优势来确定的,即所有功能都与技术采用息息相关。

实现所有这一切技术难题的核心部分是迁移到云端。基于云计算的解决方案使保险公司的员工可以轻松访问数据和应用程序,并促进利益相关方之间更加有效和高效的协作,从而提高生产力。此外,保险公司现在有机会在组织内无缝集成多种业务产品,并在更加互联的环境中为客户提供服务。

2. 云计算加速保险数字转型

大数据、云计算、人工智能等新技术、新产品层出不穷，保险公司面临着重大挑战，即更换遗留系统，迁移困在多个平台中的历史投保人员的数据。只有这样，保险公司才能在基于技术的基础上直观地发展业务。这一现实使运营商需要大量的IT积压，这需要大量的资源投入、再培训和资本投入来克服。云计算加速了这种数字化转型。因此，保险公司越来越希望用云平台取代原有系统，以避免解决这一昂贵的IT积压问题。相反，运营商可以只专注于扩大业务，并快速适应市场需求。

3. 云计算简化保险业系统维护和升级

保险领域的创新发展如此迅速，以至于快速迭代保险公司软件的能力对成功至关重要。采用云计算，保险公司不用自行安装或维护硬件和软件。相反，他们可以专注于产生商业价值的技术举措。这也意味着硬件和软件维护通常由合作伙伴处理，合作伙伴的专家了解保险行业的深度和广度，并专注于基于云计算的平台。保险业继续面临着巨大的人才缺口，因为缺乏能够将这些技术带到公司内部的具有完全一致技能的候选人。

保险有完善的核心系统，如政策决策支持、索赔、账单和客户沟通、与风险选择和承保、精算科学、合规、安全和投资策略的正面接触。如果维护和升级不当，有足够的空间让事情出错或过时。

云计算简化了更新预测模型的过程，并以更快的速度更新核心系统过程，从而简化了系统维护。这对于遵守不同的最新法规并确保持续有效的客户体验尤为重要。

4. 云计算优化组织和解密数据过程

保险公司开始看到大量新的第三方数据从物联网、传感器、无人机和其他领域进入该行业。这些数据如果不能在保险公司的系统中得到有效的处理和组织，那么将失去其主要的价值。

数据的重要性可能是显而易见的，但对保险公司的价值还有另外一个方面。这源于对实时决策的更多关注，需要将有用的见解直接集成到工作流程中。保险公司面临着一场艰难的战斗，因为数据量的增长速度超过了经济和快速分析的速度。根据SNS Telecom&IT的报告，2018年保险业的大数据投资总额超过24亿美元。此外，代价昂贵的第三方数据无法实现预期投资回报率的风险。可能很难确定建立最优化的保险产品所需的第三方数据。

云计算位于内部部署和第三方集成的十字路口。SaaS解决方案可以提供必要的第三方数据源，并通过使用应用程序接口（API）将其集成到系统结构中。SaaS提供商通常会从这些第三方服务中提取数据，并将其无缝集成到其核心系统中，以便最终用户轻松访问和使用。

在许多方面，云计算模型有效地实现诸如实时分析等流程的民主化，并为保险公司提供了公平的竞争环境。

5. 云计算扩展保险业务范围

客户需要创新和灵活的解决方案，以适应他们多样化和动态的需求。传统上，保险公司不具备快速建立新产品的灵活性，也没有能力使用在其他基于技术的行业中如此常见的测试和学习方法。在交付可能成功或失败的产品之前，他们不得不在 IT 基础设施上承担沉重的前期成本。

采用云计算意味着具有一定的规模。基于云计算平台的最大优势之一是它为保险公司提供了根据需要上下扩展业务的灵活性。云计算消除了保险公司完全管理服务器、交换机和其他 IT 基础设施的需要，从而消除了保险公司快速扩展和调整产品的资本支出。最大限度地减少一个领域的资源意味着将它们分配到其他领域，例如创新和构建新产品。

6. 云计算提升保险业安全性

保护云计算环境的能力是保险公司的首要任务。这是因为适当的安全或者是技术创新的推动者，或者是技术创新的障碍。

云计算环境为保险公司提供了极大的便利，可以利用 SaaS 提供商的信息安全专业知识，这些专业知识的提供已经满足各种合规要求。这对于没有必要资源或时间来研究和实施新的和广泛的安全性和合规性协议（如 GDPR）的小型企业尤其有用。

此外，保险公司的开发和云计算运营团队独特地专注于协作，并不断改进其信息安全态势，以规避潜在的安全漏洞。

云计算是保险行业发展的未来。云计算服务将会提高保险公司的竞争力。但是，迁移到云端需要大量的思考、计划、时间和资源。保险公司应选择既能理解商业保险领域错综复杂的 SaaS 提供商，又拥有成熟的云计算运营组织和企业级云基础设施，这使在不需要外部支持的情况下配置解决方案变得更加简单。

6.3.4 保险业积极布局云计算

1. 平安保险云计算

基于平安集团对金融业务场景的深刻理解和实践，以及在云计算领域的技术积累，平安云推出涵盖银行、保险、投资、互联网金融四大类别的金融行业解决方案，为金融企业提供全面的技术支撑。平安云保险解决方案作为平安云金融行业解决方案的重要组成部分，在强调监管合规、注重多层级安全防护的基础上，为保险客户提供金融云、私有云和容器云等多种部署方案及服务。平安云保险解决方案的七大业务应用场景如下。

（1）代理人移动展业：代理人移动展业是保险行业典型的业务场景。平安云代理人移动展业解决方案基于移动智能终端，帮助保险销售人员通过微信获客，实现移动端投保，降低人力成本的同时，大幅提升投保效率、提升作业准确率。

（2）团体险移动展业：团体险业务流程较长，涉及业务角色较多。平安云团体险移动展业解决方案适用于保险公司团体险业务展业全流程的各类场景，通过对各类数据的有效监控，实现业务精细化管理；通过团体险保单销售全过程的系统化管理，提升流转效率；通过人脸识别、指纹识别等智能识别技术，在加强信息安全管控的同时，提升用户体验。

（3）智能运营：平安云智能运营解决方案对保险各个重要环节展开全流程风控，支持多应用场景快速接入，支持在展业销售过程中引入录音、录屏双录机制，支持医院诊疗数据传输,适用于保险销售过程中进行客户身份核实,以及医疗险案件理赔过程中实施风控评分和黑白名单监控等业务场景。

(4) 智能客服:保险行业客服人员占比颇高,通过对传统客服系统进行升级改造,能够大幅提升现有坐席的工作效率。平安云智能客服解决方案统一客服接触入口,统一识别客户来源,通过智慧客服机器人等降低人工成本,提升用户体验;通过声纹识别、语音合成等AI技术,实现用户无感知核身与业务自助办理。

(5) 保险互联网核心:随着保险业务的互联网化,类似航班延误险、退货运费险等生活化的保险需求不断涌现,这类根据客户需求量身定制的保险需要快速交付,而传统保险核心系统难以适应互联网化的场景,若对现有核心系统进行改造成本高且效率低,因此通过云计算技术构建互联网中台核心是解决保险业务互联网化的有效方法。

(6) 保险中介服务:随着保险类别的不断丰富,保险中介代理公司与旅游、母婴、电商等跨界合作已成常态。平安云保险中介服务解决方案运用大数据画像、风险识别、智能客服等专业技术,帮助代理多个保险公司产品的保险中介,实现新产品快速接入,移动投保,销售渠道全面发布,及高效的智能化、数据化运营。

(7) 全渠道多媒体营销:平安云全渠道多媒体营销解决方案针对存量客户进行营销活动管理、产品营销、拉新促活、用户迁徙等,实现保险产品线上与线下的精准营销。全渠道多媒体营销解决方案通过线下转线上的互联网销售模式,拓宽获客渠道,在降低IT运维成本的同时,大幅提升现有营销模式的成功率。

2. 中国人保数字化平台

2019年,中国人保App上线,该App能够满足广大用户"一站式、一致性"服务体验,基于新一代智能云网络,全面支持IPv6和5G网络通信,使公司成为国内首家率先进行IPv6规模化应用的金融机构。该应用全方位、多视角应用云计算、人工智能、物联网、大数据、移动互联等前沿科技,是中国人保致力于打造技术架构先进、用户体验优质的高品质移动互联应用的重要举措。

中国人保App作为中国人保"3411工程"的重点项目,该项目着眼于统一,从客户视角设计了统一的注册登录、统一的个人中心、统一的保单管理、统一的在线客服、综合的在线商城、综合的理赔报案等功能模块,能够有效满足广大用户一致性和一站式的体验需求。该项目还着眼于连接,通过线上化的方式,将广泛布局、数量庞大的网点资源、队伍资源、客户资源、服务资源激活和串联,盘活中国人保线下传统优势,推动中国人保新旧动能转换。该项目还着眼于赋能,中国人保App深耕新技术的研究与应用,引入人脸识别、智能推荐、用户画像、科技理赔等应用创新工具,通过智能技术推动科技赋能,实现保险供给内容和供给模式的升级。

在技术架构方面,中国人保App以新一代统一技术架构为支撑,采用可配置化前台、微服务化中台、集中与分布式技术相融合的技术框架,利用公有云和专属云并存的基础环境,实现"敏态、稳态"兼容的"双速IT"。

在用户体验方面,中国人保App通过数字化、智能化手段整合线下丰富资源,通过开展跨界产业链整合和生态圈建设,将产品服务融入用户的生活场景,提供专业化的综合金融生活服务。

中国人保 App 具备三大方面优势。

(1) 全面、便捷的风险保障。整合旗下人保财险、人保资产、人保健康、人保寿险、人保金服等子公司的综合金融服务产品一键购买、保单信息一键查询和一键变更、零单证不等待在线车险理赔、零烦恼管家式的车险理赔全程托付,为用户提供 7×24 小时风险保障服务。

为用户优选十余款悉心打造的基金产品,助力财富增值。提供利率优惠、秒级授信、实时放款的小贷服务,并将持续发力年金、理财、信托、普惠金融等各个领域,成为值得信赖与托付的专业财富管理顾问。

(2) 丰富优质的生活服务。作为车险市场份额最大的公司,中国人保为 6 000 万车主客户提供养车、修车、代驾、救援等一站式汽车生活服务;借助医疗健康产业长期的合作伙伴关系(3 000 家医院、800 家体检机构、7 万名医生、10 万家药店),为用户提供个性化的健康养老服务。利用保险全产业链优势,为用户的消费生活提供便利。

(3) 科技进化保险,保险改变生活。中国人保将以本次新平台发布为契机,加快推动技术变革与商业模式变革的融合,加快人工智能、大数据、区块链、物联网等新技术的应用,全力满足亿万客户的服务需要,打造开放、合作、共享的一站式综合金融生活服务平台。

华为作为全球领先的信息与通信技术解决方案供应商,将基于业界最完整的产品线和创新技术,为中国人保提供更具竞争力的产品、解决方案和服务。腾讯作为国内最大的互联网公司之一,将与中国人保一并充分借助互联网的力量,应对 C 端用户需求变动,跨界合作共建数字化共同体,形成新价值网络,腾讯将做好中国人保数字化转型的助手,发挥连接器、工具箱的作用。中国人保也将与各方深化在移动互联时代的共享合作,协同各方优势资源,积极开展多维度、多层次、多角度的深度合作,携手为用户提供全方位、差异化、专业化的金融保险服务。

思 考 题

1. 云计算的应用领域有哪些?
2. 云计算在银行创新中有哪些应用?
3. 云计算在保险中有哪些价值?

第7章 人工智能与金融创新

学习目标：掌握人工智能与国家战略的基本内容；了解人工智能的相关技术；熟悉人工智能在金融各个领域的创新方法。

7.1 人工智能与国家战略

人工智能（artificial intelligence）是研究、开发用于模拟、延伸和扩展人的智能的理论、方法、技术及应用系统的一门新的技术科学。人工智能是计算机科学的一个分支，它企图了解智能的实质，并生产出一种新的能以人类智能相似的方式作出反应的智能机器。该领域的研究包括机器人、语言识别、图像识别、自然语言处理和专家系统等。

除计算机科学外，人工智能还涉及信息论、控制论、自动化、仿生学、生物学、心理学、数理逻辑、语言学、医学和哲学等多门学科。人工智能学科研究的主要内容包括知识表示、自动推理和搜索方法、机器学习和知识获取、知识处理系统、自然语言理解、计算机视觉、智能机器人、自动程序设计等方面。

7.1.1 人工智能发展进入新阶段

经过60多年的演进，特别是在移动互联网、大数据、超级计算、传感网、脑科学等新理论新技术以及经济社会发展强烈需求的共同驱动下，人工智能加速发展，呈现出深度学习、跨界融合、人机协同、群智开放、自主操控等新特征。大数据驱动知识学习、跨媒体协同处理、人机协同增强智能、群体集成智能、自主智能系统成为人工智能的发展重点，受脑科学研究成果启发的类脑智能蓄势待发，芯片化硬件化平台化趋势更加明显，人工智能发展进入新阶段。当前，新一代人工智能相关学科发展、理论建模、技术创新、软硬件升级等整体推进，正在引发链式突破，推动经济社会各领域从数字化、网络化向智能化加速跃升。

（1）1956年，在美国达特茅斯学院一次特殊的夏季言谈会上，麻省理工学院教授约翰·麦卡锡第一次提出人工智能概念。此后，人工智能迅速成为一个热门话题。尽管概念界定众多，但科学界对人工智能学科的基本思想和基本内容达成的共识是：研究人类智能活动的规律，从而让机器来模拟，使其拥有学习能力，甚至能够像人类一样去思考、工作。20世纪50年代至70年代，人工智能力图模拟人类智慧，但是受过分简单的算法、匮乏得难以应对不确定环境的理论以及计算能力的限制,这一热潮逐渐冷却;20世纪80年代,人工智能的关键应用——基于规则的专家系统得以发展,但是数据较少,难以捕捉专家的隐性知识,加之计算能力依然有限,使得其不被重视,人工智能研究进入低潮期。

(2) 20世纪90年代,神经网络、深度学习等人工智能算法以及大数据、云计算和高性能计算等信息通信技术快速发展,人工智能才迎来了春天。当前,面向特定领域的专用人工智能技术取得突破性进展,甚至可以在单点突破、局部智能水平的单项测试中超越人类智能。这其中,比较著名的事件:1997年,"深蓝"战胜国际象棋世界冠军;2011年,IBM超级计算机沃森在美国电视答题节目中战胜两位人类冠军;2016年和2017年,阿尔法狗战胜人类围棋高手。

(3) 2017年至今,人工智能发展进入新的阶段。

人工智能发展阶段如图7-1所示。

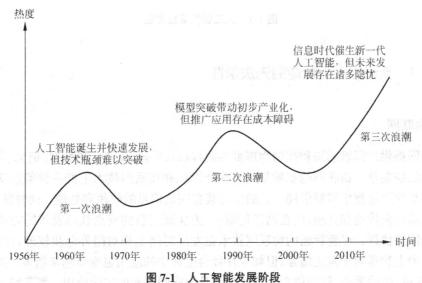

图 7-1 人工智能发展阶段

7.1.2 人工智能发展演进路径

(1) 弱人工智能:擅长单个方面。如战胜象棋世界冠军的人工智能只会下象棋。

(2) 强人工智能:人类级别的人工智能。在各方面都能和人类比肩的人工智能,人类能干的脑力工作它都能干。"一种宽泛的心理能力,能够进行思考、计划、解决问题、抽象思维、理解复杂理念、快速学习和从经验中学习等操作"。

(3) 超强人工智能:在几乎所有领域都比最聪明的人类大脑聪明很多,包括科学创新、通识和社交技能。超强人工智能可以在各方面都比人类强一些,也可以在各方面都比人类强万亿倍。

人工智能演进路径如图7-2所示。

图 7-2　人工智能演进路径

7.1.3　新一代人工智能的先决条件

1. 物联网

物联网提供计算机感知和控制物理世界的接口和手段,负责采集数据、记忆、分析、传送数据、交互、控制等。物联网的本质是建立在计算机和互联网技术上的一种信息交互系统。在进行信息交换过程中需要借助一定的感应装置完成信息的收集和处理。同时借助网络的功能完成信息的传送和处理,但在网络传输中,为保证信息的安全性以及传输效率,需要制定一定的网络协议。尽管我国的物联网技术在发展时间上相对国外起步较晚,在核心技术的掌握能力上稍落后于发达国家,但如今在社会生活中的应用也变得越来越多。共享单车、移动 POS 机、电话手表、移动售卖机等产品都是物联网技术的实际应用。智慧城市、智慧物流、智慧农业、智慧交通等场景中也用到了物联网技术。

2. 大规模并行计算

大规模并行计算是指计算机系统中使用大量的、同构的、简单的处理单元(processing eiement,PE),通过 PE 之间的并行工作获得较高的系统性能,PE 之间采用高性能的交换网络进行连接,每个 PE 拥有本地存储器,各个 PE 之间通过消息传递进行通信。系统中 PE 的并行程度较高,减少了共享存储所带来的系统开销,适合大规模的系统扩展。系统的程序设计较为复杂,主要表现在计算任务的划分及其与 PE 节点之间的映射上。例如,人脑中有数百至上千亿个神经元,每个神经元都通过成千上万个突触与其他神经元相连,形成了非常复杂和庞大的神经网络,以分布和并发的方式传递信号。

3. 大数据

海量数据为人工智能的学习和发展提供了非常好的基础。机器学习是人工智能的基础,而数据和以往的经验帮助优化计算机的处理性能。

4. 深度学习算法

深度学习算法是人工智能进步最重要的条件,也是当前人工智能最先进、应用最广泛的核心技术。深度学习(deep learning,DL)来源于人类大脑的工作方式,是利用深度神经网络来解决特征表达的一种学习过程。深度神经网络本身并非是一个全新的概念,可理解为包含多个隐含层的神经网络结构。为提高深度神经网络的训练效果,人们对神经元的连接方法以及激活函数等方面作出了调整。其目的在于建立、模拟人脑进行分析学习的神经网络,模仿人脑的机制来解释数据,如文本、图像、声音。

7.1.4 人工智能成为国家战略

习近平总书记在党的十九大报告中指出:推动互联网、大数据、人工智能和实体经济深度融合,在中高端消费、创新引领、绿色低碳、共享经济、现代供应链、人力资本服务等领域培育新增长点,形成新动能。

2017年7月,国务院印发《新一代人工智能发展规划》,提出面向2030年我国新一代人工智能发展的指导思想、战略目标、重点任务和保障措施,举全国之力,在2030年一定要抢占人工智能全球制高点。

1. 人工智能成为国际竞争的新焦点

人工智能是引领未来的战略性技术,世界主要发达国家把发展人工智能作为提升国家竞争力、维护国家安全的重大战略,加紧出台规划和政策,围绕核心技术、顶尖人才、标准规范等强化部署,力图在新一轮国际科技竞争中掌握主导权。当前,我国国家安全和国际竞争形势更加复杂,必须放眼全球,把人工智能发展放在国家战略层面系统布局、主动谋划,牢牢把握人工智能发展新阶段国际竞争的战略主动,打造竞争新优势、开拓发展新空间,有效保障国家安全。

2. 人工智能成为经济发展的新引擎

人工智能作为新一轮产业变革的核心驱动力,将进一步释放历次科技革命和产业变革积蓄的巨大能量,并创造新的强大引擎,重构生产、分配、交换、消费等经济活动各环节,形成从宏观到微观各领域的智能化新需求,催生新技术、新产品、新产业、新业态、新模式,引发经济结构重大变革,深刻改变人类生产生活方式和思维模式,实现社会生产力的整体跃升。我国经济发展进入新常态,深化供给侧结构性改革任务非常艰巨,必须加快人工智能深度应用,培育壮大人工智能产业,为我国经济发展注入新动能。

3. 人工智能带来社会建设的新机遇

我国正处于全面建成小康社会的决胜阶段,人口老龄化、资源环境约束等挑战依然严峻,人工智能在教育、医疗、养老、环境保护、城市运行、司法服务等领域广泛应用,将极大提高公共服务精准化水平,全面提升人民生活品质。人工智能技术可准确感知、预测、预警基础设施和社会安全运行的重大态势,及时把握群体认知及心理变化,主动决策反应,将显著提高社会治理的能力和水平,对有效维护社会稳定具有不可替代的作用。

4. 人工智能发展的不确定性带来新挑战

人工智能是影响面广的颠覆性技术,可能带来改变就业结构、冲击法律与社会伦理、侵犯个人隐私、挑战国际关系准则等问题,将对政府管理、经济安全和社会稳定乃至全球治理产生深远影响。在大力发展人工智能的同时,必须高度重视可能带来的安全风险挑战,加强前瞻预防与约束引导,最大限度降低风险,确保人工智能安全、可靠、可控发展。

面对新形势新需求,必须主动求变应变,牢牢把握人工智能发展的重大历史机遇,紧扣发展、研判大势、主动谋划、把握方向、抢占先机,引领世界人工智能发展新潮流,服务经济社会发展和支撑国家安全,带动国家竞争力整体跃升和跨越式发展。

7.2 人工智能相关技术

人工智能发展的关键技术从语音识别到智能家居,从人机大战到无人驾驶,人工智能的"演化"给人们的生活带来了一次又一次的惊喜。人工智能技术关系到人工智能产品是否可以顺利应用到生活场景中。人工智能领域普遍包含机器学习、知识图谱、自然语言处理、人机交互、计算机视觉、生物特征识别、AR/VR 七个关键技术。

7.2.1 机器学习

机器学习(machine learning)是一门涉及统计学、系统辨识、逼近理论、神经网络、优化理论、计算机科学、脑科学等领域的交叉学科,研究计算机怎样模拟或实现人类的学习行为,以获取新的知识或技能,重新组织已有的知识结构以不断改善自身的性能,是人工智能技术的核心。基于数据的机器学习是现代智能技术的重要方法之一,研究从观测数据(样本)出发寻找规律,利用这些规律对未来数据或无法观测的数据进行预测。传统上如果想让计算机工作,给它一串指令,然后它遵照这个指令一步步执行。有因有果,非常明确。但这样的方式在机器学习中行不通,机器学习根本不接受输入的指令,而是接受输入的数据。即机器学习是一种让计算机利用数据而不是指令来进行各种工作的方法。从广义上,机器学习是一种能够赋予机器学习的能力,以此让它完成直接编程无法完成的功能的方法。但从实践意义上,机器学习是一种通过利用数据,训练出模型,然后使用模型预测的一种方法。

首先,需要在计算机中存储历史的数据。其次,将这些数据通过机器学习算法进行处理,这个过程在机器学习中叫作训练,处理的结果可以对新数据进行预测,这个结果叫作模型。对新数据的预测过程在机器学习中叫作预测。训练与预测是机器学习的两个过程,模型则是过程的中间输出结果,训练产生模型,模型指导预测。机器学习与人类思考的类比如图 7-3 所示。

从范围上,机器学习与模式识别、统计学习、数据挖掘是类似的。同时,机器学习与其他领域处理技术的结合,形成计算机视觉、语音识别、自然语言处理等交叉学科。因此,一般数据挖掘可以等同机器学习。同时,机器学习应用应该是通用的,不仅局限在结构化数据,还有图像、音频等应用。随着大数据时代各行业对数据分析需求的持续增加,通过机器学习高效地获取知识,已逐渐成为当今机器学习技术发展的主要推动力。大数据时代的机器学习更

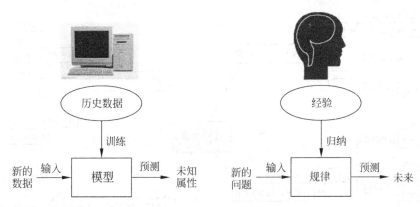

图 7-3 机器学习与人类思考的类比

强调"学习本身是手段",机器学习成为一种支持和服务技术。基于机器学习对复杂多样的数据进行深层次分析,更高效地利用信息成为当前大数据环境下机器学习研究的主要方向。所以,机器学习越来越朝着智能数据分析的方向发展,并已成为智能数据分析技术的重要源泉。

7.2.2 知识图谱

知识图谱是通过将应用数学、图形学、信息可视化技术、信息科学等学科的理论与方法与计量学引文分析、共现分析等方法结合,并利用可视化的图谱形象地展示学科的核心结构、发展历史、前沿领域以及整体知识架构达到多学科融合目的的现代理论。知识图谱把复杂的知识领域通过数据挖掘、信息处理、知识计量和图形绘制显示出来,揭示知识领域的动态发展规律,为学科研究提供切实的、有价值的参考。知识图谱本质上是结构化的语义知识库,用于以符号形式描述物理世界中的概念及其相互关系。知识图谱基本组成单位是"实体—关系—实体"三元组,以及实体及其相关属性值对,实体间通过关系相互连接,构成网状的知识结构。通俗地讲,知识图谱是把所有不同种类信息连接在一起而得到的关系网络,提供了从"关系"的角度去分析问题的能力。信息是指外部的客观事实。知识是对外部客观规律的归纳和总结。

知识图谱包含以下三层含义。

(1) 知识图谱是一个具有属性的实体通过关系链接而成的网状知识库。从图的角度来看,知识图谱在本质上是一种概念网络,其中的节点表示物理世界的实体(或概念),而实体间的各种语义关系则构成网络中的边。由此,知识图谱是对物理世界的一种符号表达。知识图谱内容如图 7-4 所示。

(2) 知识图谱的研究价值在于,它是构建在当前 Web 基础上的一层覆盖网络(overlay network),借助知识图谱,能够在 Web 上建立概念间的链接关系,从而以最小的代价将互联网中积累的信息组织起来,成为可以被利用的知识。

(3) 知识图谱的应用价值在于,它能够改变现有的信息检索方式,一方面通过推理实现概念检索(相对于现有的字符串模糊匹配方式而言);另一方面以图形化方式向用户展示经过分类整理的结构化知识,从而使人们从人工过滤网页寻找答案的模式中解脱出来。

知识图谱可用于反欺诈、不一致性验证、组团欺诈等公共安全保障领域,需要用到异常

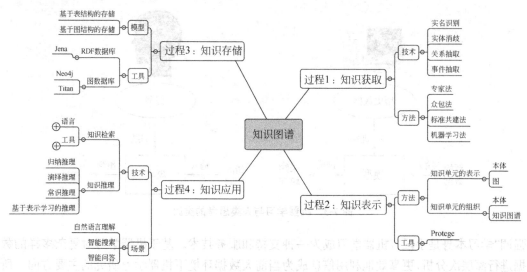

图 7-4　知识图谱内容

分析、静态分析、动态分析等数据挖掘方法。知识图谱在搜索引擎、可视化展示和精准营销方面有很大优势，已成为业界的热门工具。但是，知识图谱的发展还有很大的挑战，如数据的噪声问题，即数据本身有错误或者数据存在冗余。随着知识图谱应用的不断深入，还有一系列关键技术需要突破。

7.2.3　自然语言处理

自然语言处理是计算机科学领域与人工智能领域中的重要方向，研究能实现人与计算机之间用自然语言进行有效通信的各种理论和方法，涉及领域较多，主要包括机器翻译技术、语义理解技术和问答系统技术。

1. 机器翻译技术

机器翻译技术是指利用计算机技术实现从一种自然语言到另一种自然语言的翻译过程。基于统计的机器翻译方法突破了之前基于规则和实例翻译方法的局限性，翻译性能取得巨大提升。基于深度神经网络的机器翻译在日常口语等一些场景的成功应用已经显现出巨大潜力。随着上下文的语境表征和知识逻辑推理能力的发展，自然语言知识图谱不断扩充，机器翻译将会在多轮对话翻译及篇章翻译等领域取得更大进展。

2. 语义理解技术

语义理解技术是指利用计算机技术实现对文本篇章的理解，并且回答与篇章相关问题的过程。语义理解更注重对上下文的理解以及对答案精准程度的把控。随着 MCTest 数据集的发布，语义理解受到更多关注，取得了快速发展，相关数据集和对应的神经网络模型层出不穷。语义理解技术将在智能客服、产品自动问答等相关领域发挥重要作用，进一步提高问答与对话系统的精度。

3. 问答系统技术

问答系统分为开放领域的对话系统和特定领域的问答系统。问答系统技术是指让计算机像人类一样用自然语言与人交流的技术。人们可以向问答系统提交用自然语言表达的问题，系统会反馈回关联性较高的答案。尽管问答系统目前已经有不少应用产品出现，但大多是在实际信息服务系统和智能手机助手等领域中的应用，在问答系统鲁棒性方面仍然存在着问题和挑战。

4. 自然语言处理面临的四大挑战

（1）在词法、句法、语义、语用和语音等不同层面存在不确定性。
（2）新的词汇、术语、语义和语法导致未知语言现象的不可预测性。
（3）数据资源的不充分使其难以覆盖复杂的语言现象。
（4）语义知识的模糊性和错综复杂的关联性难以用简单的数学模型描述，语义计算需要参数庞大的非线性计算。

7.2.4 人机交互

1. 人机交互概念

人机交互，也称人机互动（human-computer interaction 或 human-machine interaction，HCI 或 HMI），是一门研究系统与用户之间交互关系的学问。系统可以是各种各样的机器，也可以是计算机化的系统和软件。人机交互界面通常是指用户可见的部分。用户通过人机交互界面与系统交流，并进行操作。人机交互主要研究人和计算机之间的信息交换，主要包括人到计算机和计算机到人的两部分信息交换，是人工智能领域重要的外围技术。人机交互是与认知心理学、人机工程学、多媒体技术、虚拟现实技术等密切相关的综合学科。传统的人与计算机之间的信息交换主要依靠交互设备进行，主要包括键盘、鼠标、操纵杆、数据服装、眼动跟踪器、位置跟踪器、数据手套、压力笔等输入设备，以及打印机、绘图仪、显示器、头盔式显示器、音箱等输出设备。人机交互技术除传统的基本交互和图形交互外，还包括语音交互、情感交互、体感交互及脑机交互等技术。

随着计算机技术的发展，操作命令越来越多，功能也越来越强。随着模式识别，如语音识别、汉字识别等输入设备的发展，操作员和计算机在类似于自然语言或受限制的自然语言这一级上进行交互成为可能。此外，通过图形进行人机交互也吸引着人们去进行研究。这些人机交互可称为智能化的人机交互。这方面的研究工作正在积极开展。

2. 人机交互的主要内容

（1）界面设计的方法和过程。即在给定任务和用户的前提下，设计出最优的界面，使其满足给定的限制，并对易学性和使用性效率等属性进行优化。
（2）界面实现方法。如软件工具包和库函数，以及其他各种高效开发方法等。
（3）界面分析和评估技术。

(4) 开发新型界面和交互技术。
(5) 构建交互相关的描述模型和预测模型。

3. 体感交互是人机交互的高级形态

(1) 从广义上讲,人机交互是全社会生态系统的智能化识别;从狭义上讲,3D 显示器、视网膜显示器、动作识别、仿生隐形眼镜、第六感技术和体感系统等都是人机交互在不同阶段的发展形态。

(2) 第六感技术是一个可佩戴的姿态交互系统,将用户周围的事物与互联网无缝连接在一起,用户可以通过自然手势与电子设备进行输入输出交互。主要应用场景包括:第六感技术将以手机系统作为使用平台,在手掌上投影的"键盘"可以根据实际的需要变化,输入内容和显示内容都可以;第六感技术还可以从海量的信息资讯中收集识别读物上的信息,并通过关键字可以在网络上搜索相关内容,让用户全方位地了解信息。

7.2.5 计算机视觉

计算机视觉是使用计算机模仿人类视觉系统的科学,让计算机拥有类似人类提取、处理、理解和分析图像以及图像序列的能力。自动驾驶、机器人、智能医疗等领域均需要通过计算机视觉技术从视觉信号中提取并处理信息。随着深度学习的发展,预处理、特征提取与算法处理渐渐融合,形成端到端的人工智能算法技术。根据解决的问题,计算机视觉可分为计算成像学、图像理解、三维视觉、动态视觉和视频编解码五大类。

目前,计算机视觉技术发展迅速,已具备初步的产业规模。未来计算机视觉技术的发展主要面临以下挑战。

(1) 如何在不同的应用领域和其他技术更好地结合。计算机视觉在解决某些问题时可以广泛利用大数据,计算机视觉技术已经逐渐成熟并且可以超过人类,而在某些问题上却无法达到很高的精度。

(2) 如何降低计算机视觉算法的开发时间和人力成本。目前计算机视觉算法不仅需要大量的数据与人工标注,还需要较长的研发周期以达到应用领域所要求的精度与耗时。

(3) 如何加快新型算法的设计开发,随着新的成像硬件与人工智能芯片的出现,针对不同芯片与数据采集设备的计算机视觉算法的设计与开发也是挑战之一。

7.2.6 生物特征识别

生物特征识别是指通过个体生理特征或行为特征对个体身份进行识别认证的技术。从应用流程看,生物特征识别通常分为注册和识别两个阶段。注册阶段通过传感器对人体的生物表征信息进行采集,如利用图像传感器对指纹和人脸等光学信息、麦克风对说话声等声学信息进行采集,利用数据预处理以及特征提取技术对采集的数据进行处理,得到相应的特征进行存储。

识别过程采用与注册过程一致的信息采集方式对待识别人进行信息采集、数据预处理和特征提取,然后将提取的特征与存储的特征进行比对分析,从而完成识别。从应用任务来看,生物特征识别一般分为辨认与确认两种任务。辨认是指从存储库中确定待识别人身份的过程，是一对多的问题；确认是指将待识别人信息与存储库中特定单人信息进行对比确定身份的过程，是一对一的问题。

生物特征识别技术涉及的内容十分广泛，包括指纹、掌纹、人脸、虹膜、指静脉、声纹、步态等多种生物特征，其识别过程涉及图像处理、计算机视觉、语音识别、机器学习等多项技术。目前生物特征识别作为重要的智能化身份认证技术，在金融、公共安全、教育、交通等领域得到广泛应用。

7.2.7 VR/AR

虚拟现实（virtual reality，VR）/增强现实（augmented reality，AR）是以计算机为核心的新型视听技术。结合相关科学技术，在一定范围内生成与真实环境在视觉、听觉、触感等方面高度近似的数字化环境。用户借助必要的装备与数字化环境中的对象进行交互，相互影响，获得近似真实环境的感受和体验，通过显示设备、跟踪定位设备、触力觉交互设备、数据获取设备、专用芯片等实现。

VR/AR 从技术特征角度，按照不同处理阶段，可以分为获取与建模技术、分析与利用技术、交换与分发技术、展示与交互技术以及技术标准与评价体系五个方面。

(1) 获取与建模技术研究如何把物理世界或者人类的创意进行数字化和模型化，难点是三维物理世界的数字化和模型化技术。

(2) 分析与利用技术重点研究对数字内容进行分析、理解、搜索和知识化方法，难点在于内容的语义表示和分析。

(3) 交换与分发技术主要强调各种网络环境下大规模的数字化内容流通、转换、集成和面向不同终端用户的个性化服务等，核心是开放的内容交换和版权管理技术。

(4) 展示与交互技术重点研究符合人类习惯数字内容的各种显示技术及交互方法，以期提高人对复杂信息的认知能力，难点在于建立自然和谐的人机交互环境。

(5) 技术标准与评价体系重点研究 VR/AR 基础资源、内容编目、信源编码等规范标准以及相应的评估技术。

目前 VR/AR 面临的挑战主要体现在智能获取、普适设备、自由交互和感知融合四个方面。在硬件平台与装置、核心芯片与器件、软件平台与工具、相关标准与规范等方面存在一系列科学技术问题。总体来说，VR/AR 呈现虚拟现实系统智能化、虚实环境对象无缝融合、自然交互全方位与舒适化的发展趋势。

7.3 人工智能推动金融创新

经过多年的科技投入，以银行为代表的金融行业已经是数字化程度最高的行业之一，同时，银行沉淀了海量的历史数据。在人工智能、大数据、区块链等新技术的发展以及互联网金融对传统银行业的冲击下，银行的转型已成为不可逆转的趋势。目前人工智能已经深度渗透金融领域的核心场景，使银行革新了对客户价值的认知，创新了服务流程，降低了风险控制成本，拓展了金融服务边界，未来甚至会引发企业文化、组织管理以及体制方面的重要改革。

7.3.1 银行大数据处理能力大幅提升

银行业在金融业中居于至关重要的地位,各类金融交易、客户信息、市场分析、风险控制、投资顾问等海量信息交织于整个金融市场中,金融大数据的处理面临极大挑战。通过运用人工智能的深度学习系统,对大量数据进行研究,人工智能技术将不断获得超越人类知识的应变能力,进而在处理一系列复杂问题时,大大提高准确度及工作效率。

 案例

中国工商银行人工智能

中国工商银行聚焦解决经营管理、客户服务、风险防控、客户营销四大重点领域的业务痛点问题,推进由传统大行向智慧化强行的战略转型。

(1) 应用人工智能技术提升传统银行业务的自动化水平。银行业务运营过程中存在大量票据、凭证等图像信息的处理,并且大部分依赖人工操作。随着机器学习、计算机视觉技术的发展,运用这些新技术可大大提升对各类凭证的自动识别能力。中国工商银行在运管凭证手写体识别场景中使用计算机视觉技术,实现机器识别代替人工录入信息,2018年9月首批版本投产后,业务集中处理中心录入环节可精简11%凭证录入量,减少原录入人员200人左右;远程授权环节可精简34%授权量,释放远程授权人员400人左右,将有效降低运营成本。

(2) 应用人工智能技术提升业务处理效率。中国工商银行依托财务机器人,在全集团财务报销系统中运用计算机视觉技术,实现对发票号码和代码的自动识别。系统上线后一次财务报销流程将从10分钟降低到1分钟,工作效率大幅度提升,按全行日均0.5万笔业务计算,全年可节省可观的人员投入。而在银行日常工作中涉及大量合作方往来的自由格式报文,这些报文以往难以实现标准化、自动化处理,需要后台专业人员操作。依托于运营机器人的自然语言处理和计算机视觉能力,在运营系统中实现了全流程智能化处理。例如,通过户名地址自动分拆智能模型,实现了对报文中汇款人与收款人信息报文的智能解读,能够识别包括汇款人户名、汇款人地址、收款人户名、收款人地址等信息。按照人工操作录入每笔支付指令预计2分钟,自动识别10秒计算,工作效率提升了12倍。

(3) 应用人工智能技术提升客户服务,打造极致体验。通过将客服机器人融入在线客服体系,分流客户咨询流量,提升客户体验。例如,中国工商银行为了缩短手机银行用户点击路径,基于AI平台的自然语言处理技术,实现了手机银行通过语音进行菜单功能导航及转账功能。在电话银行系统中,通过客服机器人的多轮会话能力,引导客户完成业务操作。

7.3.2 创新服务流程

传统模式下,银行在各个业务流程中都较为依赖人力和线下模式,而移动互联网时代下的银行过去依赖于物理网点、线下经营的传统形式将会被打破。金融产品和服务变得场景化和无形化,客户的金融需求也跨越时间和空间的限制,变得场景化、碎片化、随时化和随地化。

银行借由人工智能、大数据等技术多触点感知用户的现实需求和潜在需求,通过各个业务流程的升级改造来形成"数字+服务+场景"的生态模式。银行日常业务活动中有许多琐碎的工作。需要完成的高容量和低价值的流程可能耗时、效率低下,并且会减慢银行或金融机构的速度。然而,人工智能可以承担许多这些任务,并简化流程,就像其他业务应用程序一样。人工智能过程将继续被简化,直到达到要求。这是因为人工智能应用程序会随着时间的推移而学习。人工智能机器人在2017年处理了近200万个银行请求,完成了50名全职员工的工作。

 案例

中国银行与人工智能平台

2018年,中国银行明确提出"坚持科技引领、创新驱动、转型求实、变革图强,建设新时代全球一流银行"的总体战略目标,并将科技引领数字化发展置于新一期战略规划之首,开启数字化转型新篇章。中国银行数字化发展之路以"数字化"为主轴,搭建两大架构,打造三大平台,聚焦四大领域,重点推进28项战略工程。

(1)以"数字化"为主轴:把科技元素注入业务全流程、全领域,给全行插上科技的翅膀,打造用户体验极致、场景生态丰富、线上线下协同、产品创新灵活、运营管理高效、风险控制智能的数字化银行,构建以体验为核心、以数据为基础、以技术为驱动的新银行业态。

(2)搭建两大架构:中国银行将构建企业级业务架构与企业级技术架构,形成双螺旋驱动。通过两大架构的同步建设,在业务上实现全行价值链下的业务流程、数据、产品、体验组件化;在技术架构上形成众多独立的低耦合微服务。两大架构共同驱动中国银行数字化发展。

(3)打造三大平台:打造云计算平台、大数据平台、人工智能平台三大技术平台,作为企业级业务架构和企业级技术架构落地技术支撑,三大平台将成为坚持科技强行、以科技创新加快数字化转型进程的技术基础。

(4)聚焦四大领域:聚焦业务创新发展、业务科技融合、技术能力建设、科技体制机制转型四大领域。

(5)重点推进28项战略工程:中国银行将重点推进农牧、制造、交通、环保等产业28项战略工程,明确每项工程的任务、目标、路线图和时间表。

中国银行通过构建基于人工智能技术的"中银大脑"项目,打造了嵌入全流程、覆盖全渠道、支持多场景、激发新动能的集团企业级人工智能平台。"中银大脑"由"感知大脑"和"认知大脑"组成。

(1)"感知大脑"即人工智能基础服务平台,集成多模态生物识别、可扩展自然语言处理、多维度关联知识库和交互机器人组件,提供成熟的生物识别、便捷高效的知识库、精准语音识别、智能专业机器人等通用智能服务。

(2)"认知大脑"即机器学习平台,提供企业级通用业务领域学习建模,构建面向不同业务领域的人工智能模型,支持模型管理及训练、运行,打造可视化建模引擎、开放算法库和共享模型工厂,以数据驱动算法,以算法改进模型,模型推动业务闭环,全面支持渠道、营销、投资、风控、内部管理等业务应用发展。在实施过程中,重视自主创新,实现技术突破,已申报64项相关技术专利。

此外,中国银行已经启动企业级架构建设,拟通过顶层设计与问题导向相结合、重点突破与快速见效相结合、分布实施与迭代推进相结合的方式,在年内选取重点领域作为试点,推进企业级业务架构与企业级技术架构建设工作。

7.3.3 语音识别处理应用——智能客服

智能客服可以显著提高金融服务效率。智能客服系统是利用机器学习、语音识别和自然语言处理等人工智能技术,处理金融客户服务中重复率高、难度较低且对服务效率要求较高的事务,如服务引导、业务查询、业务办理以及客户投诉等业务。目前应用的智能客服场景有智能客服机器人、智能语音导航、智能营销催收机器人、智能辅助和智能质检等。在银行业中使用自动化客户服务还可以让员工更好地完成人工智能可能不适用的更具挑战性的任务。这可以简化更多的流程,并创建一个高效和更有生产力的工作环境。智能客服也减少了运营成本,不需要再建立类似呼叫中心的团队。

案例

苏格兰皇家银行智能客服

Cora,苏格兰皇家银行第一位数字银行家。如果你去找她办理金融业务,她会识别出你的脸,叫得出你的名字,知道你的个性和喜好,能记住你上次和她说的话,比一个真人客户代表还让你感到亲切而熟悉,成为让你全心信赖的银行顾问。Sarah、Ava、Cora这些数字员工不再是一个聊天机器,而是有血有肉、有着灵敏情感反应的虚拟的数字员工,他们能与人类交流,也可辅助人类决策,可适应机器人技术、机器学习系统、自然语言处理技术、情绪识别、预测性分析和增强智能等。苏格兰皇家银行智能客服Cora的形态如图7-5所示。

图 7-5 苏格兰皇家银行智能客服 Cora 的形态

7.3.4 人工智能与智能营销

当前银行的业务主要发生在线下,如何利用银行现有的线下优势服务好存量的客户,降低流失,提升活跃度,是所有银行都非常关注的课题。人工智能可以通过用户画像和大数据模型精准定位用户需求,实现精准营销。智能营销在可量化的数据基础上,基于大数据、机器学习计算框架等技术,分析消费者个体的消费模式和特点,以此来划分客户群体,从而精确找到目标客户,进行精准营销和个性化推荐。智能营销相较于传统营销模式,具有时效性强、精准性高、关联性大、性价比高、个性化强的特点。人工智能将促进营销变革的路径如图7-6所示。

1. 营销体验变革

通过人工智能营销方案打造全新的零售银行客户营销新体验,使客户满意度大幅提升。实现对客户需求的精准把握,提供千人千面、个性化服务,提升市场营销策略精准性。实现对客户360°全覆盖,随时随地办理业务。客户多触点信息整合,为客户提供贴心的一致服务。

2. 营销渠道变革

人工智能营销解决方案对传统银行的营销渠道,改变以线下网点为主的渠道模式,拓展

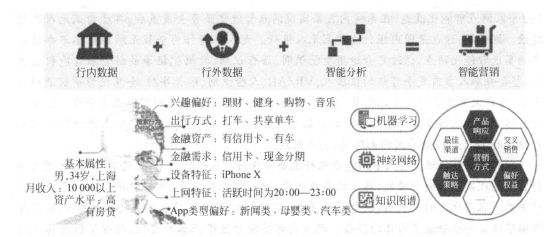

图 7-6 人工智能将促进营销变革的路径

网点外的营销,实现网点内和网点外互联。创造线上社交营销和智能客服,实现线上与线下互联。通过渠道全覆盖,显著提升存量睡眠客户触达率。

3. 营销决策变革

打造智能化的客户数据管理及分析能力,建立以客户数据洞察为基础,数据分析为渠道的营销决策体系。完善的客户数据管理及分析体系,完善的大数据用户画像,实现数据分析在营销各环节的支撑,为各个层级营销管理人员提供决策支持。通过基于数据的营销,变传统营销为数字营销。

7.3.5 人工智能无人银行

人工智能无人银行是指通过科技手段减免传统银行的人力使用。通过运用生物识别、语音识别、数据挖掘、人工智能、VR、AR、全息投影等科技手段,代替传统银行的柜员、大堂经理、引导员等岗位,为客户提供全自助式的智能银行服务。

银行人力减少是目前大势所趋。目前大部分银行都实现了人力的部分替代,少数银行试点几乎实现了厅店全替代。短期内无人银行仍处在试点阶段。目前中国建设银行已经开启无人银行试点,通过更高效率的智能柜员机代替柜员、保安、大堂经理,刷脸刷身份证代替人工验证的方式,覆盖90%以上现金及非现金业务。尽管无人银行为银行网点转型打开探索新路径,但目前银行业务还难以实现100%无人化。例如需要安排保安值班;客户在智能终端上开卡、汇款时,出于安全风险考虑,也会安排工作人员现场服务。因此未来一段时间内,无人银行仍将作为探索性的试点存在。

 案例

中国建设银行无人银行

作为智能化金融服务的先行者,中国建设银行上海市分行继 2018 年顺利完成全辖市

360余家网点智能化改造,在系统内首家实现网点智能化服务全覆盖后,再度尝试无人银行建设。据了解,这也是国内银行业首家无人银行。无人银行作为全程无须柜员参与办理业务的高度智能化网点,通过充分运用生物识别、语音识别、数据挖掘等最新金融智能科技成果,整合并融入当前炙手可热的机器人、VR/AR、人脸识别、语音导航、全息投影等前沿科技元素,为广大客户呈现一个以智慧、共享、体验、创新为特点的全自助智能服务平台。通过走访并体验位于上海市九江路303号的中国建设银行无人银行后发现,这个上海地区首家无人银行的165m^2精致空间精彩纷呈,亮点频现。

(1) 全程全自助。踏入中国建设银行上海市分行无人银行大门,无论从布局、格调与银行传统物理网点都大相径庭,林立的高低柜台、忙碌的工作人员、拥挤的排队人群已经成为过去式。取而代之的是机器人、智慧柜员机、VTM机、外汇兑换机以及各类多媒体展示屏等琳琅满目的金融服务与体验设备。网点内部功能分区根据客户变化,打破了银行传统网点的标准设置,自然分为迎宾接待区、金融服务区、民生服务区、智慧社交区,各类设备布放别具匠心,错落有致。所有业务办理均可通过精心设计的智能化流程提示实现完全客户自助操作,无须银行工作人员协助。

(2) 高度智能化。智能服务机器人担负起网点大堂经理的角色,可以通过自然语言与到店客户进行交流互动,了解客户服务需求,引导客户进入不同服务区域体验完成所需交易。生物识别、语音识别等人工智能技术得到广泛应用,实现对客户身份识别与网点设备的智慧联动,"一脸走天下"成为现实。通过AR网点导览功能,客户手机App在真实空间和精准位置识别不同的设备,为客户介绍不同场景功能,可代替网点员工辅助客户完成交易。VR科技被运用于让客户独享身临其境的看房体验,在将中国建设银行"建融家园"中所有租赁房产信息尽收眼底的同时免去预约看房等待时间及驱车前往现场看房的舟车劳顿。

(3) 业务覆盖广。"麻雀虽小,五脏俱全",在这小小的方寸之地,怀揣各类金融服务需求的客户均能各取所需。各种自助机承担了90%以上传统网点的现金及非现金的各项业务。对于VIP客户的复杂业务还专门开辟私密性很强的单独空间,可在这里通过远程视频专家系统由专属客户经理为其提供一对一的尊享咨询服务。

(4) 场景化体验。除令人"惊艳"的智慧功能外,作为首个与书店、品牌商店等相结合的集金融、交易、娱乐于一体场景化共享场所,完全改变了人们对传统银行网点程式化、专业化的印象。无人银行内有5万多册图书供到店客户免费阅读,并可通过App免费保存图书电子版至客户手机;前沿的VR/AR元素游戏可供客户畅享,完成游戏体验还会获得各具特色的小礼物;办理相关金融业务可在自助售货机上领取免费饮品;合照墙拍照后可以转发自己的照片至朋友圈留念……可谓寓交易于娱乐,寓金融服务于游戏,让客户来到银行不止于办理金融业务,网点从传统服务型银行场所完成了向新型金融服务体验场所的华丽转身。

(5) 服务有温度。推进普惠金融发展,紧靠民生建设,通过互联网渠道将从柴米油盐到衣食住行的各项民生事务与银行业务有机地结合在一起,实现费用一键缴交,为客户提供一站式服务,有效履行大行的社会责任,充分体现中国建设银行的大行风范。

7.3.6 预测分析与智能投顾

机器学习与神经网络技术使机器能够通过数据的分析处理去自动构建、完善模型,提前判断事务变化趋势和规律,并提前作出相应的决策。一是使用深度学习技术,学习海量金融交易数据,从金融数据中自动发现模式,如分析信用卡数据,识别欺诈交易,并提前预测交易变化趋势,从而作出相应对策。二是基于机器学习技术构建金融知识图谱,基于大数据的风控需要对不同来源的数据进行整合,检测发现数据中的不一致性,分析企业的上下游、合作、竞争对手、子母公司、投资、对标等关系,主动发现并识别风险。三是借助机器学习,通过数据筛选、建模和预测对融资企业或个人信用打分;通过提取个人及企业在其主页、社交媒体等地方的数据,判断个人和企业或其产品在社会中的影响力和产品评价;并通过数据分析和模型预测投资的风险点,实现在放贷过程中对借款人还贷能力的实时监控,从而及时对后续可能无法还贷的人进行事前的干预,以减少因坏账带来的损失。四是运用人工智能技术,采用多层神经网络,智能投顾系统可以实时采集各种经济数据指标,不断进行学习,实现大批量的不同个体定制化投顾方案,把财富管理服务门槛降到普通家庭人群也可以使用。

智能投顾绝大多数是风险投资组合,主要面向个体投资者或银行、券商、基金代销机构等需要大类资产配置的体量巨大的投资主体。其中,智能投顾大类资产配置的核心问题是高效可靠的产品画像,而针对个体终端用户的智能投顾则需要同时解决产品画像和用户画像两个方面的问题。

自从1956年美国达特茅斯学院会议提出人工智能概念以来,随着计算机和互联网技术的发展,人工智能在很多广阔的领域得到更多的应用。从2008年开始,在美国和欧洲,一些提供在线资产管理服务并收取相关手续费的金融公司相继成立,在线专业投资咨询服务迅速兴起,这就是后来被称为智能投顾的金融服务,智能投顾的出现和发展引起市场越来越多的关注。智能投顾的出现,不仅加剧传统金融行业尤其是银行业的转型,而且为广大的中小投资者提供金融投资理财服务。2018年4月,《关于规范金融机构资产管理业务的指导意见》的出台,首次将智能投顾产品服务纳入监管范围,未来智能投顾也将迎来更好的发展机遇和更健康的监管环境。目前,我国智能投顾行业刚刚兴起,除互联网公司推出智能投顾产品以外,传统金融机构也开始进入这个市场,尤其是招商银行、中国工商银行和中国银行成为传统五大行中最早推出智能投顾服务的金融机构。

案例

招商银行摩羯智投

摩羯智投是运用机器学习算法,并融入招商银行十多年财富管理实践及基金研究经验,在此基础上构建的以公募基金为基础的、全球资产配置的"智能基金组合配置服务"。在客户进行投资期限和风险收益选择后,摩羯智投会根据客户自主选择的"目标—收益"要求,构建基金组合,由客户进行决策,一键购买并享受后续服务。

摩羯智投并非单一的产品,而是一套资产配置服务流程,它包含目标风险确定、组合构建、一键购买、风险预警、调仓提示、一键优化、售后服务报告等,涉及基金投资的售前、售中、售后全流程服务环节。不仅如此,摩羯智投在向客户提供基金产品组合配置建议的同时,也增加了较为完善的售后服务。比如,摩羯智投会实时进行全球市场扫描,根据最新市场状况,计算最优组合比例,如果客户所持组合偏离最优状态,摩羯智投将为客户提供动态的基金组合调整建议,在客户认可后,即可自主进行一键优化。

摩羯智投的优势在于,能够支持客户多样化的专属理财规划,客户可以根据资金的使用周期安排，设置不同的收益目标和风险要求。一个人可拥有多个独立的专属组合，帮助其实现购车、买房、子女教育等丰富多彩的人生规划。不同于保本保收益的理财产品，也不以战胜某个市场指数为目的，它是以不偏离客户专属的"目标—风险"计划为己任，从而做到真正专业的财富管理。

7.3.7 人工智能与智能信贷

信贷服务是一种普遍的金融服务，可以解决个人或企业的资金周转问题。传统的信贷服务主要通过商业银行来进行，但商业银行放贷门槛高、审批手续烦琐，将资金需求量较大的小微企业和中产阶级以下群体拒之门外。同时，相对宽松的民间借贷又存在利率过高、渠道不正规、难以形成规模效益等问题，使得小微企业和中产阶级以下群体的融资成为世界级难题。

在人工智能算法迅猛发展的今天，随着芯片技术和人工智能算法的双重爆发，个人信贷进入智能信贷时代。智能信贷是一种基于人工智能技术，无人为干预，完全线上自动放贷的模式。

将人工智能与金融相结合，通过人工智能赋予模型自我优化的能力，通过机器挖掘到大量的弱特征数据，让其自主建立评判模型。例如，通过输入用户特征数据和最终的贷款偿还情况，得出申请时多次修改申请资料的用户存在信息造假的概率高。此外，机器还可以利用多维度数对用户的真实性和可靠性进行检验，在机器学习方式下，通过不断的放贷、收贷，积累大量交易数据，促进模型快速迭代优化，精度不断提高，风控能力也随之增强。

 案例

京东金融的千人千面

千人千面就是 BI 技术，即 behavior identity（行为识别），即依靠京东庞大的数据库构建出买家的兴趣模型，并从细分类目中抓取与买家兴趣点相匹配的商品，定向展现在用户浏览的网页上，从而实现用户的个性化推荐及精准营销。

这个数据库包含用户的搜索记录、浏览记录、点击记录、加购记录、关注（商品&店铺）、收藏等，还包括用户画像，如性别、年龄、地域、平均购买客单、购买偏好等。因此，京东平台庞大的商家数量、丰富和海量的商品及其属性、标签以及庞大的用户数据，构成实现千人千面的基础。

京东的千人千面从 2012 年开始酝酿，共经历四个阶段，每个阶段都会产生一些具有代表性的业务或频道：2012—2013 年的萌芽期，代表业务如看了还看、买了还买、看相似、找搭配等；2014—2015 年的起步期，代表业务如秒杀接入个性化；2014—2015 年的绽芒期，产生东家小院频道等；2018—2019 年的全面渗透期，实现首页 100% 的 BI 化。

京东金融信贷业务没有一个人工信贷审核，都是人工智能，机器自动化放贷，每单的变动成本近乎为零，1秒在线授信，1秒放款，1秒处理几十万笔交易，极大地提高了信贷效率，降低了成本。另外，通过数据风控体系，对不同的用户精准定位，也就是不同信用的人以不同的费率获得不同数额的贷款，在控制好不良率的同时，智能化地对用户风险进行识别，自动匹配优质的理财产品，每单的变动成本也几乎为零，实现了真正的惠及用户。

7.3.8 人工智能助力保险升级

人工智能可深度影响保险行业，包括对保险客户服务，保险核心业务，保险从业人员，寿险、非寿险及再保险业务四个方面。人工智能可在保险个性化、智能保顾、智能承保、索赔管理与反欺诈、保险资金运用五个重点领域进行应用。

细分来看,针对寿险公司,人工智能可有效了解客户健康信息,提高沟通效率,合理开发设计保险产品。对于再保险公司,则可增强风险分析能力,提高索赔能力及沟通谈判效率。在非寿险公司方面,人工智能有助于精准定价、智能定损及反欺诈。

以人工智能与车险市场变革为例,人工智能在汽车领域的大规模应用或会促使企业需求的比例在车险市场中加大。路线图中指出,随着自动驾驶汽车的应用,汽车生产商或会更多地在碰撞事故中承担部分或全部责任,不仅是单纯的整车生产商,自动驾驶汽车的上下游产业链都有可能在碰撞事故中面临潜在的赔偿责任。因此,未来的车险行业,企业需求或会增加。此外,在碰撞事故中,包括车主接管汽车和车主未更新系统等情况下,驾驶员仍需承担赔偿责任,个人保险需求依旧存在。

未来,伴随人工智能的大规模使用,新的挑战也会应运而生。首先,人工智能的应用会减少人为因素引起的事故,因此保险市场尤其是财险市场将会受到较大冲击。而人工智能也会使保险产品的承保和理赔过程更加复杂化,责任归属的确定也是一个难点。其次,技术和人才成熟度、数据缺乏和割裂性严重也是面对的挑战之一。最后,人工智能中的大数据运用有可能会造成客户的隐私泄露问题;精准营销、千人千面的个性化定制也会对保险客户中的弱势群体,如老年人造成不利影响。

7.3.9 人工智能与证券业创新

人工智能已经上升为国家战略层面,对于证券行业来讲,目前主要是提升工作效能、降低专业门槛,未来会进一步改变证券行业的现有格局。在前台,机器能够模拟人的认知与功能,使批量实现对客户的个性化和智能化服务成为可能,极大提升客户服务效率,还可以通过改进与客户的交互方式来提升客户体验;在中后台,人工智能技术可以辅助业务人员开展金融交易的分析与预测,使决策更加有效,也可以用于风险识别和防控保障,使管理更加主动和适应性更强。

人工智能短期内尚不会对证券行业造成大的冲击,但却提出了一些挑战。例如工作角色转变方面,人工智能应该在各个领域全面应用,实现人机同行,这就要求人要主动思考如何与机器分工,这不仅仅是技术问题,需要业务和管理人员都积极设计应用场景,改进工作流程,把一些重复性的操作工作以及需要大量分析、计算的工作交给人工智能系统,人要不断指导与优化对机器的训练。

思 考 题

1. 新一代人工智能的先决条件有哪些?
2. 人工智能如何实现智能信贷?
3. 人工智能如何创新金融服务流程?

第8章 区块链与金融创新

学习目标：了解区块链的基本原理；把握区块链上升为国家战略的意义；掌握区块链与数字货币的关系；熟悉区块链创新金融业务的各类应用。

8.1 区块链与国家战略

8.1.1 区块链上升为国家战略

2019年10月24日，在中共中央政治局第十八次集体学习时，习近平总书记强调，区块链技术应用已延伸到数字金融、物联网、智能制造、供应链管理、数字资产交易等多个领域。目前，全球主要国家都在加快布局区块链技术发展。我国在区块链领域拥有良好基础，明确把区块链作为核心技术自主创新的重要突破口，明确主攻方向，加大投入力度，着力攻克一批关键核心技术，加快推动区块链技术和产业创新发展。这标志着区块链已上升为国家战略。

区块链是一项集成技术，是一个共享数据库，其中存储的数据或信息，具有不可伪造、全程留痕、可以追溯、公开透明、集体维护等特征。基于这些特征，区块链技术奠定了坚实的"信任"基础，创造了可靠的"合作"机制，具有广阔的运用前景。区块链上升为国家战略，可以从以下几个方面去理解。

1. 强化基础研究，提升原始创新能力

努力让我国在区块链这个新兴领域走在理论最前沿，占据创新制高点，取得产业新优势。要推动协同攻关，加快推进核心技术突破，为区块链应用发展提供安全可控的技术支撑。要加强区块链标准化研究，提升国际话语权和规则制定权。要加快产业发展，发挥好市场优势，进一步打通创新链、应用链、价值链。区块链作为未来的国家基础设施，不可能使用国外的技术，这就为国内的企业提供了一个良好的发展机遇。

2. 推动"区块链+"政府治理现代化

安全可信的数据共享技术是构建数字政府的核心。一方面，区块链分布式存储、共识算法、非对称加密等技术可以帮助地方政府打破信息壁垒，打通数据孤岛。现在不少地方政府、公安部门、法院，尤其是互联网法院等部门在区块链技术的探索应用方面做了一些非常有意义的尝试。另一方面，区块链技术的透明性、可追溯性和公开性等特性，更适用于促进政府组织结构的扁平化治理及服务过程的透明化,从而提高政府数据的安全性,推动智能化和可信任政府的建设。

3. 推动"区块链+"实体经济深度融合

区块链技术对实体经济的发展也会产生重要影响。区块链技术与实体经济的整合可以发挥区块链在促进数据共享、优化业务流程、降低运营成本、提升协同效率、建设可信体系等方面的优势。利用区块链技术探索数字经济模式创新,可以为打造便捷高效、公平竞争、稳定透明的运营商环境提供动力,为推进供给侧结构性改革、实现各行业供需有效对接提供服务,为加快新旧动能接续转换、推动经济高质量发展提供支撑。

4. 促进"区块链+"金融更好地服务实体经济

习近平总书记指出,要推动区块链和实体经济深度融合,解决中小企业贷款融资难、银行风控难、部门监管难等问题。区块链技术具备一种"降低成本"的强大能力,能简化金融行业服务实体经济,特别是中小企业融资流程,降低过去由于信息不对称等一些不必要的交易成本及制度性成本。基于可信的不可篡改的数据分析,有效降低金融风险,并有利于监管的数据共享,进而提升金融服务实体经济的效能。

5. 探索"区块链+"在民生领域的运用

区块链技术是建立可信的机器,可以在教育、就业、养老、精准脱贫、医疗健康、商品防伪、食品安全、工艺、社会救助等领域加以应用,为人民群众提供更加智能、便捷、优质的公共服务。就像"互联网+"一样,"区块链+"的方向是利用区块链技术为行业赋能,利用区块链的技术特点改进甚至变革行业生态与流程。例如,利用区块链的去中心化信任与防篡改机制,可以为食品供应链涉及的众多环节(政府、企业、消费者)搭建食品安全溯源或商品防伪平台;利用区块链的智能合约,可以实现医疗保险的自动受理与支付。

6. 推动"区块链+"智慧城市建设相结合

习近平总书记指出,要探索区块链在信息基础设施、智慧交通、能源电力等领域的推广应用,提升城市管理的智能化、精准化水平。利用区块链技术促进城市间在信息、资金、人才、征信等方面更大规模的互联互通,以保障生产要素在区域内有序高效流动。探索利用区块链数据共享模式,实现政务数据跨部门、跨区域共同维护和利用,促进业务协同办理,深化"最多跑一次"改革,为人民群众带来更好的政务服务体验。这是在更高层面上的区块链技术特点的运用,从跨越多个组织机构的互联互通到跨越多个城市的互联互通。例如,基于区块链的去中心化信任与防篡改机制,社保和个人信用可以实现异地查证而无须建立大一统的数据中心。

8.1.2 国家区块链战略的良好基础

1. 区块链行业标准相对完备

我国在区块链的核心技术中密码算法和电子签名标准体系相对完备,非对称加密(SM2)、椭圆密码算法、消息摘要(SM3)哈希密码算法、标识密码算法(SM9)和祖冲之密码算法都可为区块链技术提供核心支持。截至2019年6月底,相关密码算法行业标准约有19项,数字签名标准约有20项。区块链底层框架技术标准化工作从2016年起有序展开,相关科研机构都在积极参与区块链底层构架标准的制定工作,2019年,在区块链基础标准、数据隐私保护和跨链技术标准等方面取得了进展。目前,正在着手建立区块链国家标准,以从顶层设计推动区块链标准体系建设,区块链国家标准将包括基础标准、业务和应用标准、过程和方法标准、可信和互操作标准、信息安全标准等方面,进一步扩大区块链标准的适用性。在应用标准研究方面,如密码应用服务标准、底层框架应用编程接口标准、分布式数据库要求、虚拟机与容器要求、智能合约安全要求、BaaS平台应用服务接口标准和规范等应用服务标准方面都有一定基础。在具体应用场景制定的区块链应用标准或规范方面不断更新并取得了很大的进展。

2020年2月,《金融分布式账本技术安全规范》(JR/T 0184—2020)金融行业标准发布,这是国内金融行业首个区块链标准,由全国金融标准化技术委员会归口管理,由中国人民银行数字货币研究所提出并负责起草,中国人民银行科技司、中国工商银行、中国农业银行、中国银行、中国建设银行、国家开发银行等单位共同参与起草。标准经过广泛征求意见和论证,并通过了全国金融标准化技术委员会的审查。

2. 区块链独角兽全球第一

胡润研究院发布了"2019胡润全球独角兽榜"。榜单揭露共494家独角兽企业,其中,中国以206家位居第一位,其次为美国(203家),印度和英国排名第三和第四,分别有21家和13家。值得注意的是,中美两国拥有世界80%以上独角兽公司。

榜单显示,上榜2019年全球区块链行业独角兽企业排行榜的共11家,上榜企业的公司估值总计2790亿元,占总市值的2%。其中,比特大陆以800亿元的公司估值位列第一,Coinbase、Ripple分别位居第二位和第三位。上榜企业数量最多的国家为中国及美国(各4家);榜单前十企业的公司估值为2720亿元,分别为比特大陆、Coinbase、Ripple、嘉楠耘智、Circle Internet Financial、Binance、Block.One、Dfinity、亿邦国际、BitFury。2019年全球区块链行业独角兽企业排行榜如图8-1所示。

2019年全球区块链行业独角兽企业排行榜				
排名	企业名称	估值/亿元	国家	城市
1	比特大陆	800	中国	北京
2	Coinbase	550	美国	旧金山
3	Ripple	350	美国	旧金山
4	嘉楠耘智	200	中国	杭州
5	Circle Internet Financial	200	美国	波士顿
6	Binance	150	马耳他	—
7	Block.One	150	中国	香港
8	Dfinity	150	瑞士	楚格
9	亿邦国际	100	中国	杭州
10	BitFury	70	美国	旧金山
11	Liquid Global	70	日本	东京

图8-1 2019年全球区块链行业独角兽企业排行榜

3. 区块链专利数量全球第一

全球知名知识产权产业媒体(IPRdaily)联合全球专利数据库平台(incoPat)对2019年1月1日至2019年10月25日公开的全球区块链企业技术发明专利申请数量进行统计数据显示。2019年企业整体发明专利申请量较2018年增长明显。从入榜企业所属国家来看,前100名企业主要来自10个国家和地区,中国占比63%,其次为美国,占比19%,日本占比7%,德国和韩国分别占比3%,瑞典、安提瓜和巴布达、爱尔兰、芬兰和加拿大各占比1%。2019年全球区块链行业相关专利区域分布结构情况如图8-2所示。2015年后,我国区块链相关专利增速超过200%,成为我国专利数量增长最为快速的领域。从增速上看,我国区块链专利领先全球,从数量上我国也领先美国排名全球第一。具体从企业的角度来看,专利量排名前10的企业中有6家企业来自我国。其中,阿里巴巴以1005件专利位列全球第一,中国平安以464件专利排名全球第二,微众银行以217件专利排名全球第五,中国第三。

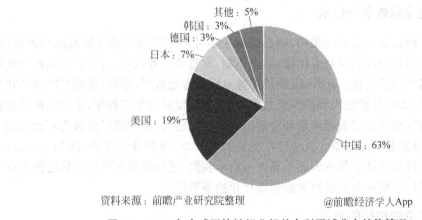

资料来源:前瞻产业研究院整理　　　　　　@前瞻经济学人App

图8-2　2019年全球区块链行业相关专利区域分布结构情况

4. 区块链与各行业融合

(1) 区块链技术应用到政务服务中,通过实现身份信息数据共享,将省去大量重复填写个人信息的时间,业务办理将更加便捷。在政务数据共享领域,区块链技术从真实、安全、平等、高效四个特性出发,利用不可篡改、密码学、分布式、智能合约四项主要技术,将政务数据共享平台颗粒化和去中心化;将区块链技术运用在"互联网+政务服务"平台建设中,完美解决了数据的实时共享、鉴权变更和安全利用之间的矛盾,并实现了数据提交、信息核对、详情查询、评估结果四种数据交互方式,解决了部门间数据权限的管理和引用问题。

(2) 区块链技术为解决经济和金融等领域的信任问题,提供了底层支持技术,其拥有的高可靠性、简化流程、交易可追踪、节约成本、减少错误以及改善数据质量等特性,使其有可能再次重塑全球金融业的基础框架,尤其是信用传递交换机制,加快了金融创新与产品迭代速度,极大地提高了金融运行效率。区块链在数字资产、供应链金融、数字货币、支付清算、证券交易、票据市场等方面已经取得了积极进展。"微企链"极大地改善了小微企业的融资困境,提高了核心企业的运营效率和竞争力,已获深圳证券交易所无异议函和储架规模100亿元。

(3) 从行业来看,版权、医疗、公证防伪、供应链等领域都开始意识到了区块链的重要性,并尝试将技术与现实社会对接。区块链技术能成为一种全新的工具,帮助社会削减平台成本,让中间机构成为过去,可以促使公司现有业务模式重心的转移,有望加速公司的发展。与此同时,区块链的数据上链有望促进传统的数据记录、传播以及存储管理方式的转型。从社会角度来看,区块链技术有望将法律与经济融为一体,彻底颠覆原有社会的监管模式,组织形态会因其发生改变。

8.1.3 "区块链+"成为换道超车的突破口

"互联网+"让我国经济得以持续中高速增长,但互联网自身的一些问题却难以克服,再加上基础创新方面的不足,使得我国互联网的发展比发达国家晚了20多年。而区块链技术已经在我国各个领域开始应用,因此将"区块链+"上升为国家战略是换道超车的重要突破口,意义十分重大。

1. 区块链是全球性争夺技术

本质上讲,区块链是一套治理架构,核心是基于多种技术组合而建立的激励约束机制。它通过集成分布式数据存储、点对点传输、共识机制、加密算法等技术,对计算模式进行颠覆式创新,大幅提高"作恶"门槛。此外,区块链还通过设置激励机制,推动"信息互联网"向"价值互联网"变迁,从而充分挖掘内部的积极力量,维护网络世界的生态秩序,进而实现更加良性的治理架构,有效赋能国家治理体系和治理能力现代化建设,因此被广泛认为可能引起一场全球性的技术革新和产业变革。区块链在促进数据共享、优化业务流程、降低运营成本、提升协同效率、建设可信体系等方面的重要作用启示我们,区块链不仅要作为核心技术自主创新的重要突破口,还要作为推进国家治理现代化的重要依托。

2. 区块链是创造信任的机器

区块链用多中心方式结合智能合约等技术解决多方信任协作问题,在数据增信的基础上,重塑信任关系和合作关系,解决中心化系统的弊端,比如数据透明度和数据隐私保护问题,强调增信,增强数据可信度,强化数据公信力。例如存证项目,存,即数据上链;证,即证明数据不可篡改。区块链技术的发展是社会生产力和生产关系亟待变革的需要,人们建立信任关系的方式将有机会随着区块链技术的出现而被颠覆性地发生改变。将原本是人与人之间通过言行所带来的感受形成的认知来直接建立信任的方式,转换成"从人与物,再从物到人"的间接建立信任的方式,人与人之间通过可信赖的"物或数据"为载体来建立信任,人们参与分工和协同的商业行为工作方式也将发生逆转,不再是人与人之间直接发生联系,所有的商业行为都将借助一个"会思考的智能系统"这个"共享且不可篡改的数据系统"为纽带来高效地进行。通过智能合约和区块上的不变记录,无许可区块链消除了许多公司在尝试彼此交易时遇到的障碍。

在这些区块上打印的记录不能被一个或多个计算机更改。这几乎消除了道德风险的可能性,并减少了不对称信息。因为数据是完全透明的,信息不对称和道德风险必将大幅降低。

3. 区块链是下一代合作机制

区块链不可篡改的特点,为经济社会发展中的"存证"难题提供了解决方案,为实现社会征信提供全新思路；区块链分布式的特点，可以打通部门间的数据壁垒，实现信息和数据共享；区块链形成共识机制，能够解决信息不对称问题，真正实现从"信息互联网"到"信任互联网"的转变；区块链通过智能合约，能够实现多个主体之间的协作信任，从而大大拓展了人类相互合作的范围。总体而言，区块链通过创造信任来创造价值，能保证所有信息数字化并实时共享，从而提高协同效率、降低沟通成本，使得离散程度高、管理链条长、涉及环节多的多方主体仍能有效合作。亚当·斯密所阐释的"看不见的手"，也是通过市场机制实现了人类社会的分工协作。由此，区块链极大拓展了人类信任协作的广度和深度。区块链不只是下一代互联网技术，更是下一代合作机制和组织形式。

4. 区块链对各个产业领域都将发挥重要作用

习近平总书记在讲话中指出区块链技术要服务实体经济。区块链技术的关键在于"融合"。区块链技术一定要解决某一领域的具体问题，这就要求区块链技术能深入具体场景中。区块链技术在产业应用中，不是一个点的应用，更多是融合的应用。区块链通过点对点的分布式记账方式、多节点共识机制、非对称加密和智能合约等多种技术手段建立强大的信任关系和价值传输网络，使其具备分布式、去信任、不可篡改、价值可传递和可编程等特性。区块链可深度融入传统产业，通过融合产业升级过程中遇到的信任和自动化等问题，极大地增强共享和重构等方式助力传统产业升级，重塑信任关系，提高产业效率，即"打通创新链、应用链、价值链"。

5. 区块链或成为"一带一路"的重要基石

当前，世界各种矛盾纷争不断涌现，世界经济增长需要新的动能，我国经济下行压力持续加大。所有这些，需要在公平、公正、效力之间寻找更好的平衡，并找到新的增长动能。2013年，习近平主席提出共建"一带一路"倡议，倡导并推动"一带一路"建设，是为了进一步提高我国的发展质量和水平，推动我国与相关国家的共同发展、联动发展，推动人类实现更美好的发展，建立人类命运共同体。7年来"一带一路"倡议给很多国家带来了实实在在的好处，建成了大量基础设施、工业园区、民生工程，有效地推动了国际贸易和投资增长。

在"一带一路"建设过程中，除了继续加强金融领域的国际合作，同样应当重视与第四次工业革命相伴而来的机遇和挑战，在创新中谋发展。人工智能、区块链技术等都将产生显著的效益，这就需要"一带一路"建设的国际合作伙伴们转变发展动力，通过在不同利益相关方之间架起政策沟通的桥梁，引导公共和私营部门、学术界和民间社会组织，推进可持续投资，共同为"一带一路"建设的国际合作伙伴国和人民创造福祉。

8.2 区块链技术原理

8.2.1 区块链的核心技术

根据工业和信息化部中国电子标准化研究员软件工程评估中心的定义，"区块链是在点对点网络下，通过透明和可信规则构建不可伪造、不可篡改和可追溯的块链式数据结构，实现和管理事务处理的模式,其中事务处理包括但不限于可信数据的产生、存取和使用"。因此,区块链是一种集成技术。为了确保比特币的交易能够在陌生人之间实现可信,日裔美国人中本聪(Satoshi Nakamoto)把分布式记账技术、数学中共识机制技术和密码学技术融为一体,形成区块链技术 1.0;而俄罗斯计算机爱好者 V 神(Vitalik Buterin,以太坊的创始人)又在区块链技术 1.0 基础上增加了智能合约技术,使区块链技术提升到了 2.0 时代。随着区块链与各行各业的广泛应用,区块链技术进入 3.0 时代。

1. 分布式账本

分布式账本(distributed ledger)是分布在多个节点或计算设备上的数据库,每个节点都可以复制并保存一个分类账,且每个节点都可以进行独立更新。从实质上说,分布式账本就是一个可以在多个站点、不同地理位置或者多个机构组成的网络里进行分享的资产数据库。在一个网络里的参与者可以获得一个唯一、真实账本的副本。账本里区块发生任何篡改,牵一发而动全身,都会在所有的副本中被反映出来,反应时间会在几分钟甚至是几秒内。这个账本存储的资产可以是金融、法律定义上的、实体的或是电子的资产。这个账本里存储资产的安全性和准确性是通过公私钥以及签名的使用去控制账本的访问权,从而实现密码学基础上的维护。根据网络中达成共识的规则,账本中的记录可以由一个、一些或者所有参与者共同进行更新。

分布式记账技术解决了信任成本问题,使得即使是陌生人之间的交易也不一定必须依赖银行、政府、公证处等中心化权威组织,因为数据全部存储在每一个节点上。信息还可以复制更多的份数,大到黑客、任何组织和个人都根本无法操纵的数量级,甚至使得每个使用节点都持有一份信息副本,黑客即使篡改了一处,其他节点的数据仍在。当需要进行信息核对时,只要发现某一处的信息与其他地方不一致,就意味着此处的信息已经被篡改,变得不再可信。这样,也就解决了消费者权益、财务诚信和交易速度的问题。

例如,王先生全家,包括王先生、王太太、王爷爷、王奶奶,王先生勤勤恳恳每个月工作养家,所有收入交给太太,由其负责记录所有家庭收入和开支,如果王太太收到 100 元钱却记录成收到 10 元钱,那么家庭财务收支就可能混乱。这就是中心化记账存在的问题。

用区块链如何解决这个问题呢?王先生、王太太、王爷爷、王奶奶四个人同时记录各自的一本账。假如有一天王先生给王太太 100 元钱,他只要再向全家每个人通报一声——王先生在今天上午十点给了王太太 100 元钱,请大家在各自的账本上记下"王先生今天上午十点给了王太太 100 元钱"就完成了。于是王先生全家每个人都成了一个节点,每次王先生家的交易都会被每个人(每个节点)记录下来。而且洗碗还有报酬,每次晚上谁洗了碗(工作量证明)之后就可以在公共账本上结账,必须在前一天大家都公认的账本后面添加新的交易,而且其他人也会参与验证当天的交易。自然会有人问,能否进行恶意操作来破坏整个区块链系统?比如不承认别人的结果,或者伪造结果怎么办?假如王太太某天忽然说,王先生没给她 100 元钱,那么全家人都会站起来斥责她。如果王太太某天洗完碗想在结账的时候动手脚,其他参与验证的人也会站起来斥责她(除非她能收买一半以上的人)。被发现作假会导致她那天洗碗没有报酬,还很可能被惩罚第二天要继续洗碗。最后那个公认的账本内容也只会增加,不会减少。后续加入的家庭成员都会从最长的账本里继续结账。

因此,区块链不仅是一个分布式的公共账本,还有很多更加重要的价值。分布式账本原理如图 8-3 所示。

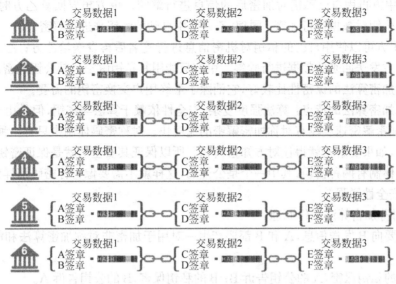

图 8-3 分布式账本原理

2. 共识机制

共识机制是通过特殊节点的投票,在很短的时间内完成对交易的验证和确认。对一笔交易,如果利益不相干的若干个节点能够达成共识,就可以认为全网对此也能够达成共识。共识机制就像一个国家的法律,维系着区块链世界的正常运转。共识机制还可以在区块链技术应用的过程中有效平衡效率与安全之间的关系。通常情况下,安全措施越复杂,处理效率越差,如果想要提升处理效率,就必须降低安全措施的复杂程度。

共识机制是区块链技术的核心,它使得区块链去中心化的账本系统成为可能。而价值载体是区块链技术的潜力,它使得区块链技术的应用领域已经超越以往的数字货币。如果说共识是区块链的基础,那么共识机制就是区块链的灵魂。

在区块链上,每个人都会有一份记录链上所有交易的账本,链上产生一笔新的交易时,每个人接收到这个信息的时间是不一样的,有些想要干坏事的人就有可能在这时发布一些错误的信息,这时就需要一个人把所有人接收到的信息进行验证,最后公布最正确的信息。共识机制的类型较多,常用的主要有工作量证明机制、权益证明机制和拜占庭共识机制等。

3. 非对称加密算法

1) 非对称加密算法的内涵

非对称加密(公钥加密)是指加密和解密使用不同密钥的加密算法,也称为公私钥加密。非对称加密算法需要两个密钥:公开密钥(public key,公钥)和私有密钥(private key,私钥)。公钥与私钥是一对,如果用公钥对数据进行加密,只有用对应的私钥才能解密。因为加密和解密使用的是两个不同的密钥,所以这种算法叫作非对称加密算法。

非对称加密算法实现机密信息交换的基本过程：甲方生成一对密钥并将公钥公开，需要向甲方发送信息的其他角色（乙方）使用该密钥（甲方的公钥）对机密信息进行加密后再发送给甲方；甲方再用自己私钥对加密后的信息进行解密。甲方想要回复乙方时正好相反，使用乙方的公钥对数据进行加密；同理，乙方使用自己的私钥来进行解密。

另外，甲方可以使用自己的私钥对机密信息进行签名后再发送给乙方；乙方再用甲方的公钥对甲方发送回来的数据进行验签。甲方只能用其私钥解密由其公钥加密后的任何信息。非对称加密算法的保密性比较好，它消除了最终用户交换密钥的需要。

非对称加密算法的特点：算法强度复杂、安全性依赖于算法与密钥，但是由于其算法复杂，而使得加密解密速度没有对称加密解密的速度快。对称密码体制中只有一种密钥，并且是非公开的，如果要解密就得让对方知道密钥。所以保证其安全性就是保证密钥的安全，而非对称密钥体制有两种密钥，其中一个是公开的，这样就不需要像对称密码那样传输对方的密钥，使得安全性增强。

2）非对称加密算法工作原理

（1）A 要向 B 发送信息，A 和 B 都要产生一对用于加密非对称加密算法和解密的公钥和私钥。

（2）A 的私钥保密，A 的公钥告诉 B；B 的私钥保密，B 的公钥告诉 A。

（3）A 要给 B 发送信息时，A 用 B 的公钥加密信息，因为 A 知道 B 的公钥。

（4）A 将这个消息发给 B（已经用 B 的公钥加密消息）。

（5）B 收到这个消息后，B 用自己的私钥解密 A 的消息。其他所有收到这个报文的人都无法解密，因为只有 B 才有 B 的私钥。

3）非对称加密主要应用

假设两个用户要加密交换数据，双方交换公钥，使用时一方用对方的公钥加密，另一方即可用自己的私钥解密。如果企业中有 n 个用户，企业需要生成 n 对密钥，并分发 n 个公钥。假设 A 用 B 的公钥加密消息，用 A 的私钥签名，B 接到消息后，首先用 A 的公钥验证签名，确认后用自己的私钥解密消息。由于公钥是可以公开的，用户只要保管好自己的私钥即可，因此加密密钥的分发将变得十分简单。同时，由于每个用户的私钥是唯一的，其他用户除了可以通过信息发送者的公钥来验证信息的来源是否真实，还可以通过数字签名确保发送者无法否认曾发送过该信息。非对称加密的缺点是加解密速度要远远慢于对称加密，在某些极端情况下，甚至能比对称加密慢上 1 000 倍。

非对称加密的一个特点是每个用户对应一个密钥对（包含公钥和私钥），它们都是随机生成的，所以各不相同。不过缺点也很明显，就是密钥存储在数据库中，如果数据库被攻破密钥就泄露了。

非对称加密体系不要求通信双方事先传递密钥或有任何约定就能完成保密通信，并且密钥管理方便，可实现防止假冒和抵赖，因此，更适合网络通信中的保密通信要求。

4. 智能合约

1）智能合约的内涵

智能合约是一种旨在以信息化方式传播、验证或执行合同的计算机协议。现实社会有着完善的社会治理体系，但是在社会执行层面，依旧有着很大的提升空间，如执法不公、执法不严等。1995年,计算机科学家和法律学者尼克·萨博(Nick Szabo)提出智能合约(smart contract)概念,他在发表于自己的网站文章中提到智能合约的理念,定义是这样:"一个智能合约是一套以数字形式定义的承诺(promises),包括合约参与方可以在上面执行这些承诺的协议"。简单地说,它就是一段计算机执行的程序,满足可准确自动执行即可类似计算机中的"if…then…"命令。即现实社会中的一些双方达成的协议写成代码交由计算机自动执行该过程,并自动返回结果,这就是人们对智能合约的最早想象。

2) 智能合约是区块链技术最重要的特性

区块链的智能合约是条款以计算机语言而非法律语言记录的智能合同。智能合约让人们可以与真实世界的资产进行交互。当一个预先编好的条件被触发时,智能合约执行相应的合同条款。智能合约的出现让物理世界与虚拟世界完美结合,以计算机程序成为合约的执行者,将违约和不诚信变为零可能。

例如,爷爷生前立下一份遗嘱,声称在其去世后且孙子年满18周岁时将自己名下的财产转移给孙子。若将此遗嘱记录在区块链上,那么区块链就会自动检索计算其孙子的年龄,当孙子年满18周岁的条件成立之后,区块链在政府的公共数据库等地方检索是否存在爷爷的一份离世证明。如果这两个条件同时符合,那么这笔资产将会不受任何约束地自动转移到孙子的账户中,这种转移不会受到国界、外界阻挠等各种因素的制约,并且会自动强制执行。

3) 智能合约的应用场景

智能合约应用的场景非常广泛,譬如房租租赁、差价合约、代币系统、储蓄钱包、作物保险、金融借贷、设立遗嘱、证券登记清算、博彩发行等。

智能合约可能是目前唯一能将"合约"与交易融为一体的技术。智能合约将会引领人们进入可编程经济。

特别是在国际贸易中,最为头疼的问题是贸易顺逆差、时差和法律差异等问题。区块链现在被广泛应用于跨境支付,便是因为智能合约解决了这些问题,只要开始进行交易,智能合约就被即时触发,就规定的权利与义务严密执行,保证交易的公平、安全。同时智能合约不仅能被用于双方交易,还能被用于多方交易,精简了传统多方交易面临的手续复杂等问题。

8.2.2 区块链基础架构

1. 私有链

私有区块链简称私有链。自中本聪2008年发表《比特币:一种点对点式的电子现金系统》以来,比特币系统人人可参与、并且去中心化记账的特点成功得到金融行业的广泛关注。许多金融机构对比特币的底层技术区块链产生了浓厚兴趣,纷纷开始研究区块链和金融的结合。欧美主流金融机构纷纷开始实验区块链技术,来改造自身的业务流程。但在实验区块链技术的过程中,鉴于现实世界的法律合规要求,尤其是政府对于持牌金融机构的了解客户(KYC)及反洗钱(AML)方面的严格要求,比特币透明、共享的公有区块链,不能完全满足持牌金融机构或者其他一些中心化机构的合规要求。于是,现实需求催促区块链技术的发展,私有区块链应运而生。

在实际研究过程中,金融行业由于对商业数据的隐私要求、对节点有准入门槛以及对效率的高要求,与公有链上去中心化、效率较低的特性不太相符,于是,逐渐出现相对中心化但效率更高的私有链。

私有链应用大部分集中在企业内部,在企业年度审计等方面发挥着十分重要的作用。其次得益于私有链运行安全的特点,私有链在某些特殊行业也有应用,中国人民银行发行数字货币就是应用的私有链技术。

目前,不少金融企业都在实地应用区块链技术。例如微众银行,采用区块链技术提升业务的准确性清算效率,由自己内部控制私钥和全部节点。在数据清算和总结的过程中,数据的有效性得到了很大的保障。

私有链在未来行业中也有十分广泛的应用。传统大型制造公司在全国各城市都有分公司,如果采用私有链的方式,将总部链上的权限下发给各个城市办事处负责人,那么在营销过程中,各个城市办事处的提货数量和分销路径就会展示出来,企业就能够有效地找到窜货地区,合理地维护区域经销商的权益,各分公司的财务情况也更加透明。在这样的数据基础上来制定区域营销规划,一方面可以清晰地了解产品的流向,减少压货和资源浪费;另一方面可以增强公司内部组织的透明度,强化品牌传播。

2. 联盟链

联盟区块链简称联盟链。2009年比特币诞生后,区块链也随之出现。在区块链早期,只有公有链,也就是公开透明的账本。但公有链有一个很大的问题,虽然赋予大家同等的权限,但是牺牲了效率。公有链可以去中心化,能够实现公开透明,只是效率相对较低。对比中心化的支付方式,假如微信付款用时是3秒,如果用公有链系统,则需要几个小时或者更长时间,用户可能就不再选择区块链。

公有链还有一个隐私问题,在一些场合,公开能够带来公信力,但是更多的时候,用户可能并不想把相关数据都展现出来。因此,从用户需求的角度来折中技术方案:牺牲部分去中心化,甚至是完全的去中心化,在权限这一关键环节上作出限制,以此来换取效率的提高。依照这样的思路设计出的链,就是联盟链。

联盟链是介于公有链和私有链之间、实质上仍属于私有链范畴的区块链。联盟链与公有链的差别在于它只对特定的组织团体开放,因此在联盟链中,每个参与者都可以查阅和交易,但不能验证交易,或不能发布智能合约。简单来说,联盟链上的信息对每个人都是只读的,只有节点有权利进行验证或发布交易,这些节点组成一个联盟。普通用户如果想发布或者验证交易,则需获得联盟的许可。因此,联盟链更类似一种分布式的数据库技术。

3. 公有链

公有区块链简称公有链。在区块链中,公有链是开放程度最高,也是去中心化属性最强的。在公有链中,数据的存储、更新、维护、操作都不再依赖于一个中心化的服务器,而是依赖于每一个网络节点。这就意味着公有链上的数据是由全球互联网上成千上万的网络节点共同记录维护的,没有人能够擅自篡改其中的数据。公有链是指全世界任何人都可读取、发送交易且交易能获得有效确认的、也可以参与其中共识过程的区块链。根据区块链网络中心化程度,分化出3种不同应用场景下的区块链。

(1) 全网公开,无用户授权机制的区块链,称为公有链。

(2) 允许授权的节点加入网络，可根据权限查看信息，往往用于机构间的区块链，称为联盟链或行业链。

(3) 所有网络中的节点都掌握在一家机构手中，称为私有链。

联盟链和私有链也统称为许可链，公有链称为非许可链。

目前全球 400 多个公有链项目的业务范围涵盖支付、基础设施、支付服务、保险服务、隐私、社交、娱乐、商业服务等共计 65 个领域，其中 71.7% 的公有链项目具有支付功能属性，33.3% 的公有链项目涉及基础设施服务、支付服务、商业服务、隐私服务、娱乐、股权证明、物联网、社交、游戏等较多的领域，应用方向持续探索。

8.3 区块链与数字货币

8.3.1 横空出世的数字货币 Libra

Libra，是 Facebook 新推出的虚拟加密货币。Libra 是一种不追求对美元汇率稳定，而追求实际购买力相对稳定的加密数字货币。最初由美元、英镑、欧元和日元 4 种法币计价的一篮子低波动性资产作为抵押物。

2019 年 6 月 18 日，Facebook 发布旗下加密项目 Libra 白皮书。

2019 年 7 月 17 日，美国众议院金融服务委员会举行有关 Facebook 虚拟货币的听证会。

2019 年 9 月 14 日，法国和德国已经同意抵制 Facebook 旗下的 Libra 加密货币。

2019 年 10 月 5 日，PayPal 宣布放弃参与 Facebook 旗下加密货币 Libra。

2019 年 10 月，以法国为首的欧盟五国正联手抵制 Libra 进入欧洲市场，还准备要求脸书放弃该项目。

Libra 是全球首家大型网络巨头发起的加密币，除 Facebook 外，Visa、Mastercard、PayPal、Uber 等大机构都参与其中。特别是 Facebook 在全球拥有 24 亿用户社交网络基础，预计 Libra 的推广速度将会很快。Libra 与一篮子货币的存款或政府债券挂钩，与比特币等没有任何资产支撑的加密币更符合人们的思维习惯。

8.3.2 数字货币 Libra 的价值

1. Libra 的优点

Libra 能让用户享受低成本跨境汇款。如果 Facebook 的 24 亿用户用 Libra 购物和转账，Libra 将成为全球规模最大的金融实体之一。金融数字化注定会让几十亿人的生活变得更容易，成本更低。而且 Libra 的价值将与一篮子主要货币挂钩，能处理大额交易。

2. Libra 的缺点

首先，它可能扰乱金融系统的稳定性。Libra 会弱化有关国家的经济和金融主权，并使得金融稳定性下降。假设西方国家每位储户将银行存款的 1/10 换成 Libra，储备基金规模将超过 2 兆亿美元,使之成为债券市场中的主要力量。大量储蓄流失的银行很有可能发生偿付恐慌,也会收紧放贷。

其次,是 Libra 自身体系的治理。巨额资金跨境流动会让国际收支平衡脆弱的国家受到极大影响。如何实现有效治理是一个难题。

8.3.3 国际组织发行虚拟货币

国际货币基金组织(IMF):数字货币是其 189 个成员国 2020 年的首要任务。这意味着各成员国都高度重视数字货币的价值。

IMF 总裁、经济学家克里斯塔琳娜·乔治厄娃(Kristalina Georgieva)列出了该组织新一年的首要任务。为刺激 189 个成员国的全球经济健康发展,各国领导人必须跟上包括数字货币在内的金融科技的实际发展。2020 年,国际货币基金组织将如何利用它的钱包、技术和通证来帮助促进和完善一个健康的全球经济。

目前,太多复杂的因素阻碍数字货币试图取代美元。数字资产要取代处于主导地位的美元,还有很长的路要走。人们对美元的安全性和稳定性持有广泛的看法,数十年来,美元一直在国际货币体系中占主导地位。与法定货币相比,大型科技公司发行的数字货币无疑具有一些优势。中国的微信支付等大规模服务在一个平台上提供多种服务的无缝集成,并结合低成本和用户友好的支付系统。IBM 预测未来 5 年内将出现一种央行数字货币。即便如此,人们产生与法定货币脱节的不同账户单位的可能性也很小,尤其是由于涉及复杂的监管和司法问题。

IMF 一直在推动数字货币的发展,再加上各国央行的积极主动配合,相信不久的将来,央行数字货币时代就会到来。

8.3.4 央行法定数字货币

央行法定数字货币就是 DC/EP。在概念上,DC/EP 是两个词的组合。其中 DC 是 digital currency,即数字货币;而 EP 是 electronic payment,即电子支付。所以 DC/EP 是数字货币与电子支付。其中,支付的东西是指通过移动通信或者其他网络系统传输数字的东西,并不是纸面的货币,所以 EP 本身也有数字货币的属性。DC 则是数字形式的货币。由央行发行的数字货币,通常也被称为央行数字货币,英文简称为 CBDC(中国称 DC/EP)。一般来说,央行数字货币是法币的数字形式,与比特币等加密货币的属性完全不同。

1. 央行法定数字货币的定位

央行数字货币注重 M0 替代,而不是 M1、M2 的替代。这是因为 M1、M2 已经实现电子化、数字化。因为它本来就是基于现有的商业银行账户体系,所以没有再用数字货币进行数字化的必要。另外,支持 M1 和 M2 流转的银行间支付清算系统、商业银行内系统以及非银行支付机构的各类网络支付手段等日益高效,能够满足我国经济发展的需要。所以,用央行数字货币再去做一次 M1、M2 的替代,无助于提高支付效率,且会对现有的系统和资源造成巨大浪费。相比之下,现有的 M0(纸钞和硬币)容易匿名伪造,存在用于洗钱、恐怖融资等风险。另外电子支付工具,比如银行卡和互联网支付,基于现有银行账户紧耦合的模式,公众对匿名支付的需求又不能完全满足。所以电子支付工具无法完全代替 M0。特别是在账户服务和通信网络覆盖不佳的地区,民众对于现钞依赖程度还是比较高的。所以 DC/EP 的设计保持了现钞的属性和主要特征,也满足了便携和匿名的需求,是代替现钞比较好的工具。

2. 央行法定数字货币的技术架构

央行保持技术中性,不预设技术路线,即不一定依赖某一种技术路线。原因在于如果完全采用区块链架构,由于央行法定数字货币是 M0 替代,如果要达到零售级别,必须保证可实现高并发。2018 年"双十一"当日,网联清算平台的交易峰值达到了 92 771 笔/秒,但比特币是每秒仅为 7 笔,以太币是每秒 10~20 笔,加密项目 Libra 白皮书中提到每秒 1 000 笔。这显然都满足不了金融市场日常的支付需求。在我国这样一个大国发行数字货币,采用纯区块链架构无法实现零售所要求的高并发性能,所以央行 DC/EP 采取的是双层运营体系。单层运营体系是中国人民银行直接对公众发行数字货币。而中国人民银行先把数字货币兑换给银行或者其他运营机构,再由这些机构兑换给公众,属于双层运营体系。采取双层运营体系的主要优势如下。

(1) 中国是一个复杂的经济体,幅员辽阔,人口众多,各地的经济发展、资源禀赋、人口受教育程度以及对于智能终端的接受程度都是不一样的。所以在这种经济体发行法定数字货币是一个复杂的系统性工程。如果采用单层运营体系,意味着央行要独自面对所有公众,会给央行带来极大的挑战。从提升可得性、增强公众使用意愿的角度出发,应该采取双层运营体系来应对这种困难。

(2) 中国人民银行决定采取双层运营体系,也是为了充分发挥商业机构的资源、人才和技术优势,促进创新,竞争选优。商业机构 IT 基础设施和服务体系比较成熟,系统的处理能力也较强,在金融科技运用方面积累了一定的经验,人才储备也比较充分。所以,如果在商业银行现有的基础设施、人力资源和服务体系外,另起炉灶是巨大的资源浪费。中央银行和商业银行等机构可以进行密切合作,不预设技术路线,充分调动市场力量,通过竞争实现系统优化,共同开发,共同运行。通过对比可以发现,Libra 的组织架构和央行 DC/EP 所采取的组织架构实质上是趋同的。

(3) 双层运营体系有助于化解风险,避免风险过度集中。中国人民银行已经开发运营了很多支付清算体系、支付系统,包括大小额、银联网联,但是原来的清算系统都是面对金融机构,而发行央行法定数字货币,要直接面对公众。这就涉及千家万户,仅靠央行自身力量研发并支撑如此庞大的系统,且要满足高效稳定安全的需求,还要提升客户体验,是非常不容易的。所以从这个角度讲,无论是从技术路线选择,还是从操作风险、商业风险来说,双层运营体系可以避免风险过度集中到单一机构。

3. 央行法定数字货币中心化管理模式

加密资产的自然属性是去中心化,而 DC/EP 一定要坚持中心化的管理模式,主要有以下几个方面原因。

(1) 央行法定数字货币仍然是中央银行对社会公众的负债。这种债权债务关系并没有随着货币形态变化而改变。因此,仍然要保证央行在投放过程中的中心地位。

（2）为了保证并加强央行的宏观审慎和货币调控职能，需要继续坚持中心化的管理模式。

（3）第二层指定运营机构来进行货币的兑换，要进行中心化的管理，避免指定运营机构货币超发。

（4）在整个兑换过程中，没有改变二元账户体系，所以应该保持原有的货币政策传导方式，这也需要保持央行中心管理的地位。

中心化的管理方式与电子支付工具是不同的。从宏观经济角度讲，电子支付工具资金转移必须通过传统银行账户才能完成，采取的是账户紧耦合的方式。而对于央行法定数字货币，是账户松耦合，即脱离传统银行账户实现价值转移，使交易环节对账户依赖程度大为降低。这样，央行法定数字货币既可以像现金一样易于流通，有利于人民币的流通和国际化，同时又可以实现可控匿名，在保证交易双方是匿名的同时保证三反（反洗钱、反恐怖融资、反逃税）。

（5）因为央行法定数字货币是对 M0 的代替，所以对于现钞是不计付利息的，不会引发金融脱媒，也不会对现有的实体经济产生大的冲击。

（6）由于央行法定数字货币是 M0 的代替，应该遵守现行的所有关于现钞管理和反洗钱、反恐怖融资等规定，对央行法定数字货币大额及可疑交易向中国人民银行报告。

央行法定数字货币必须有高扩展、高并发的性能，它是用于小额零售高频的业务场景。为了引导央行法定数字货币用于小额零售场景，不对存款产生挤出效应，避免套利和压力环境下的顺周期效应，可以根据不同级别钱包设定交易限额和余额限额。另外可以加一些兑换的成本和摩擦，以避免在压力环境下出现顺周期的情况。

4. DC/EP 未来展望

从货币发展必然性来说，货币必然向低成本、可靠、便捷的方向发展，一般等价物必定越来越脱离实体，其形态也越来越自由。

从国家战略层面来说，法定数字货币事关我国能否在数字经济时代取得国际竞争优势。我国的移动支付在国际支付中处于相对的领先地位，但是这种优势并不是绝对的。Libra 的发布给我国敲响了警钟，DC/EP 的及时推出能够在关键时刻突破人民币在国际上的上升空间。

在全球数字化的浪潮下，DC/EP 能够成为下一个十年数字化转型最具有代表性的应用之一。

8.4 区块链推动金融创新

8.4.1 法定数字货币与零售业务

央行要发行的法定数字货币与 Libra 最重要的区别是，Libra 需要运用区块链技术打造一个去中心的加盟链网络体系，在这个网络体系中只运行专用的加密货币，即 Libra，而不再运行其他各种法定货币。即 Libra 在很大程度上挤占了现有货币体系中货币的使用空间，尽管它与一篮子货币挂钩。而央行加密货币并不是要取代现有的人民币体系。现阶段的央行法定数字货币设计，注重 M0 替代，而不是 M1、M2 的替代。M1、M2 本来就是基于现有的商业银行账户体系，没有必要再用法定数字货币进行数字化。央行法定数字货币主要用于小额零售高频业务场景,因此法定数字货币将对银行零售业务产生影响。

(1) 法定数字货币使同业间结算和银行内部的资金转移和结算都将大大受益于点对点实时交易的特征,可明显节省过去在交易类系统和清算类系统方面的开发和维护成本。

(2) 由于法定数字货币的可追踪性,银行花费在如反洗钱、反欺诈等合规验证和审计方面的成本将大幅降低。

(3) 货币数字化后将带来一场支付行业的重新洗牌,银行将有新一轮的机会构建支付市场新格局。

(4) 法定数字货币还将衍生出更多的支付场景,例如在零售银行方面,基于线上内容和服务的使用进行极小微支付(如1/10分钱)将成为可能。未来通过物联网与区块链结合,可实现机器对机器(M2M)的自动支付。

8.4.2 区块链影响银行交易的清算和结算

银行结算是指通过银行账户的资金转移所实现收付的行为,即银行接受客户委托代收代付,从付款单位存款账户划出款项,转入收款单位存款账户,以此完成客户之间债权债务的清算或资金的调拨。在此过程中,银行既是商品交换的媒介,也是社会经济活动中清算资金的中介。传统的银行清算比如从美国跨境汇款到中国需要3~7天的时间,如此长的汇款时间不仅对用户来说体验不好,对银行等金融机构来说,让货币在全球流动也是一件相当费时费力的工作。如果遇到两家银行间暂未建立金融关系的情况,那么从一方向另一方作跨境支付或汇款就会涉及环球同业银行金融电讯协会协议(SWIFT)。

SWIFT平均每天都要为1万家以上的金融机构提供超过2 400万次的交易信息服务。而如果要在两家尚未建立金融合作关系的银行间处理支付和汇款操作,就需要在SWIFT网络上找到可以提供跨境服务的交易通信节点来完成交易和汇款的清算与结算。在整个过程中不仅会产生较高的手续费用,对银行来说还带来了不小的压力,因为各交易通信节点行通常都有自己的一套账本体系,而对账则必须在交易日结束前完成。

区块链技术可以为目前的国际清算与结算体系带来一场革新。与传统上使用SWIFT协议来保证金融机构间账本一致不同,一个银行间的区块链系统可以做到公开且透明地记录所有交易。这意味着所有的交易都可以直接在区块链上作结算,而不再需要依赖一个由托管服务和交易通信节点行构成的网络体系来完成结算,因此也就可以降低用于维护传统网络体系的高额成本。区块链可以使交易和清算同时进行,大大提高了运行效率。中国跨境贸易业务规模庞大,近年随着走出去战略和"一带一路"的深化,企业层面(B2B)的跨境支付与结算业务将是一个重大的市场契机。区块链技术在B2B跨境支付与结算业务中的应用将可降低每笔约40%的交易成本。

 案例

中国银行创新区块链应用平台

中国银行一直积极开展区块链在贸易融资、生物认证科技、扶贫、租房等领域的应用。2017年6月,中国银行与腾讯合作,测试区块链技术,并在云计算、大数据和人工智能等领域展开深度合作。2017年8月,中国银行与SWIFT组织和全球银行一起加入SWIFT gpi

区块链概念验证，以促进金融在 SWIFT gpi 项目中的应用。2018 年 4 月，中国银行雄安分行与蚂蚁金服雄安数字技术公司在雄安新区签署合作，双方将基于区块链技术在雄安住房租赁相关领域开展合作。中国银行还与汇丰银行合作，利用区块链技术开发一种系统，可用于共享有关抵押贷款估值的信息。该系统自 2017 年 11 月推出以来，已处理超过 2 500 个物业估价案例。

8.4.3 贸易融资是区块链技术最具特点的领域

目前的贸易融资领域广泛地涉及中介机构、银行和第三方提供商。这些中间商之间签订了促进交易和融资的合同，在贸易融资领域最普遍的付款方式是通过开放账户，商业伙伴通过公开代理银行的账户来处理多个交易。区块链技术可以优化贸易融资业务，本质上是利用区块链技术的智能合约协议来代替传统低效的金融网络，该协议可以实时处理、更新和广播交易。凭借区块链技术及其在分布式和不可变的分类账上确保交易的能力，政府和企业正在尝试通过可信赖的金融网络来代替银行和中介机构。银行也试图开发基于区块链技术的贸易融资平台，以降低运营成本和手动验证时间。

中国银行业协会"中国贸易金融跨行交易区块链平台"于 2018 年 12 月 29 日正式上线运行。平台建设由中国银行业协会统筹规划，联合国家开发银行、中国工商银行、中国农业银行、中国银行、中国建设银行、交通银行、招商银行、中信银行、光大银行、民生银行、浦发银行、邮储银行、平安银行、汇丰银行(中国)等共同发起。以国内信用证和福费廷跨行业务为试点，能够满足银行在开展跨行贸易金融业务中信息流通、数据安全、隐私保护、交易执行等多方面的管理和业务需求，在不改变银行各自流程的前提下，实现跨行交易的电子化、信息化和便捷化。平台将吸收广大中小银行加入平台，并拓展平台业务类型，及同税务、海关等相关机构积极展开合作。

案例

中国建设银行"BCTrade 2.0 区块链贸易金融平台"

中国建设银行区块链贸易金融平台自 2018 年 4 月上线以来，累计交易量突破 3 600 亿元，先后部署国内信用证、福费廷、国际保理、再保理等功能，为银行同业、非银机构、贸易企业三类客户提供基于区块链平台的贸易金融服务，参与方包括中国建设银行等 54 家境内外分支机构和 40 余家同业，覆盖国有大型银行、全国性股份制银行、城市商业银行、农村商业银行、外资银行、非银行金融机构等各类机构。

8.4.4 区块链+供应链金融解决中小企业融资难题

供应链金融有着广阔的发展前景，各家银行也在加速布局这一领域，但商业银行开展供应链金融业务目前仍面临着三个痛点。

(1)企业"信息孤岛"，企业间系统不互通、贸易信息主要依靠纸质单据传递。特别是核心企业数据普遍存在单边化、私有化、封闭化的现象。企业"信息孤岛"，四流难合一，进而增加银行对企业获取信息成本，让每期风控难度提升，进而让企业融资难度增加。

(2)核心企业信用只能传递至一级企业,其他供应商无法利用核心企业信用进行供应链金融融资。二级及以上企业无法通过核心企业授信实现供应链融资,而这同时也会使银行获客受到局限。

(3)造假风险,出现仓单、票据造假等情况,让金融行业产生业务风险,进而降低金融行业开展供应链金融的积极性。

区块链是一项基础性技术,它有潜力为供应链金融行业的经济和交易制度创造新的技术基础。分布式账本解决多数据共享,共识算法解决多点互信问题,加密技术解决用户隐私保护,智能合约建立多方协作机制。区块链技术将深刻改变供应链金融行业的商业运作,这种改变远远大于供应链行业的改变。区块链应用不仅是传统业务模式的挑战,更是创建新业务和简化内部流程的重要机会。区块链+供应链金融有以下优势。

1. 真正实现四流合一

供应链金融是指以核心企业为依托,以真实贸易背景为前提,运用自偿性贸易融资的方式,通过应收账款质押、货权质押等手段封闭资金流或者控制物权,对供应链上下游企业提供的综合性金融产品和服务。供应链金融以核心企业为出发点,重点关注围绕在核心企业上下游的中小企业融资诉求,通过供应链系统信息、资源等有效传递,实现供应链上各个企业的共同发展,持续经营。数据是开展供应链金融的核心,区块链可以让数据方从原来的核心企业拓展到物流公司、电商平台和ERP厂商等,从而有效实现商流、物流、资金流、信息流的四流合一,这与产业的互联网化与信息化程度提升有着直接关系。

2. 推动多主体更好地合作

供应链金融为各参与方提供平等协作的平台,能够大大降低机构间信用协作风险和成本。各主体基于链上的信息,可以实现数据的实时同步与实时对账。

3. 实现多层级信用传递

区块链可以很快地验证交易的真实性,可以把核心企业的信用逐级传递下去,同时可以整合信息流、商流、物流和资金流,可以方便地去溯源。

8.4.5 区块链对信贷业务影响

区块链技术具有去中心化、建立信任、信息公开透明、数据不易伪造篡改等特点,在这样的机制下,很多问题能够迎刃而解。比如小微企业融资难题——小厂商能够被真实画像,它的订单、物流、抵押、资金流、贷款流向等信息,甚至水、电、煤信息可以被交叉验证。这样的交互验证,可以轻易甄别出多头借贷问题,也会有更大功用。

案例

中国农业银行用区块链提升互联网普惠金融效能

商业银行依靠传统模式来开展普惠金融业务,需要投入大量的人力,并且存在着"三农"领域的借款主体违约概率较大这项风险,因此必须借助金融科技的手段,准确识别出风险可控的目标客户群体。2018年6月27日，中国农业银行贵州分行首笔200万元区块链农地抵押贷款在全国农村"两权"抵押贷款试点县遵义市湄潭县落地，用于支持当地茶产业发展。以农村土地经营权、农民住房财产权作为追加担保，按照农权价值一定比例追加贷款额度，通过"惠农 e 贷＋两权（区块链方式）"，加大对乡村振兴的金融服务力度。

8.4.6 区块链与同业业务

《关于规范金融机构同业业务的通知》（银发 2014〔127〕号）要求同业业务实行专营规定，要求业务审批、合同签订、账务核算、风险承担等由总行负责，这不仅降低了业务的工作效率，同时加大了管理的难度，还滋生了屡见不鲜的"萝卜章"事件，让银行业务部门在疲于应付交易完成的同时，还要担忧交易对手存在的真实性等问题。通过同业资产交易平台把相关业务流程进行简化和优化，再通过区块链上的智能合约、不可篡改，对多方已经形成共识的合约自动化执行，用技术释放交易员的劳动力，再用共享账本技术实现多方信息共享，从而大大减少业务环节的重复校验及人工工作效率问题。

2016年8月，微众银行联合上海华瑞银行推出微粒贷机构间对账平台，这也是国内首个在生产环境中运行的银行业联盟链应用场景。传统"批量文件对账"模式长久以来未能解决的成本高问题，正是区块链技术的用武之地。随后，洛阳银行、长沙银行也相继接入机构间对账平台，通过区块链技术，优化微粒贷业务中的机构间对账流程，实现了准实时对账、提高运营效率、降低运营成本等目标。目前平台稳定运行零故障，记录的真实交易笔数已达千万量级。

8.4.7 区块链与资产托管

银行托管业务是以银行作为第三方代表资产所有人的利益，从事托管资产保管，监督管理人投资运作，以确保资产委托人利益的一项中间业务。资产托管业务的主要步骤为签订托管合同、开立账户、估值核算、资金清算、投资监督、信息披露、对账等，流程比较烦琐，人工参与度很高。资产托管业务的主要风险点为法律风险、操作风险和声誉风险。从资产托管业务本身来说，采用区块链后，有望实现托管合同签订线上化、依照投资监督指标运行、对托管资产进行控制及跟踪进行智能合约化，以及估值数据和凭证数据存储及更新结构化和自动化等。

案例

邮储银行区块链资产托管系统

邮储银行携手 IBM 推出了基于区块链的资产托管系统。该系统以区块链的共享账本、智能合约、隐私保护、共识机制四大机制为技术基础，选取资产委托方、资产管理方、资产托管方、投资顾问、审计方五种角色共同参与的资产托管业务场景，实现托管业务的信息共享和资产使用情况的监督。其中的技术创新亮点：一是分布式共享账本实现了账本信息和流程事件的多方实时共享，免去了多次信任校验的过程，减少了原有业务环节的 60%～80%，有效解决了信息流通不畅的问题，也方便监管和审计。二是智能合约和共识机制把资本计划的投资合规校验要求放在区块链上，并确保每笔交易都在各方利益诉求得到满足并形成共识的基础上完成,实现了投资指令的智能判断和监管。三是通过使用区块链技术的P2P网络技术,实现了跨机构业务信任的流转、驱动流程以及合约、交易的达成。四是隐私保护可以让交易参与方在快速共享必要信息的同时,保护账户信息的隐私和安全。

8.4.8 区块链在证券结算和清算领域的应用

证券交易市场是区块链存在潜在发展机会的领域。在传统证券交易中,证券所有人发出交易指令后,指令需要依次经过证券经纪人、资产托管人、中央银行和中央登记机构四大机构的协调,才能完成交易。整个流程效率低,成本高,且这样的模式造就了强势中介,金融消费者的权利往往得不到保障。一般来说,从证券所有人处发出交易指令,到交易最终在登记机构得到确认,通常需要"T+3"天。美国两大证券交易所每年所需清算和结算的费用预估高达650亿~850亿美元,但如果将"T+3"天缩短一天为"T+2",每年费用将减少27亿美元。用区块链来进行多方共同维护的清算和结算流程,这样会在各方建立信任,建立相同维护的账本,不管是效率上还是成本上都能得到比较好的提升,整个证券交易的流程也更加扁平化。通过区块链的点对点分布式的时间戳服务器来生成依照时间前后排列并加以记录的电子交易证明,解决双重支付问题,从而带来结算成本或将趋零的可能性。

8.4.9 区块链在保险中的应用

当前中国保险行业发展迅速,但风险管控仍处于相对粗放的阶段,总体面临欺诈频发且日益多样化、专业化、团体化,依赖人工、成本高效率低,以及风险信息割裂、效果不佳的三大挑战。在区块链的应用背景下,其分布式和加密技术特征,结合相关识别技术,可以为解决身份"唯一性困境"提供解决框架和实现路径,确保数据和信息真实可靠,有效溯源,为防范保险欺诈提供有力技术保障。传统保险业中人的作用和影响非常突出,几乎每个环节都离不开人的操作,人的作用越大,操作风险也就越高,而区块链技术的应用将安全实现无人操作。这是因为基于区块链的智能合约技术,使得在履行保险业务的操作过程中,即便没有投保人申请理赔,甚至没有保险公司的批准理赔,只要有相关的理赔条件被触发,保单则自动为用户进行理赔,即实现智能理赔,并且在短时间内就完成理赔金额的支付操作。这样一来,大大缩减了承保周期,而相关的承包产品也能够具备定制化的特点。整个过程中不再涉及人为操作,也避免了欺诈。最终产生的结果降低了成本和风险,同时也降低了保费,为保险用户带来更加具有创新性的革新体验。

思 考 题

1. 简述区块链的主要技术原理。
2. 简述央行法定数字货币的发展前景。
3. 如何理解用区块链+供应链金融解决中小企业融资难题?

第9章 金融科技与风险管理

学习目标：了解金融风险的主要类型；把握金融科技应用带来的各种风险；掌握如何利用金融科技实现风险管理。

9.1 金融风险分类

风险是指在某一特定环境下，在某一特定时间段内，某种损失发生的可能性。风险由风险因素、风险事故和风险损失等要素组成。换句话说，在某一个特定时间段里，人们所期望达到的目标与实际出现的结果之间产生的距离称为风险。风险有两种定义：一种定义强调风险表现为不确定性；另一种定义则强调风险表现为损失的不确定性。若风险表现为不确定性，说明风险产生的结果可能带来损失、获利或者无损失也无获利，属于广义风险，金融风险属于此类。而风险表现为损失的不确定性，则说明风险只能表现出损失，没有从风险中获利的可能性，属于狭义风险。

金融风险是指任何有可能导致金融机构财务损失的风险。金融机构发生的风险所带来的后果，往往超过对其自身的影响。金融机构在具体的金融交易活动中出现的风险，有可能对该金融机构的生存构成威胁；具体的一家金融机构因经营不善而出现危机时，有可能对整个金融体系的稳健运行构成威胁；一旦发生系统风险，金融体系运转失灵，必然会导致全社会经济秩序的混乱，甚至引发严重的政治危机。金融风险有以下几类。

9.1.1 市场风险

市场风险是由于市场因素（如利率、汇率、股价以及商品价格等）的波动而导致的金融参与者的资产价值变化的风险。这些市场因素对金融参与者造成的影响可能是直接的，也可能是通过对其竞争者、供应商或者消费者所造成的间接影响。

1. 汇率风险

2020年年初新冠肺炎疫情发生后，人民币汇率整体呈现走高趋势。多重因素对人民币汇率施加贬值压力，经常账户货物贸易面临逆差压力。当前，全球疫情正处于快速传播阶段，疫情带来的海外产业链受阻、总体需求降低都将导致出口规模明显降低，经常账户服务贸易仍然面临逆差压力。随着疫情在多国暴发，对海外旅客来华旅游活动产生明显抑制，因而服务贸易仍可能面临逆差压力。国内货币适度宽松加剧逆差压力。为充分应对疫情可能带来的流动性风险,国家增强货币政策的灵活性,早部署、快行动,特别注重预期引导,已形成专项再贷款、货币市场利率中枢下移等多项举措。针对未来的生产生活恢复,货币政策预期还将进一步宽松,由此将增加汇率贬值风险。

2. 利率风险

疫情突发期间,居民出于消费、避险等目标而产生的食品类商品消费需求,进一步推动CPI抬升。2020 年 1 月 CPI 同比增速高达 5.4%,2 月 CPI 增速稍缓解至 5.2%,但仍处于历史高位。与此同时,生产价格呈现通缩状态。工业生产者出厂价格指数(PPI)再度转为负值,同比下降 0.4%,显示生产领域有效需求不足。

3. 股价波动

自疫情暴发以来,受短期的恐慌情绪、长期经济增长负面预期、全球股市联动等影响,导致世界多国股票市场价格下跌。自 2020 年 3 月 4 日起,全球疫情暴发、国际原油期货价格下跌,再次引发债券市场恐慌、收益率水平明显下行。在短期,国内债券市场将经历疫情冲击带来的反复震荡。在疫情引致国内外金融市场波动明显加剧的情形下,我国不仅应聚焦当期生产活动稳步恢复,更应关注悲观预期导致的未来需求不足,以稳定可持续的经济增长支持金融市场稳定发展,防止金融资产价格下跌而引致的企业净资产价值进一步降低。

9.1.2 信用风险

信用风险是银行贷款或投资债券中发生的一种风险,即借款者违约的风险。它是由于借款人或市场交易对手的违约(无法偿付或者无法按期偿付)而导致损失的可能性。

1. 还款能力风险

从信用风险的角度来看,还款能力体现借款人客观的财务状况,即在客观情况下借款人能够按时足额还款的能力。个人住房贷款的顺利回收与借款人的家庭、工作、收入、健康等因素的变化息息相关,借款人经济状况严重恶化导致不能按期或无力偿还银行贷款,或者因借款人死亡、丧失行为能力,借款人的继承人放弃所购房屋,从而给银行利益带来损失的违约风险。对于银行而言,把握借款人的还款能力,就基本把握了第一还款来源,就能够保证个人住房贷款的安全。

2. 还款意愿风险

还款意愿是指借款人对偿还银行贷款的态度。在还款能力确定的情况下,借款人也可能故意欺诈,通过伪造的个人信用资料骗取银行的贷款,从而产生还款意愿风险。在实践中,有很多借款人根本不具备按期还款的能力,其通过伪造个人信用资料骗取银行的贷款购买房屋,再将该房屋出租,以租金收入还贷,一旦房屋无法出租,借款人也就无力继续还款,给银行带来风险。

2020 年年初的疫情已明显制约房地产业、制造业、批发和零售业、住宿和餐饮业、交通运输仓储和邮政业企业发展,企业利润下降致使企业债务负担加剧,不良贷款率增加,违约风险提升。另外,全国普遍延迟复工、中小企业复工复产率偏低、产业链下游行业和劳动密集型企业复工率偏低,致使经济增速预期下降。在住户债务方面,个人住房贷款和消费信贷是最主要构成部分。企业生产能力下降将向住户偿还能力形成传导,加剧住户债务负担与违约风险。

9.1.3 流动性风险

巴塞尔委员会(Basel Committee)曾将"流动性"定义为"确保银行清偿到期债务的能力"。在2000年发布的《银行机构流动性管理的稳健操作》中,巴塞尔委员会又将"流动性"定义为"增加资产并满足到期债务清偿的能力"。中国银保监会2018年颁布的《商业银行流动性风险管理办法》则将流动性风险界定为"商业银行无法以合理成本及时获得充足资金,用于偿付到期债务、履行其他支付义务和满足正常业务开展的其他资金需求的风险"。当商业银行的流动性不足时,不能以合理的成本迅速减少负债或现金资产以获得足够的资金,从而影响盈利水平,在极端情况下会导致商业银行破产。商业银行作为存款人和借款人间的中介,在任何时候都只占债务总额的一小部分,以支付所需的流动资产。如果大量的商业银行债权人同时要求兑现其债权,如大量存款人挤兑,商业银行可能面临流动性危机。

疫情之下,经济主体风险偏好降低,可供交易的资金与交易意愿、到期债务总量相比偏低,引发流动性风险。疫情引发的流动性风险集中体现为企业流动性风险、商业银行流动性风险、全球金融市场流动性风险三个层次。

(1) 企业流动性风险方面:复工复产的延迟已致使企业现金流压力巨大,餐饮、旅游、电影等生活性消费行业销售额损失预计将分别高达数千亿元。

(2) 商业银行流动性风险方面:中小企业日常流水显著低于预期,餐饮业、运输业、房地产业、批发零售业等行业企业清偿能力下降,结合央行适当展期政策要求,致使商业银行现金回流能力下降。与此同时,疫情引发的短期存款流失与到期存款延期进一步加剧了风险。

(3) 全球金融市场流动性风险方面:海外疫情的暴发与扩散对全球经济形成冲击,而原油价格下跌同样致使优质资产面临变现需求。多国货币政策调控释放的流动性,虽然能够对资产价格形成支撑,但对抑制病毒传播而言仍然效力有限。

企业流动性风险、商业银行流动性风险、全球市场流动性风险,都将对我国宏观流动性产生压力。

  案例

雷曼兄弟破产

从2007年7月开始,雷曼兄弟的股票价格就一路呈走低态势,到2008年年初,这一情况愈演愈烈,最终雷曼兄弟以破产宣告其百年辉煌的终结。从其破产过程来看,主要有以下几个原因。

1. 外部原因

1) 受次贷危机的影响

次贷问题及所引发的支付危机,最根本原因是美国房价下跌引起的次级贷款对象的偿付能力下降。因此,其背后深层次的问题在于美国房市的调整。美国联邦储备系统(美联储)在IT泡沫破灭之后大幅度降息,实行宽松的货币政策。全球经济的强劲增长和追逐高回报,促使金融创新,出现很多金融工具,增加了全球投资者对风险的偏好程度。2000年以后,实际利率降低,全球流动性过剩,借贷很容易获得。这些都促进美国和全球出现的房市的繁荣。而房地产市场的上涨,导致美国消费者财富增加,增加了消费力,使得美国经济持续快速增长,又进一步促进了美国房价的上涨。2000—2006年美国房价指数上涨130%,是历次上升周期中涨幅最大的。房价大涨和低利率环境下,借贷双方风险意识日趋薄弱,次级贷款在美国快速增长。同时,浮动利率房贷占比和各种优惠贷款比例不断提高,各种高风险放贷工具增速迅猛。

但从2004年年中开始,美国连续加息17次,2006年起房地产价格止升回落,一年内全国平均房价下跌3.5%,为自20世纪30年代大萧条以来首次,尤其是部分地区的房价下降超过20%。全球失衡到了无法维系的程度是本轮房价下跌及经济步入下行周期的深层次原因。全球经常账户余额的绝对值占GDP的百分比自2001年持续增长,而美国居民储蓄率却持续下降。当美国居民债台高筑难以支撑房市泡沫时,房市调整就在所难免。这也导致次级和优级浮动利率按揭贷款的拖欠率明显上升,无力还贷的房贷人越来越多。一旦这些按揭贷款被清收,最终造成信贷损失。

和过去所有房地产市场波动的主要不同是,此次次贷危机造成整个证券市场,尤其是衍生产品的重新定价。而衍生产品估值往往是由一些非常复杂的数学或者数据性公式和模型做出来的,对风险偏好十分敏感,需要不断调整,这样就给整个次级债市场带来很大的不确定性。投资者难以对产品价值及风险直接评估,从而十分依赖评级机构对其进行风险评估。然而评级机构面对越来越复杂的金融产品并未采取足够的审慎态度。而定价的不确定性造成风险溢价的急剧上升,并蔓延到货币和商业票据市场,使整个商业票据市场流动性迅速减少。由于金融市场充斥着资产抵押证券,美联储的大幅注资依然难以彻底消除流动性抽紧的状况。到商业票据购买方不能继续提供资金的时候,流动性危机就形成了。更糟糕的是,由于这些次级债经常会被通过债务抵押债券方式用于产生新的债券,尤其是与优先级债券相混合产生CDO。当以次级房贷为基础的次级债证券的市场价值急剧下降,市场对整个以抵押物为支持的证券市场价值出现怀疑,优先级债券的市场价值也会大幅下跌。次级债证券市场的全球化导致整个次级债危机变成一个全球性的问题。

这一轮由次级贷款问题演变成的信贷危机中,众多金融机构因资本金被侵蚀和面临清盘的窘境,这其中包括金融市场中雄极一时的巨无霸们。贝尔斯登、"两房"、雷曼兄弟、美林、AIG皆面临财务危机或被政府接管,或被收购或破产收场,而他们曾是美国前五大投行中的三家,全球最大的保险公司和大型政府资助机构。在支付危机爆发后,除美林的股价还占52周最高股价的1/5,其余各家机构股价均较52周最高值下降98%或以上。六家金融机构的总资产超过4.8万亿美元。贝尔斯登、雷曼兄弟和美林在次贷危机中分别减值32亿美元、138亿美元及522亿美元,总计近700亿美元,而全球金融市场减值更高达5573亿美元。因减值造成资本金不足,所以全球各主要银行和券商寻求新的投资者注入新的资本,试图渡过难关。

2) 美国政府的原因

雷曼兄弟的规模比贝尔斯登更大,为什么美国政府在先后救援了贝尔斯登以及两房之后,却拒绝为拟收购雷曼兄弟的美洲银行以及巴克莱提供信贷支持,从而导致雷曼兄弟申请破产呢?美国政府的这种做法是否有厚此薄彼之嫌?其实,美国政府在救援了贝尔斯登之后,美联储收到了大量的批评。最具有代表性的意见是,为什么政府要用纳税人的钱去为私人金融机构的投资决策失误买单?政府救援私人金融机构会不会滋生新的道德风险,即鼓励金融机构去承担更大的风险,反正最后有政府兜底?因此,当雷曼兄弟出事之后,美国政府就不得不更加慎重了。一方面,次贷危机已经爆发一年多,市场投资者对于次贷危机爆发的原因和可能出现的亏损都有比较清楚的认识,美国政府采取的一系列救市措施也开始发挥作用,在这一前提下,一家投资银行的倒闭不会引发金融市场上更大的恐慌;另一方面,在对政府救市的如潮批评下,美国政府也需要来澄清自己的立场,即除非引发系统性风险,否则美国政府不会轻易利用纳税人的钱去救援私人机构。私人机构应该为自己的决策承担责任,这不仅包括管理层,也包括股东。这也是美国政府在接管两房时表示只保护债权人利益,而撤换了管理层以及严重稀释了两房股东股权价值的原因。投资失败就得承担责任,这是自由市场的核心原则之一。

3) 市场恐慌,客户失去信心

次贷危机的产生使投资者很容易产生恐慌情绪,市场变得异常脆弱。人们对银行和券商越来越不信任,纷纷终止了和雷曼兄弟的合同,转而和相对安全的对手合作,导致雷曼兄弟流动性危机逐渐加大,信用评级大幅降低,融资成本急剧升高,最终无力维持宣告破产。

2. 雷曼兄弟自身的原因

1) 进入不熟悉的业务,且发展太快,业务过于集中

作为一家顶级的投资银行,雷曼兄弟在很长一段时间内注重传统的投资银行业务(证券发行承销,兼并收购顾问等)。进入20世纪90年代后,随着固定收益产品、金融衍生品的流行和交易的飞速发展,雷曼兄弟也大力拓展了这些领域的业务,并取得了巨大的成功,被称为华尔街上的"债券之王"。

2000年后,房地产和信贷这些非传统的业务蓬勃发展,雷曼兄弟和其他华尔街上的银行一样,开始涉足此类业务。这本无可厚非,但雷曼兄弟的扩张速度太快(美林、贝尔斯登、摩根士丹利等也存在相同的问题)。近年来,雷曼兄弟一直是住宅抵押债券和商业地产债券的顶级承销商和账簿管理人。即使是在房地产市场下滑的2007年,雷曼兄弟的商业地产债券业务仍然增长约13%。这样一来,雷曼兄弟面临的系统性风险非常大。在市场情况好的年份,整个市场都在向上,市场流动性泛滥,投资者被乐观情绪所蒙蔽,巨大的系统性风险给雷曼兄弟带来了巨大的收益;可是当市场崩溃的时候,如此大的系统风险也必然带来巨大的负面影响。

另外,雷曼兄弟"债券之王"的称号固然是对它的褒奖,但同时也暗示了它的业务过于集中于固定收益部分。近年来,虽然雷曼兄弟也在其他业务领域(兼并收购、股票交易)方面有了进步,但缺乏其他竞争对手所具有的业务多元化。对比一下,同样处于困境的美林证券可以在短期内迅速将它所投资的彭博和黑岩公司的股权脱手而换得急需的现金,但雷曼兄弟就没有采取这样的应急策略。这一点上,雷曼和此前被收购的贝尔斯登颇为类似。

2) 自身资本太少,杠杆率太高

以雷曼兄弟为代表的投资银行与综合性银行(如花旗、摩根大通、美洲银行等)不同。它们的自有资本太少,资本充足率太低。为筹集资金扩大业务,它们只好依赖债券市场和银行

间拆借市场;在债券市场发债来满足中长期资金的需求,在银行间拆借市场通过抵押回购等方法来满足短期资金的需求(隔夜、7天、一个月等)。然后将这些资金用于业务和投资,赚取收益,扣除要偿付的融资代价后,就是公司运营的回报。公司用很少的自有资本和大量借贷的方法来维持运营的资金需求,这就是杠杆效应的基本原理。借贷越多,自有资本就越少,杠杆率(总资产除以自有资本)就越大。杠杆效应的特点:在赚钱的时候,收益是随杠杆率放大的;但当亏损的时候,损失也是按杠杆率进行放大的。杠杆效应是一把双刃剑。近年来由于业务的扩大和发展,华尔街上的各投行已将杠杆率提高到了危险的程度。

9.1.4 操作风险

巴塞尔协议Ⅱ(2004年)对操作风险的正式定义:是指由于内部程序、人员和系统的不完备或失效,或由于外部事件造成损失的风险。即由于控制、系统及运营过程中的错误或疏忽而可能导致潜在损失的风险。在不少金融机构中,操作风险导致的损失已经明显大于市场风险和信用风险。因此,国际金融界和监管组织开始致力于操作风险管理技术、方法和组织框架的探索与构建,目前已取得明显的进展。关注操作风险已成为我国商业银行不可回避的话题,操作风险是当前银行业风险管理的重中之重,银行职员操作权归属不清是操作风险产生的根源,整合IT平台清晰界定操作权是国有商业银行的当务之急。

按照发生的频率和损失大小,巴塞尔委员会将操作风险分为七类。

(1) 内部欺诈。机构内部人员参与的诈骗、盗用资产、违犯法律及公司的规章制度的行为。

(2) 外部欺诈。第三方的诈骗、盗用资产、违犯法律的行为。

(3) 雇用合同以及工作状况带来的风险事件。由于不履行合同或者不符合劳动健康、安全法规所引起的赔偿要求。

(4) 客户、产品以及商业行为引起的风险事件。有意或无意造成的无法满足某一顾客的特定需求或者由于产品的性质、设计问题造成的失误。

(5) 有形资产的损失。由于灾难性事件或其他事件引起的有形资产的损坏或损失。

(6) 经营中断和系统出错。软件或者硬件错误、通信问题以及设备老化。

(7) 涉及执行、交割以及交易过程管理的风险事件。交易失败、与合作伙伴的合作失败、交易数据输入错误、不完备的法律文件、未经批准访问客户账户以及卖方纠纷等。

 案例

巴林银行倒闭事件

1995年2月26日,英国中央银行突然宣布,巴林银行不得继续从事交易活动并将申请破产清算。这则消息让全世界为之震惊,因为巴林银行是英国举世闻名的老牌商业银行,巴林银行破产的原因更让人难以置信,它竟葬送在巴林银行新加坡分行的一名普通职员之手。

1992年,里森加入巴林银行并被派在新加坡分行,负责新加坡分行的金融衍生品交易。里森的主要工作是在日本的大阪及新加坡进行日经指数期货的套利活动。然而过于自负的里森并没有严格按照规则去做,他判断日经指数期货将要上涨,伪造文件、私设账户挪用大量的资金买进日经指数期货。

1995年2月23日,里森突然失踪,他失败的投机活动导致巴林银行的损失超过10亿美元,已经远远超过巴林银行541亿美元的全部净资产。

巴林银行破产的原因耐人寻味。从表面来看,巴林银行是由于里森个人的投机失败直接而引发的。而实际上,深层次的原因在于巴林银行控制内部风险尤其是操作风险的制度相当弱。首先,巴林银行没有将交易与清算业务分开,允许里森既作为首席交易员,又负责其交易的清算工作。在大多数银行,这两项业务是分立的。因为一个交易员清算自己的交易会使其很容易隐瞒交易风险或亏掉的金钱。这是一种制度上的缺陷。其次,巴林银行的内部审计极其松散,在损失达到5 000万英镑时,巴林银行总部曾派入调查里森的账目,资产负债表也明记记录了这些亏损,但巴林银行高层对资产负债表反映出的问题视而不见,轻信了里森的谎言。里森假造花旗银行有5 000万英镑存款,也没有人去核实花旗银行的账目,监管不力不仅导致巴林银行的倒闭,也使其3名高级管理人员受到法律制裁。

9.1.5 合规风险

根据巴塞尔银行监管委员会发布的《合规与银行内部合规部门》,合规风险是指银行因未能遵循法律法规、监管要求、规则、自律性组织制定的有关准则,以及适用于银行自身业务活动的行为准则,而可能遭受法律制裁或监管处罚、重大财务损失或声誉损失的风险。从内涵上看,合规风险主要是强调银行因为各种自身原因主导性地违反法律法规和监管规则等而遭受的经济或声誉损失。这种风险性质更严重,造成的损失也更大。

传统的银行风险包括信用风险、市场风险、操作风险三大风险,合规风险是基于三大风险之上的更基本的风险。合规风险与银行三大风险既有不同之处,又有紧密联系。其不同之处是,合规风险简单地说是银行做了不该做的事(违法、违规、违德等)而招致的风险或损失,银行自身行为的主导性比较明显;而三大风险主要是基于客户信用、市场变化、员工操作等内外环境而形成的风险或损失,外部环境因素的偶然性、刺激性比较大。过去,商业银行通常把合规风险视同于操作风险,多注重在业务操作环节和操作人员上设关卡,其结果并不奏效,操作风险仍然在银行内部人员中大量存在并不断变换手法。这就说明,简单地把合规风险等同于操作风险的认识是不全面和不准确的。虽然大量的操作风险主要表现在操作环节和操作人员身上,但其背后往往潜藏着操作环节的不合理和操作人员缺乏合规守法意识。

合规风险包括以下三个层面。

(1) 决策中未充分考虑依法合规性,经营、披露、宣传中因内外因素造成声誉损失,而由策略风险及声誉风险转化而成的法律风险。

(2) 由不完善或有问题的内部程序、人员及系统或外部事件所造成损失的法律风险,包括依法合规经营、人员授权控制、业务管理控制出现问题及外部法规变动带来的法律风险。

(3) 由信用风险及市场风险转化成的法律风险,包括授信管理、准入推出制度、授信制度、风险政策及风险目标出现问题以及交易性风险、流动性风险及利率风险控制失当而带来的法律风险。

9.1.6 系统性风险

系统性风险是指国家因多种外部或内部的不利因素经过长时间积累没有被发现或重视,在某段时间共振导致无法控制使金融系统参与者恐慌性出逃(抛售),造成全市场投资风险加大。系统性风险对市场上所有参与者都有影响,无法通过分散投资来加以消除。系统性金融风险是相对个别金融风险或局部性金融风险而言,当前反复提出要防范化解重大风险,重点就是要防控金融风险,要坚决守住不发生系统性风险的底线。

最典型的案例莫过于 2008 年国际金融危机期间,美国五大银行无一幸免,并在金融体系内产生了连锁反应。危机期间的惨痛经历警示人们,系统重要性金融机构的经营和风险状况直接关系到金融体系整体稳健性。如果系统重要性金融机构发生重大风险,受影响的不只是金融体系,还会对实体经济产生重大不利影响,甚至会引发系统性风险。正因如此,危机后,有关各国均针对系统重要性金融机构监管建立了相应的制度安排,对这些机构设置了更加严格的监管要求。

2020 年年初,受新冠肺炎疫情影响,全球经济下行风险增大。国际货币基金组织(IMF)、经济合作与发展组织(OECD)等国际组织纷纷下调 2020 年全球及主要国家地区的经济增长。从中国 PMI 整体发展来看,制造业、非制造业新订单指数与生产指数几乎呈现一致的下跌幅度,有形成系统性金融风险的可能。

坚决打好防范化解重大风险攻坚战,是党的十九大提出的重要任务。为守住不发生系统性金融风险的底线,我国正在快马加鞭补齐制度短板。2018 年 11 月 27 日,中国人民银行、银保监会、证监会联合印发《关于完善系统重要性金融机构监管的指导意见》(以下简称《指导意见》),为我国系统重要性金融机构的监管搭建了宏观政策框架。此次《系统重要性银行评估办法(征求意见稿)》落地,则是对《指导意见》的进一步细化,对系统重要性银行实行评估和识别。

金融安全是国家安全的重要组成部分,要切实把维护金融安全作为治国理政的一件大事,要坚决守住不发生系统性金融风险的底线。

9.2 金融科技应用带来的新风险

金融科技是基于技术驱动的金融创新,其本质还是金融,从信贷角度来看,它依然是货币持有者将约定数额的资金借出并要求借款者在约定期限内按约定条件还本付息的信用活动,其核心仍是持牌金融机构的信贷行为。而金融的重要属性就是风险,因此通过运用互联网、大数据、云计算、人工智能、区块链等技术,原来在线下进行的金融业务迁移到线上,演化出不同于传统金融的特征。这意味着,金融机构在应用金融科技创新的同时不仅面临与传统金融业务相同的风险,也有其自身独特的业务风险。

9.2.1 互联网应用带来的新风险

1. 信用风险

在贷款业务中,信用是核心要素。由于资金的供求双方存在不同程度的信息不对称现象,容易造成逆向选择和道德风险。客户对自己的资信状况有着更加准确的评估,只有认为合适时才会选择贷款,这就容易造成最终成交客户的实际风险水平高于评估值。而互联网贷款在提升贷款效率、增加便捷度的同时,也省略了面签、抵押、人工尽职调查等环节,取而代之的是通过大数据和风控模型试图解决信息不对称问题,但是多重信息并不能保证其结果有效。其中,要着重关注欺诈风险。一些信用风险较大的个人可能通过伪冒申请、提供虚假资料和虚假联系人、多头借贷等方式获取信贷资源;更有甚者,通过黑灰色产业的代办包装、组团骗贷等方式获取额度和资金,由于信贷中介谙熟各家银行的审核规则,他们就会通过各种手段对申请人进行包装以突破银行风控规则。虽然目前大多数银行宣称使用大数据和创新性模型进行反欺诈及风险评估,但是如果数据本身的维度和真实性存在问题,那么无论使用多大体量的数据和多么先进的模型,其结果的可靠性都会大打折扣,导致欺诈风险抬升。

2. 法律风险

银行内部保存着大量的客户信息,包括涉及客户身份识别的一些敏感信息,比如身份证号、面部肖像、指纹等,一旦信息泄露被用作非法用途,其法律后果十分严重。除此之外,客户的金融、支付、消费记录等信息均具有商业价值,未经客户授权使用、转让或出售,容易引起投诉或法律纠纷。如果银行内控存在疏漏,不能对信息的流转进行有效监管和控制,留有人为操作的空间,就可能发生内部员工泄露客户信息的事件。另外,互联网贷款业务在贷后催收过程中,也可能面临"暴力催收"的指责和法律纠纷。

3. 技术风险

保护企业网络信息安全、数据安全,远离网络威胁的侵害,为客户构建基于认知技术的企业级安全免疫体系,包括安全事件检测与分析及优先级排序、数据安全风险可视化及敏感数据保护、软件开发生命周期管理、应用安全管理及漏洞扫描等。建立符合监管要求的安全运维中心,提高安全感知能力并满足监管合规要求。商业银行互联网贷款往往倚重大数据、云计算、人工智能等金融科技,但是新技术是一把双刃剑,可以提高效率、增加利润,同时也会给机构带来技术风险。网络黑客入侵、数据库和服务器漏洞等一直以来都是互联网发展过程中的问题。而银行机构既掌握大量客户金融数据,更储存电子账户资金,因此历来都是网络攻击的重灾区。

4. 操作风险

由于网络金融犯罪不受时间、地点限制,作案手段隐蔽,犯罪主体呈现年轻化趋势,往往是高智商、高学历人群,更形成黑色产业,进行集群式犯罪。同时,银行内部也发生过系统操作、管理人员等内部犯罪的案例。因此,银行在自身安全管理、内控合规、网络安全技术等方面都需要进一步加强,以防范风险。

9.2.2 大数据应用带来的新风险

1. 数据安全性风险

金融机构在应用大数据创新发展的同时,数据安全问题始终都会存在。如果不能对数据实施有效保护,就会出现数据信息泄露的可能性,这对金融企业而言,是十分不利的。针对这一点,各金融机构已经制定出相应的安全措施,且一直在对各项安全措施进行完善之中,但由于金融行业有着业务链条过大的特点,只要其中任何一个环节出现问题,都会对金融财产安全造成威胁,所以各金融机构还需继续加大对金融数据安全性的管理力度。

(1) 企业数据泄露。通过大数据能够完整呈现出企业生产运营的整个过程,所以一旦数据出现泄露可能会带来巨大的损失,这也是大数据自身潜在的威胁。目前,为了保障企业数据的安全性,在方案设计的过程中往往会采用多种方案的结合,比如边缘计算和私有云的结合就能够在很大程度上避免企业数据的泄露问题。

(2) 个人用户隐私泄露。对个人用户来说,在大数据时代,个人隐私会受到一定程度的威胁,因为通过大数据能够完整还原用户的整个生活轨迹,这其中包括出行记录、消费记录、就医记录、工作记录、教育记录等。随着大数据采集手段的提升,关于用户数据的纬度也会越来越高,如果这些数据不能得到有效保护,对用户来说,可能会面临巨大的风险。

2019年9月,30家大数据服务企业被公安机关调查,相关企业都收紧或者喊停数据服务。这些操作的背后或与大数据公司涉嫌利用网络爬虫技术侵犯个人隐私有关联。被调查的大数据公司基本都是涉嫌利用网络爬虫技术侵犯个人隐私,或与助力暴力催收有关联。

爬虫作为一种获取信息的手段和工具本身并不违法,但是如果未经用户授权同意便通过爬虫爬取用户信息,特别是涉及隐私的信息就存在违法问题。爬虫技术的数据采集主要包括公开的第三方数据;抓取用户主动授权的个人基本信息、联系人信息、银行卡信息等数据;授权抓取数据,如设备号、IP地址、运营商/电商等用户授权后合规采集数据;经授权的平台数据,如用户在平台的历史借款、还款情况等用户已在注册协议或隐私协议中授权业务方进行分析的数据。

目前,包括现金贷平台、网贷在内的大多数数据公司除通过正常合规渠道来获得的身份证、银行卡、手机号等信息外,还会通过第三方大数据公司接入借贷数据、行为数据等,某些特定领域和方向的数据则需借助爬虫来完成。但是有些三方数据公司可能会在收集用户数据后"卖"给有需求的公司。

大数据公司采集的数据存在是否获得授权、爬取是否合法合规的问题。一方面公共数据的爬取是不允许商业利用的,并不是互联网的数据可以随便爬取;另一方面有些客户提供淘宝号,甚至密码授权爬取,在爬取时就侵入了对方的计算机,这其实也是一种犯罪行为,叫作侵入计算机犯罪。

2. 数据真实性风险

大数据包括来源不同的各种信息混杂在一起会加大数据的混乱程度,统计学者和计算机科学家指出,巨量数据集和细颗粒度的测量会导致出现"错误发现"的风险增加。那种认为假设、检验、验证的科学方法已经过时的论调正是出于面对大数据时的混乱与迷茫,因为无法处理非结构化的海量数据,从中找出确定性的结论,索性拥抱凯文·凯利所称的混乱。这种想法在某些领域是有效的,比如它可以解释生物的选择性,东非草原上植物的选择过程,但是未必能解释人,解释事件过程和背后的规律。

大数据意味着更多的信息,但同时也意味着更多的虚假关系信息,斯坦福大学 Trevor Hastie 教授用"在一堆稻草里面找一根针"来比喻大数据时代的数据挖掘,问题是很多稻草长得像针一样,"如何找到一根针"是现在数据挖掘的问题上面临的最大问题,海量数据带来显著性检验的问题,将很难找到真正的关联。

3. 大数据分析技术风险

由于大数据金融模式起步相对较晚,数据库建设以及数据统计、分析等技术模块还处于不断发展之中,且部分企业还是对结构化数据处理较为依赖,直接对非结构数据处理技术的发展造成了影响,导致金融机构只能通过探索的方式,来对大数据技术进行选择,这就会直接加剧技术决策的风险系数,可能会因为技术选择不当而使金融机构产生损失。

(1) 数据量难以计算,这本身也是大数据的一个不确定性。所以我们需要确立一种动态响应机制,对于有限的计算,还有储存的资源,本身也需要进行合理的配置。另外,如何以最小的成本获得比较理想的分析结果,这也是目前必须要考虑的一个问题。

(2) 专业的分析工具:在发展数据分析技术的同时,传统的软件工具不再适用。目前人类科技尚不成熟,距离开发出能够满足大数据分析需求的通用软件还有一定距离。如若不能对这些问题做出处理,在不久的将来大数据的发展就会进入瓶颈期,甚至有可能会出现一段时间的滞留期,难以持续起到促进经济发展的作用。

(3) 数据存储难题:随着技术不断发展,数据量从 TB 上升至 PB、EB 量级。如果还用传统的数据存储方式,必将给大数据分析造成诸多不便,这就需要借助数据的动态处理技术,即随着数据的规律性变更和显示需求,对数据进行非定期的处理。同时,数量极大的数据不能直接使用传统的结构化数据库进行存储,人们需要探索一种适合大数据的数据储存模式,也是当下应该着力解决的一大难题。

9.2.3 云计算应用带来的新风险

1. 资源虚拟化风险

云服务器中,硬件平台通过虚拟化为多个应用共享。由于传统安全策略主要适用于物理设备,如物理主机、网络设备、磁盘阵列等,而无法管理到每个虚拟机、虚拟网络等,使得传统的基于物理安全边界的防护机制难以有效保护共享虚拟化环境下的用户应用及信息安全。

案例

宕机事件

2011年4月,某云服务提供商的云计算数据中心宕机,从而导致其数千家商业客户的业务受到影响,故障时间持续4天。此次事件是一场严重的宕机事件。

经调查,造成此次事故的主要原因是,在修改网络配置进行主网络升级扩容的过程中,工程师不慎将主网的全部数据切换到备份网络上。由于备份网络带宽较小,承载不了所有数据,造成网络堵塞,所有"块存储"节点通信全部中断,导致存储数据的MySQL数据库宕机。

事故发生后,这家云服务提供商重新审计了网络配置修改流程,加强了自动化运维手段,并改进了灾备架构,以避免该类事故的再次发生。

亿速云高防服务器进行了容灾部署,保证了服务的高可用性。在假设万一发生宕机的情况下,能够实现1分钟宕机迁移,快速恢复应用,尽可能保证用户业务不受影响,可持续正常运行。采用"分布式三副本机制",灵活支持用户自定义"快照"备份,保证数据99.99%的可靠性。

2. 平台安全防护风险

云计算应用由于其用户、信息资源的高度集中,更容易成为各类拒绝服务攻击的目标,并且由拒绝服务攻击带来的后果和破坏性将会明显超过传统的企业网应用环境,因此,云计算平台的安全防护更为困难。如果管理程序中存在漏洞,攻击者将可以利用该漏洞来获取对整个主机的访问,从而可以访问主机上运行的每个访客虚拟机。由于管理程序很少更新,现有漏洞可能会危及整个系统的安全性。如果发现一个漏洞,企业应该尽快修复漏洞以防止潜在的安全泄露事故。

3. 数据安全风险

用户在使用云服务器的过程中,不可避免地要通过互联网将数据从其主机移动到云上,并登录到云上进行数据管理。在此过程中,如果没有采取足够的安全措施,将会面临数据泄露和被篡改的安全风险。由于相比专用的数据中心,云的规模很庞大,也就成为极容易吸引黑客的重大目标。云公司在屡次泄露客户数据的一系列错误中吸取了这个教训。安全泄密事件是云计算客户最担心的一大问题。许多企业组织小心翼翼,不敢将保护数据的重任交给第三方服务提供商。

4. 人员管理风险

云计算服务提供商内部人员,特别是具有高级权限管理员的失职,将可能给用户数据安全带来很大威胁,如非授权复制虚拟机镜像,导致用户数据或隐私泄露甚至平台停运问题。如果提供商无法妥善管理其数据中心人员,就会出现这种情况。云计算巨头(包括亚马逊网络服务和谷歌计算)常常在早期就饱受停运事件的困扰。就连比其他厂商晚进入云市场的微软也很早遇到了停运问题。

5. 服务连续性风险

用户的数据和业务应用处于云计算系统中,其业务流程将依赖于云计算服务提供商所提供的服务,这对服务提供商的云平台服务连续性、SLA 和 IT 流程、安全策略、事件处理和分析能力等提出了挑战。同时,当发生系统故障时,如何保证用户数据的快速恢复也成为一个重要问题。

 案例

AWS 停运事件殃及 Netflix

Netflix 是最早使用亚马逊 AWS 云服务的大公司之一。从许多方面来看,Netflix/AWS 这对关系再理想不过了:一方面,Netflix 的媒体流服务发展速度太快,该公司内部的 IT 资源满足不了要求;另一方面,零售业巨擘亚马逊网站在云计算潮流的最前沿,早就准备凭借新的创业公司 AWS 引起轰动。遗憾的是,发生在圣诞节前夕的 Netflix 停运事件而受到广泛抨击,而且影响了众多人,以至于这起事件让整个企业云潮流后退了很多。

6. 法律合规性风险

云计算应用地域性弱,信息流动性大,信息服务或用户数据可能分布在不同地区甚至国家,在政府信息安全监管等方面可能存在法律差异与纠纷。云计算服务提供商需要基于法律法规要求,对运营管理制度、业务提供的合规性进行合理规范,在商业合同中的司法管辖权合理设定服务内容,以规避不必要的法律风险。

9.2.4 人工智能应用带来的新风险

1. 技术风险

网络和大数据的发展推动了人工智能的进步,网络攻击智能化趋势也给网络安全保护提出更高要求。有关人工智能与网络安全关系的研究表明,一旦人工智能运用到网络攻击活动,将使得网络攻击活动更加难以预警和防范,关键信息基础设施也将会面临新的安全风险威胁。如人工智能技术运用木马病毒制作传播,将会出现难以防御的超级病毒木马,传统应对方法将不足以制止这些恶意程序传播扩散的速度。此外,人工智能的技术研发与应用也存在一些不确定性的安全风险。

银行在人工智能技术尚未成熟的探索期,不可避免会遇到一系列技术安全问题。比如,应用日益广泛的人脸识别,部分银行已经实现了在 ATM 机上的"刷脸取款",但是如何识别长相极其相似的客户例如双胞胎,人脸识别的安全性有待进一步检验。

2. 法律风险

传统犯罪借助人工智能,将会衍生新型犯罪形态、犯罪行为、手段和方法,出现无法辨识是机器人犯罪还是真实人犯罪的尴尬场景。

案例

全国首例利用 AI 人工智能犯罪大案

2017 年 2 月,绍兴市公安局越城区分局接办越城区虞某被诈骗一案,虞某收到好友发来的代付请求信息,通过网上链接帮助所谓的"朋友"支付了 1 000 余元款项。

随着案件侦办的深入,市、区两级公安机关联动,通过对公民个人信息账号密码买卖这条线索的深挖,发现一条完整的涉及利用黑客技术非法获取网站后台用户注册数据、数据撞库、绕开互联网公司安全策略的"快啊"打码平台、网络诈骗、非法信息推广等互联网黑色产业链。

专案组辗转福建、广东、江西、黑龙江、辽宁、山东等 13 个省展开侦查、抓捕,抓获利用黑客技术非法获取网站后台数据嫌疑人 4 人,使用撞库软件获取账户密码嫌疑人 19 人,提供图片验证服务的"快啊"打码平台的嫌疑人 2 人,制作撞库软件的 9 人,利用公民个人信息实施网络犯罪的团伙 28 个共 159 人。

该案中的黑客杨某搭建提供图片验证码识别服务的"快啊"打码平台,一年内年利 1 300 多万元,为国内最大的打码平台。

"他们通过运用人工智能机器深度学习技术训练机器,可以让机器如 ALPHAGO 一样自主操作识别,有效识别图片验证码,轻松绕过互联网公司设置的账户登录安全策略,给网络诈骗、黑客攻击等网络黑产提供犯罪工具。"办案民警介绍说。在此平台被打掉的前 3 个月,已经提供验证码识别服务 259 亿次。

以上这些案例说明,人工智能产品如果没有彻底解决安全可靠性问题,将会危及社会公共安全和人身安全。

3. 算法安全风险

算法设计或实施有误可产生与预期不符甚至伤害性结果;算法潜藏偏见和歧视,导致决策结果可能存在不公;算法黑箱导致人工智能决策不可解释,引发监督审查困境;含有噪声或偏差的训练数据可影响算法模型准确性;此外,对抗样本攻击可诱使算法识别出现误判漏判而产生错误结果。

建立在人工智能基础上的智能投顾也面临着机器深度学习不够的风险,当市场遭遇黑天鹅时,机器深度学习可能跟不上金融市场变化的节奏,得出的配置方案和投资建议与市场特征不匹配,会给投资者带来投资损失。算法缺陷是指由于程序设计失误等原因,使得智能投顾没有按照原有理论提供预期服务的漏洞。

4. 数据安全风险

智能推荐算法可加速不良信息的传播,人工智能技术可制作虚假信息内容,用以实施诈骗等不法活动。2017 年,我国浙江、湖北等地区发生多起犯罪分子利用语音合成技术假扮受害人亲属实施诈骗的案件,造成恶劣社会影响。

5. 社会安全风险

人工智能产业化推进将使部分现有就业岗位特别是简单劳动力岗位减少甚至消失,导致结构性失业；人工智能特别是高度自治系统的安全风险可危及人身安全；人工智能产品和应用会对现有社会伦理道德体系造成冲击。

处理好人工智能发展应用与安全防控的关系，既要促进人工智能发展应用，又要推动其在安全、可靠和可控的轨道上前行。

9.2.5 区块链应用带来的新风险

目前区块链还处在初级阶段，存在着密码算法的安全性、协议安全性、使用安全性、系统安全性等诸多挑战。

1. 技术风险

（1）区块链分为公有链、私有链、联盟链三种，无论哪一类在算法、协议、使用、时限和系统等多个方面都面临安全挑战。目前区块链主要基于五层技术架构：数据层、网络层、共识层、智能合约层、应用层，其中涉及默克尔树、非对称加密、P2P 组网、共识算法、哈希算法、高速数据存储等多种技术和算法，通过复杂而精密的组合，才能够保证网络的正常运行，进而产生信任。区块链创造信任的基础是程序代码和加密算法的正常运行，任何一个环节出现问题都会导致信任的崩塌。技术风险难以完全避免。区块链的交易规则以及智能合约实际上都是由程序和语言控制的，技术性、操作性失误风险难以完全避免的。当失误未被及时发现，单次失误的影响将被放大，且需付出较大成本以修正失误。

（2）区块链复杂的架构也导致网络安全挑战，五层技术架构中每层都有可能受到黑客的不同技术攻击。例如，比特币在 2010 年 8 月被发现有 value overflow 漏洞，黑客利用此漏洞凭空创造 184 亿比特币，价值 100 多亿美元。幸运的是比特币核心开发者及时发现该问题，并进行了修补。

（3）区块链还面临 51% 的攻击问题，即节点通过掌握全网超过 51% 的算力就有能力成功篡改和伪造区块链数据。比特币等采用公有区块链技术的加密货币，所有发生的交易在理论上都没有"最终性"，只要有足够的算力，都是可以被推翻的。在实际中，推翻之前的区块数据需要的算力和时间都相当惊人，所需成本可能远远大于收益，还不如按规矩挖矿。因此，即使存在理论上的可能性，也极少有人发动算力攻击。51% 攻击方法不能偷走别人地址里面的货币，却可以实现攻击者的货币多重使用，从而摧毁加密货币的信任体系，使得币价大跌，攻击者或许可以通过做空货币的方式来获取利益。鉴于 51% 攻击的破坏性强，加密货币的参与者（如开发者、用户、矿工等）都会密切监视可能存在的攻击，并随时进行防备。

2. 数据安全风险

（1）数据上链前的真实性。区块链的去中心化、信息不可篡改、可追溯性，为商品防伪溯源提供新的途径。区块链溯源无法保证上链信息的真实性，信息验证仍需要依靠第三方机构，无法避免源头造假。数据上链目的在于改变互联网时代留存的数据症结：中心化、数据孤岛以及数据真假。但是，单纯的区块链技术只能提供一个优化的可能性，数据上链仍需从其他诸多环节来进行保障。

数据上链的真实并不是技术问题，而是人性问题。人性之善将保证数据的真实准确；

但人性之恶将选择错误虚假的数据,技术能够优化逻辑,简化步骤,但是无法根治人性的恶念。人性之恶或许无法杜绝,但却可以通过增加"作恶成本"降低"恶"的发生。如何增加"作恶"成本来降低其发生概率,或许是个值得深思的问题。

(2) 数据上链的规范性。数据上链需要达成共识,但这个共识由谁制定、如何执行,仍是未知数。小范围的标准很难达成促进行业提效的目的;而大规模的规范势必需要强有力的主体提供。现阶段基于区块链技术的行业标准尚未达成,大规模数据上链仍然任重道远。

(3) 数据上链后的安全性。如何围绕整个区块链应用系统的设备、数据、应用、加密、认证以及权限等方面构筑一个完整的安全应用体系,是各方必须要面临的重要问题。

区块链的特性之一是数据公开透明,区块链为了实现全网达成共识,需要把所有的交易公开透明地发送全网进行验证,因此理论上客户所有的交易数据都能被全网所有节点获取。例如比特币和以太坊,任何节点都能获取所有节点的所有历史交易数据,以及所有部署的智能合约源代码。

3. 操作风险

区块链产业的从业人员安全意识较为缺乏,从而导致目前区块链相关软硬件的安全系数不高,存在大量的安全漏洞。此外,整个区块链生态环节众多,相较之下,相关的安全从业人员力量分散,难以形成合力解决问题。迎接上述挑战需要系统化的解决方案。从操作的角度来看,通常链上原生的数据,例如代币的分发、交易等数据可以非常方便地通过少数服从多数的投票机制来达成共识,但是对于链下数据上链时,其数据真实性需要依赖操作人员的身份信誉背书,有时候也需要法律手段通过问责机制来威慑造假行为。

4. 智能合约风险

区块链是由众多节点共同维护的,节点间是平等关系,当某个节点部署智能合约后,该智能合约的代码会在每个节点同时运行,并互相校验结果。因此当一个节点部署的智能合约出现问题时,极有可能使其他节点也受到影响。例如 2016 年 10 月,以太坊上有节点恶意执行大量消耗磁盘 IO 的智能合约,使全网负载大幅增加,导致以太坊上大部分应用都无法顺利运行,一度陷入全网瘫痪。后经紧急程序升级修正了此问题,才使以太坊上的应用恢复正常。同时由于区块链不可篡改的特性,智能合约一旦部署,就无法修改,后期的业务升级导致的代码变更和 bug 修复都将是一个挑战。

因此,企业未来应提前做好智能合约风险的技术预案和法律预案,对智能合约的功能性和安全性进行审查,并采用智能合约动态调用的机制,使之能够快速升级,在风险出现时能够从容应对。

5. 法律风险

法律是经济活动的基石,区块链各种风险最终将转化为企业的法律风险,如果公司无法及时预见防范并化解这些风险,现实的后果往往就是面临法律上的制裁或被卷入旷日持久且耗资糜费的诉讼。此外,区块链集体维护、集体使用的特性,也产生了新的法律挑战,比如某个节点存储了违规违法的数据,根据区块链数据同步的原则,所有的节点都会同步存储这个数据,那么是否所有节点都算是违法违规呢?

因此，企业未来应重视相关法律的研究和应用，避免在最坏情况出现时陷入法律被动。同时建议政府相关机构加快对区块链相关法律的研究和发布，使企业在应用区块链时有一个坚实的法律依靠，促进企业更快更好地进行技术创新和业务创新，激发新的活力。

金融科技的应用给金融领域带来了新的风险，但也应该理性看待大数据、云计算、人工智能、区块链等技术的发展，既不能因为金融科技有好处就不顾及风险，更不能因为金融科技有风险就完全否定金融科技。相信随着金融科技技术体系的不断成熟，未来在金融风险管理方面会得到越来越多的保障。

9.3　金融科技强化风险管理

金融风险管理包括对金融风险的识别、度量和控制。由于金融风险对经济、金融乃至国家安全的消极影响，目前在国际上，许多大型企业、金融机构和组织、各国政府及金融监管部门都在积极寻求金融风险管理的技术和方法，以对金融风险进行有效识别、精确度量和严格控制。近年来，金融风险管理的理论和方法在金融实业界的具体风险管理运用中取得了巨大的成功，同时主流金融学也给予金融风险管理许多重要的理论支持。但随着互联网、大数据、人工智能、区块链等金融科技的发展，利用金融科技从更广的维度、更丰富的数据进行更全面的风险计量分析，并强化风险管理成为可能。

9.3.1　互联网应用强化风险管理

1. 互联网降低操作风险

操作风险是指由不完善或有问题的内部程序、员工和信息科技系统，以及外部事件所造成损失的风险。如商业银行因办理业务或内部管理出了差错；由于内部人员监守自盗，外部人员欺诈得手；电子系统硬件软件发生故障，网络遭到黑客侵袭；通信、电力中断；自然灾害、恐怖袭击等原因而导致损失的银行风险，都属于操作风险。金融机构支行或网点柜员负责办理的本外币现金、有价单证的收付、兑换、整点、调运、保管及残损票币的回收兑换等工作非常繁杂，容易出现操作风险。综合柜员还需要办理储蓄所结账、对账，编制凭证整理单和科目日结单；打印储蓄所流水账，定期打印总账、明细账、存款科目分户日记账、表外科目登记簿；备份数据及打印、装订，保管账、表、簿等会计资料，负责将原始凭证、账、表和备份盘交事后监督。柜员之间在正常业务交接中，不按规定认真登记，存在交接内容不全等或交接双方签章不全等安全隐患。还有在业务操作过程中制度执行不到位现象，如柜员现金箱现金实物"一日三碰库"制度流于形式，有的柜员只作清点交易而没有对现金实物进行认真清点，甚至有极少部分柜员在现金箱已收走或现金箱尚未送到的情况下做所谓的"现金清点核对"；部分柜员为省事或提高工作效率，"柜员间现金调拨"与现金实物的交接没有同步进行，事后核对发现不符时进行补交接或差额交接等。

线下工作越多，出现操作风险的可能越大，但利用互联网后大幅降低了此类操作风险。互联网的广泛应用使得线下业务大幅减少，信息透明度大幅增加，进而降低银行内部操作风险。

2. 互联网降低信息不对称风险

信息不对称是资金融通过程中最大的障碍,所有金融机构和金融监管都是为降低信息的不对称。信息不对称会导致逆向选择和道德风险,评级机构、信息披露和抵押品就是为了解决逆向选择问题,而监督、债务合约等主要为了解决交易发生后的道德风险问题。互联网改造了金融渠道,就是把客户联系在一起,提高找到交易对象的效率。大数据和云计算帮助分析交易对象各个方面的信息,降低信息不对称程度,控制逆向选择和道德风险。

从金融角度来看,特别是证券行业,不论是对监管部门,还是中介机构,都有责任和义务充分向投资者披露信息,尊重投资者作为金融消费者的知情权。原来中小投资者信息获取渠道有限,互联网就是要改变信息传播的方式。

传统金融机构在信贷业务中,需要贷前审查各项资料,十分辛苦,效率低下且不能全面掌握客户信息。而通过相关互联网企业可以查询个人用户提供的服务包括企业的基础信息查询、企业信用报告和行业分析等。这无疑大大降低了信息不对称带来的风险。

3. 互联网贷款业务通过与外部机构合作强化风险控制

互联网贷款指商业银行运用互联网和移动通信等信息通信技术,基于风险数据和风险模型进行交叉验证和风险管理,线上自动受理贷款申请及开展风险评估,并完成授信审批、合同签订、放款支付、贷后管理等核心业务环节操作,为符合条件的借款人提供用于借款人消费、日常生产经营周转等的个人贷款和流动资金贷款。随着互联网广泛应用,金融机构通过互联网发放贷款占比不断增加,在利用自身互联网提高效率的同时也积极与第三方互联网公司合作,通过更多数据降低信贷风险。

9.3.2 大数据应用强化风险管理

1. 传统风控的不足

传统金融风险管理体系是以风险内控、监管合规为风险管理原则,以确立风险管理目标、识别风险事件、风险评估、制定风险应对策略与改进措施、建立风险报告体系为风险管理步骤。传统金融风险管理体系以风险管理三层防线为主,即各职能部门与业务单位为第一道防线、风险管理委员会和风险管理部为第二道防线、审计委员会和内审部门为第三道防线。风险管理体系遵循风险分类管理、风险分层管理和风险集中管理原则。

当前,我国传统金融风险管理体系面临着较大的挑战,具体体现如下。

(1) 传统金融风险管理体系以内控、合规为流程导向,三道防线依赖于关键人员的监督、管控,但无法规避因关键岗位人员的徇私舞弊所造成的损失。

(2) 传统金融风险管理体系虽然强调定量与定性结合的计量方法评估风险,但更多依赖于监控规则和具体指标,缺乏对高级计量法的运用。

(3) 在互联网时代下金融风险管理的边界已经大大扩展,新的风险形式层出不穷,如非法集资、私募拆分、个人信息滥用、影子银行体系等。传统金融风险管理体系难以做到穿透式监管,对资金来源、中间环节和投资去向难以形成全面覆盖。

 案例

某银行"假理财"案

2017年4月,某银行北京分行航桥支行行长涉嫌伪造理财产品,150余名私人银行高端客户购买了规模达30亿元号称"保本保息"的伪造理财产品。航天桥支行行长涉嫌违法被公安部门调查。

该案例不仅涉及商业银行流动性风险、操作风险和声誉风险,还涉及内控合规风险和欺诈风险。案例表明,传统金融风险管理体系无法识别内控机制和内控管理存在的漏洞,乃至不能采取有效的风险预警、风险规避、风险缓释策略,从而引起重大风险事件的发生。

2. 大数据强化风险计量

爬虫技术日益完善,数据可收集范围、可收集量以及数据类型越来越丰富,数据量增大,计算机算力以及深度学习能力会不断提高,对于企业以及个人的画像就会越趋于真实。而对于未来风险,需要依据几百个甚至几千个变量来进行综合计算,准确刻画的难度非常大,大数据所能发挥的作用则会大打折扣。合理运用大数据提升风控能力的方法如下。①大数据促进建立征信体系。通过客观的信息记载、积累,建立征信系统过程大数据作用无可替代。②大数据细化风险计量。通过数据积累,提升数据收集和风险分析能力,细化风险计量。③大数据推动客户定价。通过数据分析描述,推动各类定价服务。④大数据协助建立信贷工厂。通过大数据定律来稳定违约概率,利用信贷工厂模式来提高审批效率。大数据运用与人的智慧相互配合,在银行风控方面的潜力巨大。

3. 大数据强化数据安全

为确保信息数据的安全性,各金融机构应将数据安全管理归入日常风险管理系统内,并要对数据安全动态监控信息进行强化,以确保数据信息安全系数的切实提升。在对数据实施安全管控时,相关技术人员要对结构内部各项金融数据业务加以明确,要对链条中涉及的各个机构进行科学调控,并对数学安全管控标准进行统一,以提升金融数据自我监督工作水平;要加大和监管机构的交流机会,保证监管机构能够对金融机构展开合理的指导,保证各项安全管理工作的顺利调整,保证数据安全;要加强与客户间的交流,使客户能够掌握正确的数据使用方式以及数据安全防范方式,使客户能够参与到数据风险管理中,以有效增强机构风险管理能力。

4. 数据挖掘强化风险管理

巴赛尔新资本协议对金融机构数据质量和数据积累提出了具体要求,包括完善数据治理机制、推进数据标准化工作、规范内部数据统计标准。在大数据时代,随着金融机构获取数据的便利性提高,数据质量和数据标准化程度提高,获得数据的维度增加,数据研判的时效性可提高至"T+0",将有助于提升风险管控的效率、提升防范效果,采取风险转移和风险规避的策略也越发多样化。

(1) 大数据信用评估。大数据风控可以融合内外部数据如客户行为、交易记录、存贷数据、社交数据、消费记录等,形成对公、零售的信用视图,为小微企业贷款、个人理财产品推荐等业务形成风险识别依据。

(2) 实时反欺诈和反洗钱。大数据风控可以利用直销银行业务、电商、供应链金融、消费信贷、网络支付等多维数据源,形成反欺诈基础信息;结合贝叶斯、逻辑回归、深度神经网络等机器学习方法,对欺诈行为进行分析预测,以规避欺诈风险造成的损失。

(3) 声誉风险分析。大数据风控可以结合爬虫技术获取社交网站、新闻论坛等数据,运用自然语言进行处理、算法实现分词、语义分析、特征提取、关联分析和情感分析,对市场负面舆情跟踪预警;结合声誉风险事件,形成定期声誉风险指数分析。

(4) 交易系统预警。大数据风控用于异常交易行为分析,对证券、期货实时交易数据进行特征提取,获取具体时间点的异常下单、委托事件,触发交易系统或监察系统的实时预警和风险防范。

从中可以看出,当前大数据处理技术、数据科学、数据工程方法论实践逐渐成熟,可以对传统金融风险管理方法形成较好的补充,辅助监管部门和金融机构在互联网、大数据时代构建新的全面风险管理体系,为新形势下的风险管理、内控合规奠定扎实的基础。

5. 大数据防范贷后风险

针对"还款意愿差"和"还款能力不足"两大客户逾期的主要原因,大数据技术通过违约信息排查和监测预警及时跟踪违约风险。

(1) **违约信息排查**:通过实时监测存量客户早期逾期、连续多期不还欠款、联系方式失效等情况,并将存量客户与新增的黑名单、灰名单数据匹配,及时发现潜在违约客户。

(2) **小微商户流水监测预警**:利用从数据合作方获取的商户交易流水信息,对其交易流水进行监测预警。突然出现的资金流入、流出,不符合经营规则的交易流水下滑情况,正常营业的大额交易等均可以触发预警。

(3) **负面信息监测预警**:通过大数据实时监测,一旦发现客户的负面信息、公安违法信息、法院执行信息、税务缴税信息、行业重要新闻、借款人社交关系网中的负面情况、借款人的网络浏览行为、资金支付结算情况等,及时触发预警。

9.3.3 人工智能应用强化风险管理

1. 优化风控模型

风险控制是金融科技的核心能力。现在越来越多的银行开始大力进行数字化和智能化转型,借由人工智能技术改善风控体系。人工智能可以有丰富的运用场景,结合大数据和机器深度学习,通过针对性风险监测模型的搭建,实时抓取和分析用户的抵押物的变动、评估动态偿还能力,可以快速了解到资产的变化,提高平台对于资产的风控能力,引入优质的资产;利用人工智能、大数据、云计算等技术,结合各类风险模型搭建,可以实现在大批量作业下,风险识别更准,风险识别更快,同时也能实现机器对人的取代。

例如,在对公业务中,信息不对称是目前信用风险管理最头疼的问题之一。尤其是在对非上市企业授信时,因为缺乏严格的信息披露机制,财务报表未经过权威机构审核,债权人与债务人掌握的有效信息往往不透明、不对等，这就对精准风控提出了挑战。为此，风控人员往往要花费大量时间解决信息穿透的问题，成本也随之升高。

大数据与人工智能技术可以提供有效的解决方案，通过人工智能和大数据技术构建智慧预警监控体系，通过整合多个来源的数据，从而获得工商、财务、行业、司法、舆情等多个维度的全面信息。由系统自动分析预警，从而提高贷后资产管理的工作效率，并降低人工操作风险。此外，与传统监控模式相比，除信息源比较全面外，还可以对监控对象的全产业链监控。根据产业链上下游的价格、订单等波动情况预测企业的风险。例如，企业图谱系统集成工商、司法、舆情等自有或其他来源数据，为企业客户建立300多个维度的全方位画像，从企业关联关系、投资关系、风险要素体系等角度对企业运营状态进行刻画。

2. 强化欺诈风险管理

欺诈风险即恶意骗贷的风险，基本为制度不完善与内控不充分导致的风险。欺诈风险在国内尤其突出，并以多种形式出现，如身份伪造、中介黑产、内外勾结、套现等。

在泛互联网的环境里，金融风控面临的传统个体欺诈已迅速演变为有组织、有规模的群体欺诈和关联风险。而传统反欺诈还停留在识别一度风险等这种简单规则方式，如联系人中借贷人个数等，对于二度、三度乃至更广范围的网络全局风险苦无良策。

机器学习里面基于图的半监督算法很好地解决了这一诉求，基于申请人、手机号、设备、IP地址等各类信息节点构建庞大网络图，并可在此基础上进行基于规则和机器学习的反欺诈模型实时识别。谷歌TaaS(tensorflow as a service)帮助银行高效获客，致力风险控制，精准判断信用卡盗刷、手机银行和网上银行非法转账，更智能、更迅速地授信。机器学习已经在每个风控节点发挥作用。

3. 生物识别与安全监控

一是可以利用网点和ATM摄像头，增加人像识别功能，提前识别发现可疑人员、提示可疑行为动作，也可以帮助识别VIP客户。二是可以利用网点柜台内部摄像头，增加对员工可疑行为识别监控，记录并标记疑似违规交易，并提醒后台监控人员进一步分析，起到警示作用。三是可以在银行内部核心区域(如数据中心机房、金库等)增加人像识别摄像头，人员进出必须通过人脸识别及证件校验，同时对所有进出人员进行人像登记，防止陌生人尾随进出相关区域，实现智能识别，达到安全防范的目标。

4. 人工智能与智能催收

2019年年底，全国各商业银行正常贷款余额127.2万亿元，其中正常类贷款余额123.5万亿元，关注类贷款余额3.8万亿元。全国各商业银行不良贷款余额2.41万亿元，商业银行不良贷款率1.86%。总体占比不高，绝对数字仍然极其庞大。面对持续扩张的坏账，银行等金融机构寻求诉诸法律，但此种途径不仅成本高、周期长，效果也不一定好。而在内部设置催收部门，一方面增加人力成本；另一方面还可能给品牌信誉带来影响。于是，便将这些账户送到第三方催收机构，并以部分份额(甚者高达50%以上)作为委托费用。传统的催收公司一般以银行和信用卡业务为主，随着互联网金融的兴起，特别是现金贷逾期体量较大，导致市场对催收的需求成倍增长，门槛的降低及需求的大幅增长，带动了催收行业快速发展。由于传统催收行业属于劳动密集型产业,受限于时间、地点、天气等多方面因素影响,企业为控制成本,多以电话催收为主。但是,电话催收的威慑力远不如上门催收,加之存在很多的电话号码错误、停机等情况,从而直接导致回款率难以提高。通过人工智能技术,失联触达可以运用于长账龄逾期失联客户催收,通过复杂网络可以进行多维度数据关联分析,构建网络图谱,准确定位客户的有效联系信息。

人工智能催收的主要优势如下。

(1) 数据整合与闭环:包括贷前申请数据、贷中服务数据、贷后催收数据、外部接入数据等,形成闭环的数据更新体系。

(2) 策略、模型、分案:通过数据构建模型,通过模型设计催收策略,通过策略来设定分案规则,每个模块环环相扣。

(3) 外呼系统:包括自动外呼和人工外呼,自动外呼自动对接系统导入数据定期外呼及短信,同时进行人工外呼。人工外呼需要进行用户画像,提示催收员相关话术技巧等。

(4) 报表系统:可以按照权限和需要实现实时的业务监控及预警,实现人力调配决策。

(5) 辅助系统:实现短信、信息修复、质检等业务智能化、批量化、合规化。

(6) 培训系统:实现催收员自动培训及业务前期指引等。

美国拥有已发展200多年的成熟金融体系和信用体系,消费市场已经规范化。在催收方面美国早在1977年颁布《公平债务催收作业法》,美国的债务催收是一个劳动密度低,科技含量高的行业。美国的债务催收行业已经孕育两家纳斯达克的上市公司,分别是Pra Group和Encore Capital。同时,债务催收行业里以TrueAccord为代表,运用最新算法的创新型智能催收公司正在逐渐发力。TrueAccord是美国的一家催收公司,服务全美20多家大银行,市值过亿美元。与国内动辄几百人的催收公司相比,这样一家"大"公司却只有15人。

案例

TrueAccord如何打通技术与商业应用

(1) 创建一个丰富的数据集,教系统如何接近消费者,主要使用智能算法来查找,验证和分类客户的在线足迹。

(2) 通过多种渠道与客户沟通(电子邮件、文本、电话、信件、网页),并估计与用户最匹配的通信风格。

(3) 自动学习客户行为,发送与他们情况越来越相关的信息。

(4) 管理谈判和付款流程。

(5) 实时采集事件记录,提供完整的可审计性,以确保合规。

TrueAccord建立了一个自动化系统,利用社会网络分析、机器学习和行为分析等,联系债务人,帮助他们确定支付计划,从而还清债务。

TrueAccord的方式具有以下明显优势。

(1) 个性化。企业在TrueAccord的在线平台注册并提交希望帮助追讨的债务。当获得债权人提供的账号之后,TrueAccord就会围绕债务人建立档案,并根据信息猜测导致支付逾期的原因。基于这样的决策,选择最适宜的通信渠道联系债务人。同时允许债务人通过其平台对经济义务进行支付或抗辩,以增进平等。

（2）自动化。使用自动化软件来调度和发送消息，并在网站发布其"自动工作人员"的名字目录。TrueAccord 自动发送的每一条消息都有一个虚拟发送者署名。这些虚拟发送者被称为"自动工作人员"。通过发布目录，债务人可以对收到的邮件进行真实性验证。

（3）灵活化。在美国，传统收账机构通常只接受超过 1 500 美元的债务回收，TrueAccord 则能处理任何数额的债务。

5. 人工智能与不良资产处理

（1）合规标准化。大数据和人工智能相结合，可以让机器学习，分析债务人接听电话时的语音语调，从而适时调整话术，提高沟通质量。有原则、讲方法的人工智能让贷前、贷中、贷后处置过程变得越来越规范，越来越现代化。

（2）无障碍人机对话。智能语音催收模式可以通过灵活的流程和策略配置，与债务人开展实时、连续且良好的"人机对话"。让机器人模拟真人回答问题，智能引导债务人，并作出主动判断，进而达到接近人工语音催收的实践效果。

（3）让效率达到质变。在不良资产处置过程中，有很多问题需要人工智能来解决。例如，因为人工坐席有限，培训上岗周期慢，而人工智能催收技术的应用，对降低催收成本、提升催收效率和质量十分关键。因为它可以无培训，无情绪，懂得及时跟进，并且全年无休不离职，永远满满的正能量。

（4）让处置变得简单。AI 技术的发展使智能外呼催缴机器人早已不是待在实验室里的精密仪器，而是一套智能化操作系统。将债务人逾期的数据资料巧妙嵌入，它能够重复完成大量催收工作。语音识别技术的成熟，人工智能、机器学习及大数据分析技术在催收领域的不断深化，让机器提供的服务更趋优质，让不良资产处置工作变得更加简单。

9.3.4 区块链应用强化风险管理

1. 分布式化解信息不对称风险

信息不对称（asymmetric information）是指交易中的各人拥有的资料不同。一般而言，卖家比买家拥有更多关于交易物品的信息，但相反的情况也可能存在。道德风险并不等同于道德败坏。道德风险是 20 世纪 80 年代西方经济学家提出的一个经济哲学范畴的概念，即"从事经济活动的人在最大限度地增进自身效用的同时作出不利于他人的行动"。当签约一方不完全承担风险后果时所采取的自身效用最大化的自私行为。道德风险也称道德危机。在交易主体交易过程中，每个主体账本的内容是隐私的，导致记账是一种天然的中心化的行为，即由某一特定机构部门或人员负责记账，其他部门或人员不掌握相关信息，这也是互联网的中心化架构所致。然而，中心化的记账有一些显而易见的弱点：一是中心化数据难以分享给其他相关主体，二是一旦这个中心出现问题，如被篡改、被损坏，整个系统就会面临危机乃至崩溃。

例如 21 世纪初的安然事件。这家 2000 年披露的营业额高达 1 010 亿美元美国能源巨头，由于深陷会计假账丑闻，于 2001 年轰然倒下。如果账本系统承载的是整个货币体系，那么就会面临中心管理者滥发的风险。历史上，由于货币滥发造成恶性通货膨胀的例子并不鲜见，甚至在当今世界仍然屡屡发生，比如津巴布韦。1980—2009年，津巴布韦共发行4代津巴布韦元，无一不陷入恶性贬值。2008年11月，津巴布韦每天的通胀率高达98%。2015年，津巴布韦元失去流通资格，当地只能以南非米特、印度卢比、欧元、日元、澳元、美元、人民币等他国货币作为流通工具。

这种中心化记账方式无法保证数据的安全性，也不能建立一个可信的机制，即无法让人信服这个账本数据的真实性。由此产生银行与企业财务信息的不对称，这无疑产生了金融风险，银行不得不通过抵押或担保等方式缓释风险，并因此降低了银行的服务效率。降低信息不对称是防范和化解风险最好的工具。分布式记账运用在金融领域，可以使得银行从整体上了解交易主体间交易数据记录的正确性和连续性，进而降低银行风险，提高金融机构服务经济的效率。

2. 共识机制防范数据造假风险

在分布式计算中，不同的计算机通过通信交换信息达成共识，按照同一套协作策略行动。但系统中的成员计算机可能出错而发送错误的信息，用于传递信息的通信网络也可能导致信息损坏，使得网络中不同的成员关于全体协作的策略得出不同结论，从而破坏系统一致性。

这是区块链共识机制产生的根源所在，"共识"是指在一个由多方组成的系统中，在某一个步骤中让一个系统中所有的节点对一个值达成一致。

在区块链系统中，每一个共识机制都需要回答下面的问题（包括但不限于）。

（1）what——下一个区块应包含哪些交易？

（2）who——下一个区块应该由谁来生成？

（3）when——下一个区块应该何时产生？

（4）evolution——如何升级共识协议？

（5）immunity——如何解决交易历史的竞争问题？

共识算法本身可以描述为在某一个步骤中让一个系统中所有的节点对一个值达成一致，即使系统存在故障，也要忽略这些故障节点的噪声让整个系统继续正确运行。而问题的难点就在于在一个异步网络中将这些噪声降到最小。因此，在一个中心化的结构体系中，整个系统的共识可以由中心来决定，各个节点只需要接受中心所下达的"命令"即可，这也是中心化系统运作更加高效的原因。而在去中心的体系中，所有参与系统的节点是处于一个平等的地位，当节点间出现分歧时，就需要依靠设计巧妙的共识机制使其顺利地运转下去。

这项技术使同在一个区块链平台上的金融机构和企业可以在个别企业有部分数据不真实或不全面的情况下，通过共识来获取对企业的信任并提供信贷服务。

3. 加密算法解决数据泄露风险

在互联网时代，由于大量用户隐私被少数中心化巨头所垄断，出于经济利益，难免会出现泄露用户隐私、侵犯用户合法权益的事件。2019年1月23日，谷歌因在法国违反了《通用数据保护条例》（GDPR），被法国国家数据保护委员会处以5 000万欧元的巨额罚款。《通用数据保护条例》是欧盟各国保护公民、消费者个人隐私和个人数据信息的法规，要求所有企业都必须删除已收集的用户数据，如果要使用这些数据，需要明确告知用户并获得用户同意。谷歌的罚单绝不是独角戏,脸书、苹果等几乎所有的传统互联网公司都有可能受这项法案的影响而面临巨额罚款。被罚的其中一个理由:这些公司要求用户必须同意他们的服务条例,否则就没办法使用他们的产品。在这样严格保护用户隐私和权益的法规下,互联网公司难以独善其身。在我国,用户隐私泄露的事件也屡禁不止。

区块链非对称加密技术的最大贡献是可以解决目前商业操作中最棘手的用户隐私保护问题。区块链采用非对称加密的方式,比普遍使用的对称加密的中心化系统安全。公钥加密的信息只有私钥才能解开,因此只要私钥不泄露,通信和交易过程就是安全的。

公钥是公开的,任何人都可以获得,私钥则是保密的。区块链可以做到细颗粒度的数据授权,将用户信息进行加密,各个应用平台依然可以基于这些加密后信息勾勒出精准的用户画像,为用户提供更精准的信息和服务,但是用户信息(如姓名、身份证、家庭住址等)绝不会泄露。

区块链备受青睐的原因之一在于安全。比特币自 2009 年诞生以来,自主运行了 9 年,其内在的加密算法却从未被攻破,足以验证加密算法的可靠性。

区块链的加密技术包括很多维度,除非对称加密外,还包括环签名、同态加密、零知识证明等多种技术,这些加密算法组合在一起可以提供潜在的解决方案。

4. 智能合约防范供应链金融履约风险

从技术角度来说,智能合约可以被看作一种计算机程序,这种程序可以自主地执行全部或部分和合约相关的操作,并产生相应的可以被验证的证据,来说明执行合约操作的有效性。在部署智能合约之前,与合约相关的所有条款的逻辑流程已经被制定好了。智能合约通常具有一个用户接口(interface),以供用户与已制定的合约进行交互,这些交互行为都严格遵守此前制定的逻辑。得益于密码学技术,这些交互行为能够被严格验证,以确保合约能够按照此前制定的规则顺利执行,从而防止出现违约行为。

例如,在仓单质押等场景中,频发伪造虚假仓单骗贷的案件,各个环节的真实性、可靠性存疑。此时,区块链技术的成熟为供应链金融行业的多种痛点提供了完美的解决方案,而"区块链+供应链"的模式,也为资产更安全高效提供更为可靠的保障。信用是金融的核心,而区块链提供的恰恰是一个去中心化的信任机制,这正是用来解决供应链金融痛点最合适的技术。另外,区块链打造的分布式共享模式还可以吸引全国和地方信用信息共享平台、商业银行、供应链核心企业等接入区块链节点开放共享信息,为供应链上下游中小微企业提供高效便捷的融资渠道。

思 考 题

1. 金融风险的种类有哪些?
2. 金融科技的应用会引发哪些新的风险?
3. 如何利用大数据防范金融风险?

第10章 监管科技创新

学习目标：了解监管科技的主要内涵和产生背景；把握监管科技的准入机制；掌握监管科技提升监管效能的主要思路与方法。

监管科技（RegTech）是指应用IT新技术帮助银行和其他金融机构满足金融合规与风险管理等方面的挑战，帮助企业有效管理金融监管合规性的各式风险并降低与金融合规相关的成本，其本质是"利用最新科技手段来服务于金融监管和合规，以实现金融机构稳定的永续发展"。在现有监管格局下，加强金融监管协调，理顺各监管部门之间的权责归属问题。同时，通过完善金融科技统计监测和风险监测体系，形成对金融科技领域全覆盖，有效防止监管套利的长效监管体制。在监管技术上，针对新兴领域监管部门，可以通过运用大数据、云计算、人工智能等技术提升监管数据收集、整合、共享的实时性，及时发现违规操作。

10.1 监管科技产生的背景

10.1.1 金融监管

1. 金融监管改革

金融监管是政府通过特定的机构，如中国人民银行、证券交易委员会等对金融交易行为主体作出的某种限制或规定。本质上是一种具有特定内涵和特征的政府规制行为。金融监管可以分成金融监督与金融管理。金融监督是指金融主管当局对金融机构实施的全面性、经常性的检查和督促，并以此促进金融机构依法稳健地经营和发展。金融管理是指金融主管当局依法对金融机构及其经营活动实施的领导、组织、协调和控制等一系列活动。金融监管是抵御金融风险的重要手段。一个良好、适应经济发展形势的金融监管模式，可以成为国家金融市场的防火墙。随着世界经济飞速发展，传统金融监管模式已显现出种种弊端，建立新的金融监管模式是必然趋势。

2. 中国金融监管框架改革

从中国人民银行的"大一统"到"一行三会"，再到"一委一行两会"的新金融监管格局，中国金融监管走过了集中统一监管—分业监管—协同监管的历程，并在维护金融稳定和安全、促进金融业发展壮大和改革创新中逐渐走向完善，具有中国特色的现代金融监管框架逐渐成形。

(1) "大一统"阶段。自新中国成立以来,我国金融业发展取得了举世瞩目的巨大成就,经济发展和市场变革推动了金融监管体制的深刻变迁。1948年12月1日,在华北银行、北海银行、西北农民银行的基础上于河北省石家庄市合并组成中国人民银行。1983年9月,国务院决定中国人民银行专门行使中国国家中央银行职能,赋予其国家银行职能,承担发行国家货币、经理国家金库、管理国家金融、稳定金融市场、支持经济恢复和国家重建的任务。

(2) "一行三会"阶段。2003年3月10日,第十届全国人大一次会议第三次会议通过了国务院机构改革方案,中国银行业监督管理委员会获准成立。2003年12月27日,第十届全国人大常务委员会第六次会议通过了《中华人民共和国银行业监督管理法》(以下简称《银行业监督管理法》)《关于修改〈中华人民共和国中国人民银行法〉的决定》和《关于修改〈中华人民共和国商业银行法〉的决定》,并于2004年2月1日起正式施行。

三部银行法和《证券法》《保险法》《信托法》《证券投资基金法》《票据法》及有关的金融行政法规、部门规章、地方法规、行业自律性规范和相关国际惯例中有关金融监管的内容共同组成中国现行的金融监管制度体系。

三部银行法的颁布和实施,标志着中国现代金融监管框架的基本确立。根据修订后的《中国人民银行法》,中国人民银行的主要职责:"在国务院领导下,制定和执行货币政策,防范和化解金融风险,维护金融稳定"。

(3) "一委一行两会"阶段。2018年3月21日,中共中央印发了《深化党和国家机构改革方案》,方案中强调,为深化金融监管体制改革,逐步建立符合现代金融特点、统筹协调监管、有力有效的现代金融监管框架,将中国银行业监督管理委员会(银监会)和中国保险监督管理委员会(保监会)的职责整合,组建中国银行保险监督管理委员会(银保监会),作为国务院直属事业单位。同时,将银监会和保监会拟定银行业、保险业重要法律法规草案和审慎监管基本制度的职责划入中国人民银行。

此次金融监管体制改革加强了中国人民银行的宏观审慎管理职能,从机构监管转向功能、审慎和行为监管,并加强了对于金融消费者的保护。

银监会和保监会"两会合并"是我国金融监管体制的重大调整,意味着"一行三会"成为历史,我国金融监管框架由"一行三会"的格局转变成"一委一行两会"的新格局。

10.1.2 新形势下金融监管困局

近年来,随着互联网、大数据、云计算、人工智能、区块链等金融科技的蓬勃发展,为商业银行赋能与革新提供了新活力,但也带来诸多新的风险场景和合规问题,如信息泄露、信用欺诈、个人隐私、网络安全等。与此同时,监管机构利用技术手段提高现有监管流程效率,针对新兴的金融产品、模式实现"穿透式监管",确保金融科技的业务合规性成为金融监管当局的新课题。具体诉求体现如下。

1. 监管合规成本上升

近年来,金融行业的数字化程度越来越高,以往那种事后的、手动的、基于传统结构性数据的监管范式已不能满足金融科技新业态的监管需求。监管机构的有限人力则耗费在整理报告等事务性工作上,缺乏精力研究金融监管重点难点问题。另外,越来越复杂的监管制度要求使监管合规成本急剧增长。如果不运用技术手段实施金融监管已非常困难。

2008年金融危机以后,美国政府针对各行各业出台了大量合规政策,其中尤以金融监管机构的最多,随之而来的就是合规预算的大幅上升。2013年,美国最大的6家银行在合规上花费700亿美元,比2007年的340亿美元多了一倍。摩根大通也指出,2012—2014年,为对应政府制定的规范,公司增添1.3万名员工,比重高达全体员工数量6%,每年成本支出增加20亿美元,约占全年营业利率10%。德意志银行表示,2014年为了应对法令,追加支出的成本金额高达13亿欧元。HSBC 2013年追加聘用3 000位法定程序人员(compliance staff)。但合规成本大幅增长并没有带来有效的提升,金融机构的罚款依旧在爆炸式地上升。仅美国银行在2010—2016年的罚款累计达560亿美元。根据Federal Financial Analytics预测,全球对监管、合规、政府软件的需求将在2020年达1 187亿美元。

2. 监管捕获风险加大

基于云计算、大数据等金融科技技术基础设施面向公众提供金融服务时,服务模式高度依赖线上渠道、全时全地在线运营和持续积累多种类用户行为及金融交易数据等特点,在提升金融服务便利性与普惠性的同时,也更易引发操作风险、运行风险、信息安全风险和数据泄露风险。特别是在承载金融科技服务的底层技术基础设施也有较高趋同性的背景下,技术风险存在高度集中、传导扩散速度快、影响面广等新特征,一旦风险爆发,甚至有可能引发系统性风险,如e租宝事件等。借助新的监管科技手段,监管机构能充分利用直接获取的金融数据,更有效地监管各类金融市场参与者,避免以往完全依赖被监管机构提供数据的局限,以极大地降低"监管捕获"风险。

3. 监管天然滞后创新

受技术迭代频繁、金融应用快速创新以及监管者激励约束等因素影响,金融市场变化始终领先监管举措,当金融机构更大范围、更大程度地采用监管科技时,如果监管机构不采用同样的技术,将面临严重的信息不对称问题。当金融机构通过机器学习、大数据分析和人工智能等技术来处理和分析金融大数据产生的信息与风险时,监管者如果对此知之甚少,将不能有效监管。随着监管机构与金融机构之间的信息不对称问题加剧,监管机构对金融风险的识别与应对将变得更加迟缓,不利于金融的稳定。这种监管天然滞后性需更多地借助监管科技手段弥补。运用监管科技解决方案,监管部门可搜集、分析互联网非结构化数据,提前预判风险,又可通过嵌入式方式获取业务特征信息和行为数据,实时识别违规和不当行为,还可通过整合多渠道历史信息并比对差异,持续优化监管合规要求,增强识别违规和不当行为的实时性,甚至可实现监管信息跨国家和地区共享,提升协同风险处置能力。

因此,依靠技术手段应对和防控风险,也是对金融科技实施监管的必然选择。此外,依靠技术手段对金融科技业务模式运行状态进行实时监测和动态分析,引导真正服务于实体经济的模式加速发展,减少机构监管套利行为,快速甄别以创新为名、行欺诈之实的不法机构,也是实现行业可持续性发展的必然选择。

10.1.3 监管科技的提出

监管科技是运用技术的能力重构监管机制,如利用大数据、机器学习等技术手段实时监控、审查金融风险,管理资产交易安全,提高反洗钱(AML)、反欺诈的效率和效益,降低合规成本,保障金融体系稳健发展。在金融科技日新月异的今天,监管科技有助于提升金融监管的专业性、统一性和穿透性。总体上看,可以将监管科技的发展分为四个阶段,而智能化将是最终的大势所趋。第一个阶段是人工处理阶段,应用 Excel 等以人工获取数据;第二个阶段是工作流自动化阶段,使用合规软件保证工作流前后一致;第三个阶段是持续监控阶段,在此阶段运用数据科学推动后台业务自动化;当前,监管科技正在向第四个阶段迈进,即预测性分析阶段,通过人工智能主动识别和预测风险,通过数据挖掘和机器学习对分散的数据进行综合分析以得出行为模式,预测可能出现的合规风险。

2014—2015 年是监管科技发展的起步阶段。2014 年,英国金融行为管理局 FCA 发布《创新工程征求意见书》,第一次提到监管科技概念,将其定义为"运用新技术,促进金融机构更有效地达成监管要求"。其后,国际金融协会(IIF)将监管科技描述为"能够高效和有效地解决监管和合规性要求的新技术"。

2016 年,监管科技在全球进入快速发展阶段,受到全球各个主要国家越来越多的重视,美国、加拿大、澳大利亚、新加坡等国相继发布促进监管科技发展的相关政策。例如,2017 年 1 月,美国国家经济委员会发布《金融科技监管白皮书》,专门提出了在应用科技提升金融监管方面的目标和原则。

相比于欧美国家,中国监管科技起步相对较晚,与之差距仍比较明显。但是,中国监管科技的发展积极性高,应用需求非常广阔。政策层面,国家给予监管科技发展大力支持。2017 年 5 月,中国人民银行成立金融科技委员会,提出强化监管科技应用实践作为丰富金融监管的重要手段。2017 年 6 月,《中国金融业信息技术"十三五"发展规划》提出,要加强金融科技(FinTech)和监管科技(RegTech)研究与应用。

同时,中国金融监管机构也在实践中不断探索监管科技的应用:中国人民银行反洗钱监测中心正在建设反洗钱监测分析二代系统大数据综合分析平台;银保监会将分布式架构运用于 EAST 数据仓库,将现场检查方案与大数据相结合;证监会运用大数据分析打击内幕交易,使得线索分析处理精准度大幅提升,线索来源大幅拓宽。

监管科技的重要价值体现如下。

1. 提升合规效率降低成本

监管科技公司通过利用云计算、大数据等新兴数字技术对大量的公开和私有数据实行自动化分析,帮助有需求的金融机构核查是否符合反洗钱、信息披露等监管政策、遵守相关监管制度,避免因未满足监管合规要求而带来的处罚。监管科技使用先进金融科技提取、转换、加载数据集,不仅快速而且高效。

作为监管合规创新模式,监管科技当前已在监管报告自动生成、客户或员工资质审核等多个方面,大幅降低了人员工作量,未来还将在更多应用场景中发挥关键作用。因此,大量运用监管科技手段开展非现场实时监管,将是未来金融监管主要实施方式,而耗费更多人力的现场检查和书面调查方式,将逐步成为辅助性和非常规性监管实施方式。

从合规的角度来看,金融机构采取对接和系统嵌套等方式,将规章制度、监管政策和合规要求翻译成数字协议,以自动化的方式来减少人工干预,以标准化方式来减少理解的歧义,更加高效、便捷、准确地操作和执行,有效地降低合规成本,提升合规的效率。

2. 提高监管的规范性

利用监管科技,一方面可以避免多头监管;另一方面可以避免因监管规则理解的偏差而造成的监管不当。利用监管科技可对新出台的金融政策进行数字化转译,以避免出现理解上的歧义和执行层面的混乱。同时,利用大数据等手段实现的数据共享作为当前分业式监管相互协调的纽带,也可以对不同部门出台的政策进行比对,找到重合和不一致之处,从而避免多头监管。

3. 提高风险监测识别能力

金融监管部门通过运用大数据、云计算、人工智能等技术,能够很好地感知金融风险态势,提升监管数据收集、整合、共享的实时性,有效发现违规操作、高风险交易等潜在问题,提升风险识别的准确性和风险防范的有效性。监管科技能降低人为操作风险,实现金融风险的感知和预警。实施穿透式监管,透过互联网金融产品的表面形态看清业务实质,将资金来源、中间环节与最终投向穿透连接起来,按照"实质重于形式"的原则甄别业务性质,根据业务功能和法律属性明确监管规则。监管科技通过对金融机构交易数据的收集与梳理,可以清晰地甄别出每一笔交易触发者和交易对手信息,并能够持续对该笔交易进行跟踪、监测,从而实现对资金的来源和最终去向进行实时监控、全链条监控,揭示各种金融产品的业务实质。因此,监管科技是对实现穿透式监管技术层面的有力支撑。

2017年5月15日,中国人民银行成立金融科技委员会,旨在加强金融科技的研究规划与协调。这一事件也体现了中国人民银行监管措施的转变:从既有科技的应用,到主动拥抱技术变化,认可技术作用。在金融科技时代,金融本身的使命并未改变,其核心功能仍是资源的优化配置、支付清算、风险管理等内容。

10.1.4 监管科技赋能监管

1. 事前风险预判

通过对政策信息、市场宏观运行状态、市场微观运行数据的收集,利用针对不同风险场景训练好的机器学习模型或基于规则的模型进行分析,提前对市场风险进行预判,有效地识别潜藏在市场中的风险点,及时预测市场异常波动,防患未然。

2. 事中实时监控

通过分布式环境节点实时获取业务数据,利用大数据流式计算和复杂事件处理等技术,通过预先建立的监控指标体系以及数据分析等手段,进行业务风险实时报警以及异常行为监控,更快地发现市场异动,并通过丰富的可视化途径展示出来,同时自动智能生成报告,方便监管人员使用。

3. 事后深度挖掘

基于客户的身份属性和行为数据,建立全景画像,更形象、更便捷地展示客户的基本属性、业务特征等信息,更全面、更深度地总结客户的行为偏好、信用情况等信息,为监管人员日常信息查询、客户排名查询等提供便利,为监管人员进行市场操纵分析、内幕交易分析等场景提供强有力的信息支持。

监管新规的日趋严格给合规监管带来了挑战,金融机构可通过大数据平台对不同监管政策统一协调管理,及时发现监管规则冲突,有效避免政策不一致现象,提高监管的规范性。

10.2 监管科技准入机制

10.2.1 明确监管准入

应限定金融科技准入条件,提高准入门槛,将初衷不善的企业和个人挡在门外,从源头上遏制行业乱象,保护合规守法的企业。并应设立和完善金融科技平台退出机制,让解散、被撤销或濒临破产的金融科技企业有序退出市场。

(1) 关注金融业务本质,根据其业务属性,纳入现行金融监管框架,进行归口监管。新技术在产品设计和业务模式上的应用(如互联网支付、P2P 网络借贷、股权众筹等),迄今并未改变支付清算、债务融资、股权融资等金融业务的基本属性,也没有改变金融体系的基本结构。从监管角度看,不论是金融机构还是科技企业,只要是从事同类金融业务,就应取得法定金融牌照,遵循相同的业务规则和风险管理要求,以维护公平竞争的市场环境。

(2) 重点关注是否存在募集公众资金、公开发行证券、从事资产管理和债权拆分转让等行为。在各国的金融监管框架下,吸收公众存款、公开发行证券募集资金、从事资产管理和债权拆分转让等业务均设有严格的准入标准和监管要求。各国监管机构一致认为,市场主体不论采用何种技术形式和渠道开展业务,都需要重点关注其是否实质上向不特定人群筹集资金或吸收存款,是否实质上在从事证券发行、资产管理和金融资产交易等业务,进而判断其是否应当申领金融牌照并接受相应监管。

(3) 适度简化监管程序。根据匹配性监管原则,按照法律授权对小额、有限范围募资活动适度简化监管程序。由于金融科技服务对象以个人或小微企业为主,交易金额通常较小,复杂程度较低,系统重要性较小。在融资金额、投资者范围有限的情况下,一些国家或地区根据金融科技具体业务模式的风险水平和系统重要性程度,适度简化监管程序,避免其承担不恰当的合规成本。

(4) 注重信息披露和投资者保护。金融科技的服务对象集中于小微企业、低收入人群等。这类群体的金融业务经验较少,金融专业知识不足,风险认知水平和承受能力相对较低,同时金融科技的"非面对面"交易形式较多,容易导致信息不对称问题。因此,各国在金融科技的监管上均更加注重信息披露和投资者权益保护。

10.2.2 建立准入机制

（1）建立金融科技准入机制。无论何种类型的从业机构，只要从事金融业务、提供金融服务，就必须接受基本一致的市场准入政策和监管要求。要完善金融科技统计监测和风险监测体系，持续地、动态地跟踪金融科技发展、演进和风险变化。此外，建立金融科技信息披露、合同登记、风险提示等制度，提高金融科技服务全流程透明度，建立合格投资人制度。加强金融科技消费者和投资人教育，增强其理性认识和维权意识，从而加强对金融科技平台的社会监督。以国家和金融科技平台合作的方式，建立健全金融科技行业自律监管组织，实现由传统监管模式向合作监管沙盒模式转变，实现金融科技健康发展、有效创新与稳定安全之间的平衡。

（2）理清监管科技发展流程。可以采取三步流程：①采用新计划，以发展和普及合规和监管报告（C&RR）为牵引，逐步建立和完善数字化监管协议，适度发展"沙盘机制"，以及压力测试系统的工具化。②在数字化监管协议基础上，发展基于区块链、RegAPI、AI 技术的新型监管模式和监管服务。③发展高级形式的"沙盘机制"以及金融风洞技术，提高在复杂宏观经济环境下的监管效能，防范系统性金融风险。同时，引导和组织，建立风险数据联盟，利用联盟内共享的、广谱的风险数据，为各种金融机构提供差异化的风险监测和合规监管评价。

（3）培育良好的产业生态圈。政产学研共同发力，借助现有的业界交流平台、行业自律组织，加强沟通研究、促进交流共享。政府和监管方要加强调研和指导，形成产业生态的良性循环。借鉴"监管沙箱"理念，构建监管科技"加速孵化"机制，在此机制下设定一套相对固定的准入、支撑、运行、压力测试、评价、监控、风险隔离等制度体系，从监管、技术、法律、市场、资本、理论等各个方面共同完善方案，允许金融科技创新在接近真实环境同时风险可控的前提下进行实践。在此过程中，监管部门也可不断积累相关监管经验，提升监管自动化水平。

监管科技可以给金融机构带来巨大的效率提升和更有效的合规。在当前全球范围加强金融监管的大背景下，没有监管科技的发展，金融科技的发展也就无从谈起。金融科技给金融服务提供了潜力巨大的发展空间，但再好的产品和服务如果不合规和满足不了监管，就无法得到应用。大力发展监管科技，不仅是让金融机构更好地合规和满足监管，也是为了更好地提升监管机构的效能，促进金融科技的发展，让更多、更好的技术能够得到应用。

10.2.3 制定监管标准

监管层要成立专门的跨部门组织机构，统筹监管需求，加强顶层设计，明确监管科技的发展规划和监管标准。

（1）法规框架调整优化。面对金融科技的挑战，不仅监管理念需要创新，法规框架同样需要调整。最为突出的影响来自区块链。当前国际和各国的法律和监管框架并不完全适用于区块链网络，甚至两者间存在冲突。当前法律监管旨在提供交易对手间的信任基础，但区块链并不需要这种信任的背书或支持，区块链"代码即法律"的主张集中体现了这一冲突；

但区块链未来的运用和发展却又离不开国际和国家层面的法律。区块链对主权法律提出了一系列的问题：未来如何在去中心化的区块链中履行监管职责？监管者应有多大的网络进入权限？如何在区块链这一国际化网络中执法？在出现争议时法律管辖权如何确定？对于这些问题，尚无答案。这就需要在法律法规层面作出调整。

(2) 建立监管科技标准体系。统一的标准、制度体系是实现系统建设的前提，要制定监管制度数字化的数据元标准和数据交互标准，以支持监管合规要求的自动化处理。这里所指的标准，既包括监管政策、实施要求和运行数据定义的统一，也包括对监管科技本身的技术应用规范。监管要求和技术手段同时制定出台。在监管政策之初，业务与科技部门应加强协作，共同研发基于云计算、应用程序编程接口（API）等技术的监管工具和平台，将监管要求"翻译"为系统接口，应用数字化监管协议与合规性评估手段，提升金融监管效能。着力提高应用监管科技相关系统的集成度、模块的内聚性和可扩展性，降低开发的复杂度，缩小监管目标与系统实现之间的鸿沟。缩短政策出台后技术手段不能跟上的"消化"时间。标准是金融产品安全和服务质量的保证，也是创新驱动的核心要素。

(3) 相关各方沟通协调。监管科技标准制定需要监管者、金融机构和监管科技开发者三方密切的沟通和协调。监管科技市场仍处于起步阶段，目前还没有被广泛接受的方案。在监管科技产品的开发阶段，行业内的沟通、合作和协调有利于标准的设定，监管机构也能为产品设计提供清晰的指引。监管科技产品市场针对性非常强，任何解决方案都需要来自金融机构、产品开发者和监管机构的通力合作。

10.2.4 完善法律、法规

1. 数据隐私保护

在大数据时代，数据成为科学研究的基石。人们在享受推荐算法、语音识别、图像识别、无人车驾驶等智能技术带来便利的同时，数据在背后担任着驱动算法不断优化迭代的角色。在科学研究、产品开发、数据公开的过程中，算法需要收集、使用用户数据，在这个过程中数据就不可避免暴露在外，数据隐私保护越来越重要。目前，全世界已有近 20 个国家制定了专门保护个人隐私的法律，像美国、法国、欧盟等还专门针对信息时代制定了隐私方面的法规。我国也于 2016 年 11 月 7 日通过《中华人民共和国网络安全法》，规定了公民个人信息保护的基本法律制度，主要有四大亮点：①网络运营者收集、使用个人信息必须符合合法、正当、必要原则；②规定网络运营商收集、使用公民个人信息的目的明确原则和知情同意原则；③明确公民个人信息的删除权和更正权制度；④网络安全监督管理机构及其工作人员对公民个人信息、隐私和商业秘密的保密制度等。2012 年 12 月 28 日通过的《关于加强网络信息保护的决定》，明确提出保护能够识别个人身份和涉及隐私的电子信息。除上述普适性法律以外，建议专门针对金融数据信息出台相关保护法案。

2. 行业云监管合规细则

金融科技是一种共享经济，具有开放、分布式、去中心化、平台化、跨界、跨领域等特征。因此，金融行业云技术平台比传统监管部门更能适时掌握供需双方的动态，是对供需双方利益经济的金融活动监管者,适合承担对金融供需双方进行监管的责任。云技术和开放式平台使得能够创建标准化的共享工具。共享实用程序可以为单个金融机构中的不同子公司提供服务,例如云技术中的中央数据库。当共享工具为整个行业的多个组织(例如,充分了解你的客户需求(KYC))提供服务时,它将使银行能够优化其核心流程,降低成本,提高监管和合规应用的可扩展性和灵活性。同时,行业云技术平台以及技术优势掌握了金融交易的主导权,成为信息不对称的优势方,可以强化国家监管部门按穿透式、一致性原则,建立健全金融科技云监管规则体系对其进行监管。

10.2.5 搭建行业共享机制

1. 在保护用户隐私前提下实现行业数据/服务共享

金融科技催生了许多新型金融业态,主要分布在借贷、支付、监管科技、数字货币、数据与分析、保险、资本市场、财富管理、众筹、区块链和会计核算等领域,大大降低了融资成本,提高了融资效率。在经济金融化趋势不断加深的背景下,我国金融科技的发展需要依托开放共享的服务理念,利用信息技术拓宽共享经济的适用范围,提高社会资源的配置和利用效率,促进资本和信息的高效流动,降低供给方对商业组织的依附性,进一步实现共享经济的普惠效应。

(1) 通过解决数据标准化障碍,实现金融行业数据共享。目前,虽然已有一些有关数据的标准协议,如 ISO 20022 标准等,但不同国家和机构在数据定义和标准设定上的差异仍然存在。由于某些数据的定义和关键监管概念差异巨大,在不同国家展现的金融机构风险数据难以合并。由于数据的不兼容,监管科技公司无法开发覆盖多国的监管解决方案。技术变化日新月异,数据的标准和定义也处在动态变化中,监管层应推动那些已在业内获得广泛共识的标准,同时对新数据概念保持开放心态。

(2) 在保护数据安全的条件下实现数据共享。保护客户的数据安全是数据共享的前提。与数据有关的法律和监管规定对个人数据隐私保护非常重要。政策制定者需要持续评估科技发展对数据安全和隐私保护的影响,确保政策在数据保护与数据有效使用之间取得平衡。某些数据保护或数据本地化规则,可能成为有效信息共享的障碍,导致金融机构成为"信息孤岛"。因此,消除安全使用和共享数据的法律障碍应是监管层的优先议题。

(3) 应尽快建立数字化监管系统。数字化监管系统是以大数据、云计算为技术基础,通过接入金融机构数据端口直接采集风险数据,完成动态监管。但实现数字化监管的前提是相关的监管政策、规定和合规性要求能实现"机器可读"。同时,监管机构能为金融机构提供各种监管应用程序接口,并通过统一的协议交换数据和生成报告。数字监管系统的建立,将改变目前"人工报数"的被动监管、事后监管格局。同时,由于数据实时更新,造假成本增加,监管有效性也会提高。

2. 建立网络征信数据行业信息共享机制

(1) 开放政务信用信息源。公共政务数据很重要,根据《国务院关于印发促进大数据发展行动纲要的通知》国发〔2015〕50号文件,各政府部门数据将脱敏后面向社会开放。开放数据将产生巨大的社会价值,可以向符合资格的机构开放信息源,这些机构取得了国家许可执照,便于接受监管。此外还有用户自主上传的数据。这些数据能够帮助我们更好地描述以及准确地刻画个人信用。

(2) 中国人民银行征信与互联网征信共享。中国人民银行征信中心在征信数据有效地解决信用风险问题,提高金融的获得性,但只覆盖不到 4 亿人,还有很多人没有信用记录数据。我国有 7.5 亿网民,11 亿移动网民,人群覆盖面非常广,通过对他们在网络上留下的痕迹进行数据挖掘和分析,再加上线上反欺诈数据,能够对目前的征信状况进行有效补充,让更多在互联网上有数据的人,通过刻画得出的信用状况,也能得到金融服务,当然还包括生活服务。可以用大数据的方法计算互联网上万个变量,将更多信用记录以外的信息纳入征信体系。结合现有身份记录和信贷记录,以及生活类数据,再加上互联网数据,可以得到更多广谱信息来刻画信用。

(3) 保证征信数据实时鲜活。大数据的两个主要特点是存量、热数据,它不再是离线的事后分析数据,而是在线实时的互动数据。如果某个人有违约行为记录,会立刻被刻画进来,使当前业务的快速决策更加有效。用户通过第三方支付缴纳水电煤气费、信用卡还款以及物流信息也是重要的数据来源。大数据征信模型深度融合了传统信用评估与创新信用评估,开创了大数据征信模型。在模型中,信用历史是非常重要的一项,其他维度包括身份特质、履约能力、行为偏好和人脉关系等维度建立刻画个人信用全貌的模型。

3. 探索跨界数据整合与共享

(1) 要推进各部门、各条线数据的整合和共享,打通数据孤岛;2016 年 1 月,工业和信息化部《大数据产业发展规划(2016—2020 年)》正式印发,进一步明确了促进我国大数据产业发展的主要任务、重大工程和保障措施。随着政府对大数据技术和产业创新发展支持力度的增大,我国大数据产业将保持快速发展。2019 年,我国大数据核心产业规模突破 7 200 亿元,未来 2～3 年市场规模的增长率将保持在 35% 左右。目前,政务、工业、电力、金融、交通、医疗等诸多领域正在大力拥抱大数据,相关大数据应用在我国层出不穷。

(2) 要推进各类金融机构通过系统对接、嵌入等技术手段,实现实时、穿透式监管,整合形成社会经济运行和经济行为数据,准确掌握整个金融系统的情况,提升数据分析处理能力及效率,助力精准施策和精准监管。

10.3 监管科技提升监管效能

监管科技是金融科技的一个子范畴,预计 2020 年市场规模将发展到 64.5 亿美元,复合年增长率(CAGR)为 76%。监管科技的核心技术主要包括云计算、大数据、人工智能、区块链和 API 五大领域。云计算为监管科技提供廉价的计算和存储资源,通过数据集中汇聚提供大规模的数据资源,提升监管工具的共享程度。大数据实现大规模数据的挖掘分析能力、高效实时的处理能力。人工智能进一步提升数据的智能分析能力,提升客户交互能力。区块链保证获取的基础信息的真实性和效率,保证业务合规性,同时提高业务办理的效率。API 有助于监管政策及合规准则的有效落实,提高监管的规范性,以最小扰动的方式进行监管。

10.3.1 大数据监管

1. 大数据监管的内涵

大数据监管是以动态、实时、互动的方式,通过金融大数据对金融系统内的行为和其潜在风险进行系统性和前瞻性的监管。大数据监管使得以属地、业务、机构等为导向的监管逐渐弱化,监管将更多地针对数据及数据背后所代表的行为。大数据在有效分析和呈现工具的帮助下,不仅能让监管者迅速观察到已经和正在发生的事件,更能让其预测到即将发生的风险和这种风险发生的概率,更有利于监管者动态配置监管资源。伴随资金流的信息流,也应实现全流程的监管共享、消除信息的不对称和不完全,考虑大数据监管。

2. 证监会监管科技 3.0

2018 年 8 月,中国证监会发布了《中国证监会监管科技总体建设方案》,标志着证监会完成监管科技顶层设计,进入监管科技 3.0 全面实施阶段。

(1) 监管科技 1.0 的工作内容主要是通过采购或研制成熟高效的软硬件工具或设施,满足会内部门和派出机构基本办公和特定工作的信息化需求,提升监管工作的数字化、电子化、自动化、标准化程度。

(2) 监管科技 2.0 的工作内容主要是通过不断丰富、完善中央监管信息平台功能,优化业务系统建设,实现跨部门监管业务的全流程在线运转,为大数据、云计算、人工智能等技术在监管科技 3.0 阶段的应用打下良好的基础。

(3) 监管科技 3.0 的工作核心是建设一个运转高效的监管大数据平台,综合运用电子预警、统计分析、数据挖掘等数据分析技术,围绕资本市场的主要生产和业务活动,进行实时监控和历史分析调查,辅助监管人员对市场主体进行全景式分析、实时对市场总体情况进行监控监测,及时发现涉嫌内幕交易、市场操纵等违法违规行为,履行监管职责,维护市场交易秩序。

证监会监管科技工作的核心是要建设一个运转高效的监管大数据平台,综合运用电子依据、统计分析、数据挖掘等技术,围绕资本市场主要生产和业务活动,进行全方位监控和历史数据分析,辅助监管人员及时发现市场主体涉嫌内幕交易,市场操作等违法违规行为。在证监会监管科技 3.0 的整体实施方案中,明确了七个重要分析方向,包括行政许可类辅助分析、公司信息披露违规及财务风险分析、经营机构违规行为及财务风险分析、证券期货服务机构尽职行为分析、市场运行分析、违法交易行为分析。在这七个研究方向下又设定 32 个应用场景,同时要建设关联账户分析、财务报表分析、实体画像、交易异常检测、舆情分析、金融文档分析六大基础分析能力。目前已基本建成监管科技 3.0 的规章制度体系,完成基础分析能力工程方法的研究工作,组建了证监会科技监管专家咨询委员会,编制完成了证监会大数据平台建设的技术指引等规范性文件,正在开展上市公司、拟上市公司及私募公司的画像系统建设。

3. 地方金融监管中的监管科技

地方金融监管资源相对紧缺,监管能力相对薄弱,这都对地方金融监管形成较大压力。运用监管科技成为地方金融监管的一个大方向。近年来,地方金融监管部门纷纷与科技公司合作探索监管科技的运用。比如,2018年7月2日,深圳市金融办联合腾讯在深圳召开发布会,宣布双方建设的灵鲲金融安全大数据平台正式上线运行,同时还宣布双方共建的金融安全监管科技实验室揭牌成立,共同为打赢防范化解金融风险攻坚战研发监管科技"新武器"。2018年10月30日,河北省金融办与蚂蚁金服签署战略合作,双方将共建"河北省金融监管科技创新实验室",依托于实验室,双方共同探索为河北金融风险防控、新技术金融监管应用等方面提供技术支撑,助力河北风险防控和金融监管创新发展。

10.3.2 人工智能技术监管

(1) 人工智能及其他自动化分析技术的发展使其能够更加智能化地满足合规要求并实施监管。近年来,金融机构获取的数据量不断增长,尤其是大量高频非结构化的数据。基于机器学习和数据挖掘算法,即使对非结构化和低质量的数据,如电子邮件、PDF和语音等,也可以组织并分析其大型数据集。机器学习可以改善对支付系统产生的低质量数据的解读能力;可以为数据分析创建自我完善和更准确的方法,如建模和预测可应用于压力测试等;此外,还提升了对语言和文本的处理能力,一旦有偏离合规要求的交易行为,系统将自动发出警报,有效帮助金融机构满足合规要求。将来,甚至可应用人工智能自动解读新法规。

(2) 对于非结构化数据(电子邮件、语音、即时消息、文档和元数据)而言,监管科技本质上是机器学习与自然语言理解的结合。AI还被用于客户身份认证(KYC),直戳金融机构最贵、最费力且高度重复的痛点。此外,AI算法还能对交易数据(TRS)的质量进行评估和筛选。

(3) 机器学习还可用于识别异常交易和风险主体,检测和预测市场波动、流动性风险、金融压力、房价、工业生产、GDP以及失业率,评估用户情绪,抓住可能对金融稳定造成的威胁。中国人民银行可以利用人工智能来协助货币政策评估。过去几年,由于监管要求以及服务电子化,金融机构获得大量的高频率非结构化数据。因此,面对海量的高频率和低质量数据,监管机构和金融机构迫切需要强有力的分析工具。机器学习等基于人工智能和其他自动化分析的技术,为金融机构和监管层利用数据满足合规要求和实施监管提供巨大的可能性。例如在识别欺诈方面,在历史数据基础上,机器学习工具能有效识别可能的欺诈行为,同时也能应用于反洗钱和反恐融资领域;交易监测方面,机器学习提升了对语言和文本的处理能力,一旦有偏离合规要求的交易行为,系统将自动向金融机构发出警报,更有效地帮助金融机构满足合规要求。

10.3.3 应用程序接口监管

应用程序接口(API)给软件应用程序提供了一个金融数据交互标准,而且可以执行请求交易。随着金融机构和监管机构开放、分享应用程序接口和公共数据,监管报告和检查、反洗钱可疑活动监测以及支付欺诈监测将会变得更加高效。具体做法是将各种监管政策、规定和合规性要求进行数字化，具备"可编程"的要求，监管机构为金融机构提供各种监管的API，方便金融机构能够对其内部流程、数据编程，并通过API统一的协议交换数据和生成报告。

例如，在P2P风险处置中，地方金融监管部门也开始运用监管科技手段。比如，2018年8月16日，广东省内第二批共7家P2P平台API（即"非现场实时监管系统实时报送接口"）对接广东省网络借贷信息中介非现场实时监管系统2.0正式上线。至此，该系统已完成广州市内8家P2P平台API对接，另有30多家P2P平台向防控中心提交API对接申请，将有序接入。P2P非现场实时监管API接口涵盖借款人、出借人、项目、投标、还款、运营及账户资金等信息，P2P可通过API接口自动实时向非现场监管系统报送数据。此举提高P2P报送数据的真实性、完整性和时效性，避免数据被篡改，做到P2P平台数据库与非现场监管系统实时对接，更真实地反映平台运营及风险情况，有效促进区域内互联网金融风险防控工作的科学化、精细化。

10.3.4 区块链技术监管

1. 区块链提高非现场检查效率

区块链和其他分布式总账可能在未来允许金融机构之间开发更有效的交易平台、支付系统和信息共享机制。特别是与生物识别技术结合时，数字身份可以提供及时、低成本和可靠的"了解你的客户"检查。另外，区块链通过透明的设计，能提供给监管机构直接、即时和完全透明的监管信息。由于所有交易都记录在分布式总账上，监管机构可以进行全面、安全、精确、不可逆和永久的审计跟踪。区块链技术带来的这种近乎实时的交易数据使得监管者能够更好地分析系统性风险，提高现场检查和非现场检查的效率。

2. 区块链实现金融机构数据真实性

应用区块链技术，可改变传统金融数据报送和产生的流程、提高业务数据的真实性，监管当局也可不再依赖金融数据上报，而是通过业务信息自动生成的相关数据来进行加工处理，形成监管数据并形成监管判断。区块链将是未来监管科技中非常重要的一种技术，区块链技术将帮助监管当局有效提升信息的透明度，同时极大降低基础设施的重复建设成本，有利于建设一个更安全、更及时、更稳定的金融监管体系。与此同时，在基础信息真实性和及时性得到保证的基础上，监管当局就不必花费更多精力用于审核信息真实性，而是可以投入更多的精力去分析金融监管的情况以及判断系统金融风险，更好地防控金融风险。

3. 建设合规区块链降低合规成本

传统金融监管治理一般以行政治理为主，技术一般作为监管的工具和手段，作为解决监管合规问题、增强监管能力的工具。科技工具曾在很长时期内成为各主权国家监管和治理主流理念，指导金融监管和合规法规制定。通过建设合规区块链有利于实现多方同时在线协同交互监管。合规区块链以技术和底层逻辑的形式促进传统金融监管的分业监管、机构监管,以现场检查为主配合非现场检查转向多方在线和协同监管。以监管机构主导的合规区块链将中国人民银行、银保监会、证监会、公安、工商等政府监管部门从实体移到区块链上,同时上线,跨时空协调联合监管。同时开放接口接入各类持牌和未持牌的金融机构,以及消费者组织,督促金融机构将数据和交易运营信息上链,经过监管部门主链节点的审核确认后向全网广播。监管机构的监管政策和合规指引以及金融机构的日常数据都打包整合上链,形成一个个独立的节点,各个节点之间异构多活,形成多方在线、点对点互联的交互式结构。通过合规区块链的底层和合约应用层,实时灵活调用合规政策和企业数据,企业也可以及时查看掌握监管动态和合规要求,根据合规指南及时调整业务,降低经营风险和合规成本。

4. 区块链降低全球化合规风险

在全球化和信息化的今天,金融要素和科技要素在全球范围内的流动更加频繁,金融机构、金融科技跨越主权国家范围开展业务,加剧了金融风险的传递与交叉扩散,监管科技在全球范围内的受关注度越来越高。对企业自身来说,全球化经营的合规风险正在提高,由合规问题导致的处罚额外增加了企业的成本。加强合规区块链的国际合作,是监管科技合作的重要组成部分。

10.3.5 监管沙盒

监管沙盒(regulatory sandbox)是指针对现有监管框架内尚需观察的金融创新产品或服务,由监管部门在法律授权内,根据业务风险程度和影响面,按照适度简化的准入标准和流程,允许金融科技企业在有限业务牌照下,利用真实或模拟的市场环境开展业务测试,经测试表明适合全面推广后,则可依照现行法律法规,进一步获得全牌照,并纳入正常监管范围,其性质与我国的试点机制具有相似性。如英国金融行为监管局于2015年推出监管沙盒机制,允许先向金融科技企业发放有限牌照,并在限定条件和场景中(如业务规模不超过5万英镑)测试开展相关创新业务。监管部门根据测试结果确定是否进一步授予全牌照(FCA,2015)。在实践中,也有不少金融科技企业在尝试监管沙盒机制后,因更加了解金融监管标准的严格性和相关合规成本,从而决定放弃进一步获取金融牌照。

一个完整的沙盒测试共计七个步骤。

(1) 企业申请进行沙盒测试:企业向FCA提出申请,包括拟测试的新产品、服务及所需满足的基本要求。

(2) FCA批复:审核企业申请,为符合要求的项目指定监管联络人。

(3) 定制测试方案:FCA与企业一对一确定测试方案,包括测试业务、测试参数、结果度量、报告要求及保障措施等。

(4) 测试许可:FCA允许企业进行测试。

(5) 测试与监控:企业按照步骤三的约定开始测试,FCA实时监控。

(6) 企业向FCA提交最终报告:测试结束后,企业撰写报告交由FCA审查。

(7) 企业决定是否将产品推向市场:报告经FCA审查通过后,由企业决定是否将新产品推向市场。

在机理上，监管沙盒类似于我国的改革试点。两者都是为了鼓励创新提高效率，通过设定"观察期"和限定范围来管控试点风险和保护消费者，然后总结经验教训和软件推广。不同之处在于，监管沙盒是一种常态化、规范化的制度安排，相关市场主体可以随时申请入盒测试，而改革试点大多是一事一议，新设试点和试点政策需要相关部门审批通过。正因如此，两者在稳定预期、市场引导和影响范围上存在一定的差异。

当前，我国已经初步具备实施监管沙盒的基础条件。一方面，现有监管机制并不排斥监管沙盒，其弥补了现有金融监管在应对金融科技创新方面的不足；另一方面，互联网金融监管规则以及与之配套的第三方支付、P2P监管规则都已经出台，为实施监管沙盒积累了有益经验。而我国的金融科技监管研究已经起步，尤其是对数字普惠金融监管问题的研究正在深入推进。与此同时，我国实施金融监管沙盒面临操作层面的挑战。首先，监管沙盒对监管资源配备的要求较高。从创新标准的审定、消费者保护措施的设立、对创新企业的沟通指引以及对创新成效的评估等都需要监管者增强在机构设置、人员配备、技术储备和管理机制等方面的建设。其次，监管沙盒作为监管方式的一次大胆创新，还需要面对现行监管规则与法律框架对监管责权的束缚，积极协调暂时性宽松与法律法规等不一致。

2017年5月23日，区块链金融沙盒计划启动仪式在贵阳举行，这是我国第一个由政府主导的沙盒计划。

10.3.6 各国监管科技创新侧重点

（1）英国侧重于监管沙盒的实践应用，鼓励并大力指引金融科技公司在监管科技领域创新，侧重建设创新中心和监管沙盒。英国的金融科技发展一直处于领先位置，英国政府为保持金融科技的创新力和竞争力，不断推出创新的监管政策。例如，2014年8月，英国财政部提出金融科技振兴策略；2017年，英国财政部提出"监管创新计划"，此计划探讨了监管如何适应并鼓励变革性的业务模式，并利用新技术来减少业务的监管负担。

（2）加拿大利用监管科技推动监管框架变革修订，成立专属科技实验室进行研究，侧重监管业务流程改造、监管框架修订和监管沙盒应用。2017年2月，根据加拿大证券管理局的监管沙盒计划，每个地方临时监管机构均可对相应金融科技企业进行审查，并将审核结果送交加拿大证券管理局进行最终审判。获得批准的企业可在加拿大全国任意地区进行业务运营。

与此同时，该监管沙盒还提出了部分限制要求，比如相关企业可以在不受某些条例限制情况下的具体运营时长等。

（3）澳大利亚大力发展和推动监管科技应用实验，监管部门、独立的创新中心及监管科技创业公司联合组建行业协会，培育监管科技，开展监管科技应用实验。2016年12月，澳大利亚证券与投资委员会（ASIC）推出257号监管指南《在不持有AFS或者信贷许可证的情况下测试金融科技产品和服务》，该监管指南提出了一些金融科技企业提供金融产品和信贷服务可以金融科技许可证豁免的情况和条件。

（4）新加坡成立专业组织推动监管科技应用合作，新加坡金融管理局成立金融科技创新组织（FTIG）来负责金融科技的政策、发展和监管。2016年6月，新加坡提出监管沙盒制度，为企业创新提供一个良好的制度环境。新加坡金融监管局正在鼓励进行更多的金融科技尝试,从而能够对市场上具有前景的创新进行测试,并有机会在新加坡境内外进行更大范围的采用。2016年11月,新加坡金融监管局在举办的首届新加坡金融科技节上宣布新加坡为打造智慧金融中心而推出的一系列计划,包括将全国个人信息平台Myinfo的资料应用在金融领域、试用区块链技术进行跨银行和跨境付款等。

(5) 美国的监管科技技术创新能力突出,更为侧重于研究和跟踪科技底层技术架构,并着重强调趋势前沿追踪。2017年1月,在美国前总统奥巴马卸任之前,由白宫国家经济委员会发布《金融科技监管白皮书》,在该文件的第四部分,提供了由十条总体原则构成的框架,便于政策制定者及监管层思考、参与及评估金融科技生态圈,从而实现相应的政策目标。

10.3.7　监管科技应用场景

监管科技的应用场景主要包括用户身份识别、市场交易行为监测、合规数据报送、法律法规跟踪、风险数据融合分析、金融机构压力测试六大方向。每个场景都需要多种技术共同支撑,都会在金融监管机构和金融从业机构中进行广泛应用。

1. 通过用户身份识别,发现和阻止可疑的交易行为

应用背景:监管机构对于金融机构在"了解你的客户"(KYC)和"客户尽职调查"(CDD)等方面,有着明确的监管要求。当前金融市场上,存在很多非客户本人操作的金融业务违规违法现象,如信用卡盗刷、用虚假证件开户等。

解决方案:一是应用智能生物识别技术。利用生物特征信息(如人脸、虹膜、指纹、声纹等)所具有的稳定性、不易复制性和不易窃取性,在建立账户和进行账务交易时加入生物识别技术,将有效提升金融机构用户身份识别能力。二是应用大数据比对技术。通过大数据比对,识别非常用地区转账、非常用设备转账等异常操作,对账户异常违规操作进行拦截,要求再次验证身份。

2. 通过市场交易行为监控,发掘关联账户的异常操作

应用背景:为保护金融行业消费者和维持金融稳定,监管机构和金融机构需要采取有效措施,监控洗黑钱、内部交易等行为,打击市场上存在的"黑产"和"违约"等侵占金融机构利益的现象。

解决方案:综合利用大数据＋人工智能技术,通过对关联交易数据的多维度、高频率、全动态实时分析,可以有效识别诈骗、集资、多账户操纵、票据虚开等违规违法行为。

3. 通过合规数据报送渠道的数字化,提高效率,降低成本

应用背景:合规报告是监管机构进行非现场监管的重要手段,高水准的数据报送可以帮助监管机构及时发现和化解金融风险。金融危机后,监管机构对金融机构数据报送内容的要求不断提升。金融机构需要面向多个监管机构报送不同结构、不同统计维度的数据。

解决方案:金融机构可以通过数据资产管理提升合规数据报送能力。通过整合内部数据,提高数据质量,增加统计维度,实现合规数据报告快速生成。报送规则以API的形式实现数字化,提升报送效率和真实度,并减少报送成本。

4. 通过智能化的监管法规信息跟踪与分析，提升合规能力

应用背景：在金融行业监管不断提升和细化的背景下，监管法律法规密集出台，金融机构需要追踪最新的法规，还要逐条对比新旧条文间的异同。跨国金融机构还需要追踪所有业务所在国家的法律法规。

解决方案：人工智能技术可以自动发现、识别、归档新发布的金融监管法律法规，对比新旧文件的异同，最终生成跟踪报告。法务人员可以应用工具快速从海量法律文档中找到需要的条文字段。

5. 通过风险数据融合分析实现对系统性风险的洞察

应用背景：金融危机后，宏观审慎监管得到更多重视，监管的实现需要全面融合各个金融机构数据，进行整体性风险分析管控，基于单个金融机构的数据很难及时识别系统性金融风险。

解决方案：通过监管平台的建设运营，实现各个金融机构之间在成员认证、接入管理、数据查询、索引记录、流通规则等方面的互联互通，有效汇聚和及时分析风险数据，为宏观审慎监管提供有力支撑。

6. 通过金融机构压力测试，在隔离环境中进行风险评估

应用背景：严格的金融监管条例在保证金融市场稳定性的同时，也在一定程度上限制了金融新业态的发展。金融创新既需要新技术的应用支撑，也需要有效的风险防控，创新发展与风险防控必须并重。

解决方案：利用信息技术构建监管沙盒，在虚拟环境中模拟真实交易场景，测试金融机构系统稳定性、安全性等指标。通过大数据＋人工智能持续记录金融机构运行数据，评估系统风险防控能力。

思 考 题

1. 监管科技有哪些重要价值？
2. 为什么要建立金融科技准入机制？
3. 监管科技有哪些应用场景？

参 考 文 献

[1] 微笑很纯洁. 第三方支付：概述、起源|PayPal 和支付宝的诞生[EB/OL]. https://blog.csdn.net/ityouknow/article/details/87658905.

[2] 秋月. 京东的电商平台供应链金融[EB/OL]. http://rhd361.com/special/news?id=556e697d62e14-037bc379212d649c5cc.

[3] 何玺. 疫情驱动变革，2020 年腾讯产业互联网大有可为[EB/OL]. https://news.qudong.com/article/655027.shtml.

[4] 数通畅联. 浅谈工业互联网与产业互联网区别[EB/OL]. https://blog.csdn.net/aeaiesb/article/details/103380336.

[5] 海盟高科. 政府大数据行业深度解读[EB/OL]. http://www.qianjia.com/zhike/html/2019-10/14_13644.html.

[6] 爱心云彩. 大数据分析应用的方法简介[EB/OL]. https://xw.qq.com/cmsid/20190426A08I2Q00?f=dc.

[7] CSDN 博主 Stjiao. 基于用户画像的精准营销决策建议[EB/OL]. https://blog.csdn.net/stjiao/article/details/72649877.

[8] zhangbijun1230. 人工智能发展的关键技术[EB/OL]. https://blog.csdn.net/zhangbijun1230/article/details/80560896.

[9] bitbit. 云计算核心技术剖析[EB/OL]. https://www.cnblogs.com/skyofbitbit/p/3645264.html.

[10] 传统银行在用户体验方面存在哪些问题. [EB/OL] https://bank.cngold.org/c/2016-09-23/c4417732.html.

[11] 章梦飞. 互联网理财产品对商业银行的影响[EB/OL]. http://www.fx361.com/page/2018/0514/6324365.shtml.

[12] 媒介匣"互联网+产业"：产业互联网时代到来[EB/OL]. http://31.toocle.com/v/chanye/.

[13] 齐东伟，徐子奇. 互联网金融时代商业银行转型战略[EB/OL]. https://www.sohu.com/a/116342843_115239.

[14] 朱启贵. 防范化解金融风险确保经济稳定发展[EB/OL]. http://www.rmlt.com.cn/2020/0331/574684.shtml.

[15] 曾刚，李重阳. 商业银行互联网贷款的风险、监管与影响[EB/OL]. https://www.cebnet.com.cn/20181113/102532790.html.

[16] 龙雨. 大数据金融的风险与挑战分析[EB/OL]. http://www.fx361.com/page/2017/0609/1914579.shtml.

[17] 李赫. 区块链开发（七）从某保险积分案例谈区块链应用的风险与挑战[EB/OL]. https://blog.csdn.net/sportshark/java/article/details/53486151.

[18] 量化投资. 大数据时代的金融风险管理[EB/OL]. http://blog.sina.com.cn/s/blog_13ec1876a0102xe05.html.

[19] 李丹. 从"大一统"到"一委一行两会"中国金融监管体系重塑成型[EB/OL]. https://www.sohu.com/a/340292235_175647.

[20] 何阳. 监管科技——RegTech 前沿技术与应用研究[EB/OL]. https://www.iyiou.com/p/97833.html.

[21] 熊猫财经. 区块链在监管科技的应用[EB/OL]. https://www.jinse.com/blockchain/498244.html.

[22] 郭耀华. 数据降维方法总结[EB/OL]. http://www.guoyaohua.com.